KB214911

복 있는 사람

오직 여호와의 율법을 즐거워하여 그 율법을 주야로 묵상하는 자로다.
저는 시냇가에 심은 나무가 시절을 좇아 과실을 맺으며 그 잎사귀가 마르지 아니함 같으니
그 행사가 다 형통하리로다.(시편 1:2-3)

『나는 왜 세계기독교인이 되었는가』가 초대하는 매력적인 여행을 통해 독자들은 '전 세계적인 기독교의 발흥'이라는 최근의 가장 주목할 만한 현상에 대한 마크 놀의 열정을 공유하게 된다. 그의 지식은 정말 광대하고 대단하며, 놀라운 통찰을 전해 준다.

조지 마스던 **노트르담 대학교 역사학과 명예교수**

마크 놀은 우리에게 과거에 대해 정말 많은 것을 가르쳐 주었다. 이제 우리는 그가 써 주기를 바라던 또 한 권의 책을 갖게 되었다. 이 책은 아이오와의 십대 야구광에서 뛰어난 세계기독교 역사신학자로 성장한 그의 여정에 대한 흥미롭고 개인적인 이야기를 들려준다.

리처드 마우 **전 풀러 신학교 총장**

그렇다. 나에게는 편견이 있다. 마크 놀이 새로 쓴 책은 의심의 여지없이 나 자신에게, 그리고 역사에 관심이 있는 모든 사람에게 흥분의 이유가 된다는 것을 나는 알고 있다. 세계기독교에 대한 연구를 완전히 새로운 차원으로 끌어올린 이 책 때문에 나는 정말 기뻤다. 그의 토대는 오늘날 기독교가 세계적 신앙으로 진화했다는 사실이며, "그래서 어떻다는 말인가?"라는 핵심 질문을 던진다. 정독의 가치가 있는, 통찰력 있으며 감동적인 책이다.

필립 젠킨스 **베일러 대학교 역사학과 특별교수**

경험은 소중하다. 이 책은 아이오와 주 시더래피즈의 한 침례교 공동체에서 성장한 소년이 자신의 생애와 학문에서 "각 족속과 방언과 백성과 나라 가운데에서 사람들을 피로 사서 하나님께 드리시고"란 말씀의 진리를 깨달아 가는 과정을 일인칭 화법으로 생생하게 들려준다. 마크 놀은 탁월한 이야기꾼이다. 아시아와 아프리카와 동유럽에서 기독교적 삶과 증거에 대한 그의 생생한 증언은 독자들에게 기쁨과 영감을 줄 것이다.

로버트 루이스 윌켄 **버지니아 대학교 종교학부 명예교수**

마크 놀은 기독교가 본래부터 비교문화적이고 세계적인 현상으로 이해되고 평가되어야 한다는 사실을 깨닫도록 자신을 인도했던 지적·영적 여정으로 우리를 초대한다. 그는 기독교 역사신학자로서 그 도상에서 사용했던 방법을 진지하게 재검토하고, 동시에 역사학을 다양하고 지역적인 맥락, 공감적인 해석, 사려 깊은 비판, 신학으로서의 역사에 대한 관심과 연결했던 정황들도 소개한다. 이 매력적인 '자서전적 회고록'을 통해 독자들은 역사신학자 마크 놀의 정신을 보다 깊이 이해할 수 있을 것이며, 다른 분야의 학자들은 기독교 연구를 위해 선택했던 자신들의 방법에 대해 진지하게 재고할 것이다.

카렌 웨스터필드 터커 **보스턴 대학교 신학대학원 교수**

마크 놀은 자신의 직업적이고 개인적인 이야기를 기독교 세계의 이야기와 연결하는 일에 대해 숙고하면서, 한 역사신학자의 생각과 마음을 살짝 들여다 볼 수 있는 기회를 제공한다. 이 책은 어떻게 역사 연구가 우리 자신의 영적 여정을 풍요롭게 할 수 있는지에 대해, 학문적·교육학적 변화의 방향에 관한 풍성하고 발전적인 이야기에 대해, 성육신한 말씀이 '서구'에서 자신을 드러냄과 동시에 세계의 모든 문화적 특수성도 초월한다는 복음의 능력에 대해 더 많은 관심을 갖게 한다. 틀림없이 이 책은 교회와 학계에서 뜨겁고 생산적인 대화를 촉발시킬 것이다.

셜리 멀른 **호튼 칼리지 총장**

어떻게 자신이 세계기독교에 관여하게 되었는지 들려주는 마크 놀의 이야기는 힘이 있고 교훈적이다. 읽는 즐거움도 대단하다. 이 책은 신학생들의 필독서가 되고, 기독교 신앙의 세계적 상황에 관심 있는 모든 교회 안에서 논의될 가치가 있다. 우리는 이 책에서 한 그리스도인의 생각이 변하고 삶이 재구성되는 과정과 이유를 발견한다.

네이슨 해치 **웨이크포레스트 대학교 총장**

1945년 이래 세계기독교의 지형도는 급격하게 변했다. 이른바 '세계기독교 지형의 남반구 이동'이라는 명제가 등장하면서, 전 세계 기독교의 성장과 역사를 이제는 서구 중심으로만 읽고 관찰할 수 없는 시대가 도래했다. 이런 흐름을 지난 1990년대부터 인식하기 시작한 서구 기독교 역사학계의 일부 선구자들이 기독교 역사 기술의 범위를 전 세계적으로 확장하고, 특히 비서구 지역 기독교의 존재와 특징에 큰 관심을 기울이기 시작했다. 이제 그 대열에 마크 놀이 동참했다. 이미 자기 분야에서 일가를 이룬 대학자가 학자 경력의 마지막 시기에 자신을 지적으로 회심시킨 새로운 학문 세계와의 충격적인 만남을 간증하듯 고백하는 이 책을 통해, 한국의 그리스도인들도 그가 만난 새로운 회심에 동참하는 행복한 경험을 하게 될 것이다.

이재근 **웨스트민스터신학대학원대학교 선교학 교수**

이 책의 미덕은 20세기 미국 복음주의가 세계기독교에 대한 인식을 형성해 가는 과정을 전면적으로 부각시켜 주는 데 있다. 그것만큼이나, 아니 오히려 대표적인 복음주의 역사학자 마크 놀이 자기 인생의 만남과 사건을 통해 풀어내는 미국 기독교 지성사의 계보를 긴 호흡으로 엿볼 수 있게 해주는 미덕이 더 크다고 할 수 있다. 서구 복음주의 역사 한 세기를 내부자의 시선으로 그려낸 이 책은 한국의 복음주의자들이 자신을 성찰하고 미래를 전망하는 일에도 매우 유용할 것이다.

양희송 **청어람 ARMC 대표기획자**

나는 왜 세계기독교인이 되었는가

Mark A. Noll

From Every Tribe and Nation

: A Historian's Discovery of the Global Christian Story

마크 놀의 세계기독교 이야기

나는 왜 세계기독교인이 되었는가

마크 A. 놀 지음 · 배덕만 옮김

복 있는 사람

나는 왜 세계기독교인이 되었는가

2016년 9월 2일 초판 1쇄 인쇄
2016년 9월 8일 초판 1쇄 발행

지은이 마크 A. 놀
옮긴이 배덕만
펴낸이 박종현

도서출판 복 있는 사람
주소 서울특별시 마포구 연남동 246-21(성미산로23길 26-6)
전화 02-723-7183, 7734(영업·마케팅)
팩스 02-723-7184
이메일 blesspjh@hanmail.net
등록 1998년 1월 19일 제1-2280호

ISBN 978-89-6360-194-6 03230

이 도서의 국립중앙도서관 출판예정도서목록(CIP)은
서지정보유통지원시스템 홈페이지(http://seoji.nl.go.kr)와 국가자료공동목록시스템
(http://www.nl.go.kr/kolisnet)에서 이용하실 수 있습니다. (CIP 제어번호: 2016019420)

From Every Tribe and Nation
by Mark A. Noll

나의 부모님 프랜시스 놀과 이블린 놀

그리고 도널드 L. 앤더슨을 기억하며…

● — 차례

●—

옮긴이의 글

나와 마크 놀

10년도 더 지난 일이다. 대전 유성에서 열린 한국복음주의신학회 정기학술대회에 마크 놀 교수가 기조강연자로 초청되었다. 나도 그 자리에 참석했다. 발표가 끝난 후 나는 그와 함께 유성에서 서울로 이동했다. 내가 속한 모임에서 마크 놀 교수를 초대했기 때문에 그를 모임 장소까지 안내해야 했던 것이다. 덕분에 나는 유성부터 서울까지 그와 독대하며 많은 대화를 나눌 수 있었다.

사실 미국교회사를 전공하는 나에게 마크 놀은 거대한 산이었다. 7년간의 미국 유학 시절, 나는 그를 비롯한 미국교회사 대가들의 글과 씨름하며 복잡하고 광대한 미국 교회의 역사를 이해하려고 몸부림쳤다. 영어도 완벽하지 않고 미국사에 대한 예비지식도 일천했던 내가 세상에 존재하는 거의 모든 종교가 집결되어 있는 미국교회사를 공부하는 것은 무척 힘든 일이었다. 그 과정에서 필연적으로 만날 수밖에 없는 마크 놀은 그야말로 이 분야의 큰 별이었다. 나는 그가 쏟아 내는 엄청난 양의 연구 결과물에 좌절하고 전율했다. 동시에 그것들과 힘겹게 씨름하면서 얻은 정보와 통찰은 신선한 자극과 강력한 도전이 되었다.

그렇게 글로만 접했던, 그렇지만 누구보다 나에게 큰 영향을 끼친 마크 놀을 미국이 아니라 한국에서 만난 것이다. 그것도 개인적으로 독점하면서 말이다. 내 차로 3시간 동안 함께 이동하면서 나는 쉬지 않고 질문을 던졌고, 그는 모든 질문에 친절하고 성실하게 답해 주었다. 짧은 시간이었지만 마치 그에게서 박사 후 과정을 마친 것 같았다. 이후 나는 그를 학문과 인격 면에서 더욱 신뢰하게 되었고 지금까지 그의 변함없는 독자요 팬으로 지내고 있다.

이 책은 베이커 아카데믹에서 '남쪽을 향하여'Turning South 시리즈의 한 권으로 2014년에 출판한 마크 놀의 저서를 번역한 것이다. 이 시리즈는 최근 세계의 기독교 지형도를 근본적으로 바꾸고 있는 남반구 기독교에 대한 학문적 관심을 환기시키고 연구를 활성화할 목적 아래, 이 분야의 권위 있는 학자들이 개인적 경험과 성취, 학문 동향을 자서전적인 형식으로 서술하고 있다. 마크 놀과 함께 니콜라스 월터스토프,Nicholas P. Wolterstorff 수전 반잔텐Susan VanZanten 등이 프로젝트에 동참했다.

마크 놀은 이미 한국에도 여러 권의 책이 번역되어 많은 독자들을 거느리고 있는 학자다. 최근에 번역 출판된 『복음주의와 세계기독교의 형성』*The New Shape of World Christianity*에서는 남반구 기독교에 대한 그의 관심이 다양한 주제로 소개되었고, 한국에 관한 글도 한 편 실려 있다. 따라서 『복음주의와 세계기독교의 형성』과 이 책 『나는 왜 세계기독교인이 되었는가』 사이에는 일부 내용이 중복된다. 하지만 이 책은 미국교회사에 한정되었던 마크 놀의 학문적 관심이 남반구 기독교를 포함한 세계기독교로 확장되고 이에 대한 그의 이해와 참여가 성숙되는 과정을 친절하고 세밀하게 서술한다. 따라서 독자들은 훨씬 더 쉽고 흥미롭게 읽으며 이 주제에 대한 그의 생각과 고민을 충분히 공감할 수 있을 뿐 아니라, 다양하고 광범위한 학술 정보를 얻을 수 있다.

그렇다면 이 책의 특징과 장점은 무엇일까? 마크 놀이 한국 독자들에게 전해 주는 특별한 선물은 무엇일까? 몇 가지만 정리해 보자. 무엇보다 독자들은 이 책에서 대표적인 복음주의자요 저명한 교회사가인 마크 놀이 자신의 생애와 사상에 대해 직접 들려주는 이야기를 들을 수 있다. 소수의 전공자를 제외하고, 대부분의 독자들은 책을 통해 간접적으로 그와 만날 수밖에 없다. 그 결과, 그가 전해 주는 다양한 정보와 통찰을 통해 지적으로 영향을 받지만 정작 그가 어떤 사람인지에 대해서는 알 길이 없다. 즉, 그가 어디서 태어났고 어떤 교육을 받았으며 무슨 교회에 다녔는지, 누구의 영향을 받았고 글을 쓰는 것 외에 어떤 활동을 했는지, 저자로서의 경력뿐 아니라 교수와 남편으로서는 어떻게 살고 있는지, 한국에 사는 우리가 어떻게 알 수 있겠는가?

이 책은 마크 놀의 출생과 성장, 교육과 사역, 신앙과 신학,

그리고 학문적 성장과 변화에 대한 대단히 흥미롭고 유익한 정보를 담고 있다. 그가 태어나고 자란 아이오와 주 시더래피즈, 선교 지향적인 교회와 부모님께 받은 신앙적 영향, 휘튼 칼리지와 아이오와 대학교, 트리니티 복음주의 신학교와 밴더빌트 대학교로 이어진 학업과 신학적 성숙, 트리니티에서 시작해 휘튼과 노트르담으로 이어진 화려한 교수 경력, 그 과정에서 만난 여러 학자들과 친구들, 그리고 그가 쓴 책과 논문에 대한 흥미진진한 이야기를 들려준다. 무엇보다 미국교회사에 한정되었던 그의 학문적 관심이 미국 밖으로, 특히 아시아와 아프리카로 확장된 결정적인 경험과 인맥에 대한 이야기는 마크 놀 개인의 역사이자 미국 복음주의 지성사의 한 단면이며 현대 교회사의 새로운 측면이다. 지극히 개인적이면서도 대단히 학문적인 이야기가 씨줄과 날줄처럼 연결되어 한편의 자전적 기록으로 완성되었다.

두 번째, 이 책은 최근 세계 신학계의 관심이 집중되고 있는 남반구 기독교에 대해 신선하고 중요한 정보를 풍성하게 전달해 준다. 마크 놀의 고백처럼, 20여 년 전만 해도 서구 신학계에서 이 주제에 대한 관심과 정보는 매우 미미했다. 비록 1세기부터 아프리카와 아시아에 기독교가 존재했고, 서구에 세속화의 강풍이 불어올 때 비서구권인 아프리카와 아시아에서는 기독교의 열기와 부흥이 멈추지 않았지만, 서구 학계는 이러한 현실을 철저히 간과했다. 하지만 그 지역들에서 선교 경험을 가진 선교사와 학자들, 그리고 그들의 영향을 받은 지역 출신 학자들 덕분에 세계적인 기독교 역사와 현실에 대한 연구가 크게 발전했고, 마침내 서구 학자들도 진지하게 주목하기 시작했다. 그야말로 이 분야가 신학계의 블루칩이며 대세라고 할 수 있겠다.

이와 같은 흐름을 주도한 선구적인 학자는 앤드루 월스였고 라민 사네, 다나 로버트, 브라이언 스탠리 등이 뒤를 이었다. 이들의 헌신으로 선교학과 교회사가 협력하며 새로운 학문 영역을 개척했고, 남반구 기독교가 서구 학계에서 주된 학문 주제로 수용되기 시작했다. 뿐만 아니라 이들의 영향을 받은 아시아와 아프리카 학자들이 자국의 역사와 현실에 대해 뛰어난 연구물을 쏟아 내면서, 순식간에 기독교의 선교적 · 학문적 지평이 양적이고 질적인 측면에서 크게 확장되었다. 특히 오그브 칼루, 제후 핸슬스, 대니얼 베이스 같은 일급 학자들이 뛰어난 수준의 연구서를 꾸준히 출판하면서 학계의 주목을 받기 시작했다.

셋째로, 이 책은 남반구 기독교의 출현에 주목함으로써 세계기독교에 대한 보다 포괄적이고 총체적인 모습을 제시한다. 물론 마크 놀이 이 책을 쓰기 전에도 이미 새뮤얼 모펫, 필립 젠킨스, 하비 콕스 같은 학자들이 서구 밖의 기독교에 주목하면서 기독교 지형에 대한 새로운 이해를 시도했다. 이들과 함께 앞에서 인용한 선교학자와 선교사가들의 공헌에 힘입어, 20세기 후반 이후 새롭게 재편되고 있는 기독교의 세계적 지형도에 대해 보다 공정하고 포괄적인 이해가 가능해진 것이다.

마크 놀은 데이비드 바렛의 『세계기독교 백과사전』과 다른 자료들을 토대로 세계기독교의 현황에 대한 다양한 통계자료를 제시함으로써, 급변하는 기독교의 지형과 동향에 대해 객관적인 정보를 제공한다. 그 결과, 기독교는 더 이상 서구 백인의 종교가 아니고 아시아와 아프리카 그리스도인의 규모와 영향력이 꾸준히 증가하고 있다는 사실을 분명하게 보여준다. 특히 이런 변화를 주도하는 기독교 세력은 오순절·은사주의 운동이며, 이와 같은 체험적이고 영적인 유형의 기독교가 향후 영적 부흥과 양적 성장을 견인할 것이라고 마크 놀도 자신 있게 전망한다. 오랫동안 백인들의 식민지요 선교지로 낙후되었던 지역들이 기독교의 새로운 중심지로 부상하고 있는 것이다. 이러한 현실과 전망에 대해 그는 신뢰할 만한 정보와 깊이 있는 통찰을 제공해 준다.

넷째, 이 책을 통해 경험하는 또 하나의 즐거움은 가톨릭 학자들의 연구 동향과 학문 성과에 대한 흥미로운 정보를 접하는 것이다. 한국 교회 안에서는 지금도 "가톨릭교회에도 구원이 있는가?"라는 질문이 끊임없이 제기되고 있다. 종교개혁의 후예로서 한국의 개신교인들이 이런 의혹과 질문을 갖게 된 것은 충분히 이해할 수 있겠다. 하지만 이것은 신학과 신앙의 문제라기보다 상식과 양심의 문제로 보인다. 일차적으로, 가톨릭에 대한 정확한 정보와 이해가 부족한 상태에서 일방적으로 주입된 선입견이 그 같은 질문의 배후에 존재하기 때문이다. 동시에 한국 교회가 내외부적 모순과 문제에 함몰되어 있는 한, 누군가를 향해 구원의 존재 여부를 묻거나 판단하는 것은 현실적으로 어떤 유익이나 가치도 없다. 아무도 우리의 판단에 주목하거나 권위를 부여하지 않기 때문이다. 지금은 선입견과 가치판단을 내려놓고, 개신교와 가톨릭이 서로를 겸손하고 정직하게 관찰하고 이해하려고 노력할 때다.

미국 최대의 가톨릭 대학인 노트르담 대학교에서 활동하는 저명한 가톨릭 신학자들과 우수한 학생들, 그리고 미국의 대표적인 가톨릭 출판사 오르비스가 출판한 세계기독교와 남반구 기독교 관련 선구적 연구물들에 대한 마크 놀의 설명은 우리에게 무척 낯설면서도 강력한 도전이 된다. 또한 그는 개신교 복음주의 역사학자로서 가톨릭 신학의 전당에서 가르치고 연구하면서 자신이 새로 깨닫게 된 가톨릭의 힘과 위대함을 정직하게 인정하고, 동시에 종교개혁 신앙에 대한 더욱 깊어진 확신과 사랑을 당당하고 분명하게 진술한다. 이 같은 그의 모습과 고백에는 깊은 울림이 있다. 개신교 신학자를 교수로 채용한 노트르담 대학교의 관용과 용기, 동시에 가톨릭의 요새 안에서 동료 가톨릭 학자들과 협력·경쟁하며 개신교인으로서 신학적 정체성을 유지하고 뛰어난 수준의 학문적 결과를 거침없이 쏟아 내는 마크 놀의 성실성과 탁월함은 그저 경이롭고 부러울 뿐이다. 과연 한국의 복음주의 출판사에서 가톨릭 신학자의 책을 내는 것이 가능할까? 한국 신학대학교는 가톨릭 학자를 교수로 채용할 용기가 있을까? 그렇게 당당하고 넉넉하게 상생할 수 있을까?

끝으로, 나는 번역을 마친 후에 미묘한 양가감정을 갖게 되었다. 미국교회사 전공자인 마크 놀이 어느새 남반구 기독교의 탁월한 전문가로 활약하는 모습을 지켜보면서, 학자로서 그의 예민한 감각과 뛰어난 적응력에 놀랐다. 동시에 정작 남반구 기독교의 중요한 부분인 우리나라가 이 분야에서 뒤처져 있다는 사실에 자존심이 상했다. 이미 중국과 일본, 아프리카와 남미에서 자신들의 교회 역사와 현재 상황에 대한 뛰어난 연구서들이 쏟아져 나오고 있지만, 정작 가장 많은 유학파 학자들과 막강한 자본을 보유한 한국 교회가 이 분야에서 거의 존재감을 상실하고 있는 현실에 우리의 무책임을 통감했기 때문이다. 우리 안에도 세계에 소개하고 공유할 만한 역사와 신학적 주제가 있고 그것에 대한 뛰어난 수준의 연구물이 존재함에도 불구하고, 그것을 세계 학계에 적극적으로 소개하고 세계 학자들과 함께 활동하는 학자들이 지극히 부족하다는 사실은 능력의 문제라기보다는 정보와 용기의 문제로 보인다. 이 책을 번역하면서 느낀 가장 큰 도전이자 이 책을 읽을 동료 학자들이 공유하길 바라는 자극과 소망이 있다. 빠른 시일 내에 한국의 학자들이 세계 신학계에 우리의 경험과 이야기를 적극적으로 소개하여, 영어권 학자들이 우리 이야기를 그들의 학문 소재로 선점하기 전에 우리 것에 대한 권리와 책임을 감당하고 누릴 수 있기를 기대한다.

모든 번역 작업은 고통과 희열 양극단 사이의 진자운동이다. 오랫동안 영어를 읽어 왔고 적지 않은 책을 번역했지만, 여전히 영어는 나의 언어가 아니다. 매번 이해와 표현에서 고통을 느낀다. 동시에 번역은 가장 무서운 독서이자 학습이다. 그래서 고통스럽지만 또 이 일을 하고 말았다. 어눌하고 게으른 작업 속도를 끝까지 참고 기다려 준, 그리고 서툰 번역을 온전한 문장으로 살려 낸 '복 있는 사람'의 모든 일꾼들에게 감사를 드린다.

배덕만

●—

편집자 서문

남쪽을 향하여: 세계기독교 시대의 기독교 학자들

거의 40여 년 전, 스코틀랜드의 교회사가 앤드루 월스Andrew F. Walls는 아프리카가 기독교의 새로운 심장부가 될 것이며, 남반구와 동방의 다른 지역들이 기독교적 실천과 사상을 위한 새로운 중심지가 될 것이라고 예견했다. 월스의 동료 중에서 그의 말에 관심을 보인 사람은 거의 없었다. 하지만 오늘 우리는 그가 얼마나 예언자적이었는지 알게 되었다. 역사학자 필립 젠킨스Phillip Jenkins의 표현처럼 '세계기독교World/Global Christianity의 도래'가 광범위한 관심과 주목을 얻고 있으며, 그것의 증표는 너무나 명백하다. 현재 아프리카인들이 세계교회협의회WCC와 몇 개의 개신교 세계단체를 이끌고 있다. 남아프리카의 노벨평화상 수상자인 데스몬드 투투Desmond Tutu는 세계에서 가장 저명한 대중신학자다. 중국과 브라질이 세계에서 가장 많은 개신교인 인구에서 미국에 육박하고 있다. 기독교의 중심 위치가 남반구와 아시아 쪽으로 확실하게 기울었을 뿐 아니라, 그에 대한 대중적·학문적 인식 또한 그렇다.

기독교 인구, 활력, 영향에서 이런 세계적인 변동이 북대서양 지역의 기독교 학자들을 경악시켰다. 그들의 사명감과 방향감각은 점차 탈기독교화하는 서구의 문제들을 지향하게 되었고, 그것을 다루기 위한 그들의 준비도 유럽의 '기독교 인문주의' 전통 내에서 구성되었다. C. S. 루이스, 아브라함 카이퍼, 도로시 세이어즈는 그들의 수호성인이다. 그리고 그들의 일차적 사명 가운데 하나는 '교양 있는 종교 경멸자들'로부터 지적 영역을 회복하는 것이었다. 기독교 학문 세계와 대학은 이런 방향으로 깊이 경도되었다. 그들의 전략과 집착은 유럽 기독교 세계라는 모루 위에서 연마되었다. 그 결과 선교의 최전선에서 기독교적인 열정과 참여는 학문 작품을 생산하기 위한 기독교 자원과 심각히 불일치하게 되었다고 월스는 말한다. 기독교 학문은 결정적인 방향 전환이 필요하다.

월스는 이 문제를 심각하게 생각했다. 그래서 그는 교회사 강의계획서를 다시 작성했다. 그것은 복음이 예루살렘에서 북쪽과 서쪽으로 이동했을 뿐 아니라, 남쪽과 동쪽으로 이동했다는 사실의 함의를 반영할 필요가 있었다. 자신의 개인적이고 학문적인 소명의 방향을 재조정해 온 이들이 또 있다. '남쪽을 향하여'Turning South 시리즈는 남반구를 향해 관심과 헌신의 방향을 바꾸었던 탁월한 기독교 학자들의 사색을 들려준다. 북반구에서 다음 세대의 기독교 학자들이 남반구의 사상계와 쟁점에 더욱 열정적으로 관여하도록 영감과 감동을 주기 위해, 이 시리즈의 저자들은 방향

조정을 강조한다. 그리고 '남쪽을 향하여'가 다양한 문화 영역에서 기독교 사상과 창조성에 어떤 함의를 갖는지에 대해 질문한다. 이와 같은 사색이 강력한 깨달음을 제공하여 그것을 읽고 숙고하는 독자들의 마음과 생각, 소명이 새로운 방향으로 전환되기를 진심으로 바란다.

조엘 카펜터

●—

저자 서문

역사학자에게 자서전적인 글을 부탁하는 것은 유명한 영국의 코미디 그룹 몬티 파이튼Monty Python의 작품 '소설 쓰기: 토머스 하디'에 나오는 어리석음을 반복할 위험이 있다. 그곳에서는 한 중계 아나운서가 3분 동안 숨 가쁘게 잡담을 늘어놓는 장면이 나온다. 그는 진지한 해설자의 도움을 받으며, 19세기 영국 소설가 토머스 하디Thomas Hardy가 『귀향』*The Return of the Native*의 첫 문장을 쓰는 모습을 묘사한다. "하디가 책상에 앉아 자세를 바로 하고 어깨의 긴장을 풉니다. 오른손으로 펜을 잡습니다. 가볍지만 강하게 말입니다. 펜을 잉크에 담급니다. 이제 시작합니다."[1]

대개의 경우 역사학자들은 자리에 앉아서 책을 읽고 강의를 준비하고 학생들 리포트에 점수를 매기고 경우에 따라서는 고문서 자료실을 방문하며, 좀 더 오래 앉아 책과 노트를 정리하고 박물관에 가서 (플래카드 위에 적힌 것을 모조리 읽으면서) 학회에 참석해 논문발표를 듣고 책과 논문을 쓰고, 은퇴하여 좀 더 읽다가 사라진다. 과거의 사람, 제도, 사상, 문화적 전제, 가정, 갈등, 사회적 관계, 일상생활이 어떻게 발달했는지를 이해하려는 집중적인 노력은 정작 자신에게 깊이 주목할 시간이나 심리적 여유를 거의 주지 못한다. 역사학자들이 쓴 책 가운데 어떤 것은 생생하고 인간적이며 설득력이 있지만, 그들의 삶은 좀처럼 그렇지 않다.

몇 가지 예외가 있다. 새뮤얼 엘리엇 모리슨Samuel Eliot Morison은 제2차 세계대전 동안 미 해군의 공식 역사를 썼을 뿐 아니라, 전쟁 동안 뛰어난 아마추어 선원으로 훌륭히 임무를 수행한 해군 장교였다. 폴 푸셀Paul Fussell은 태평양 전쟁에 징집되었을 때 문학사가로서 자신의 경력을 막 시작했다. 그 후 두 차례의 세계대전에 모두 참전했던 사람들의 경험에 대해 매우 인상적인 작품들을 썼다. 상트페테르부르크에서 활동한 뛰어난 역사학자 M. A. 폴리에프토프M. A. Polievktov는 1917년에 있었던 러시아 혁명의 주요 사건을 직접 목격했고, 바로 그 현장에서 중요한 참여자들과 일련의 주목할 만한 인터뷰를 했다.[2] 그리고 이따금 역사학자들은 도서관과 강의실에서 불려 나와 대학의 학장이나 총장이 된다. 그곳에서 그들은 행동하는 타자를 관찰하는 대신 직접 행동하라는 압력을 받는다. 하지만 이상은 앞의 규칙을 입증하는 예외들일 뿐이다.

그렇다면, 당신이 평소에 꿈도 꾸지 못한 일을 하도록 당신을 독려하지 않는다면, 도대체 친구들은 왜 필요한 것인가? 나의 친구들인 칼빈 칼리지 '나이젤Nagel 세계기독교 연구소'의 조엘 카펜터Joel Carpenter와 베이커 아카데믹Baker Academic의 로버트 호색Robert

Hosack은 가치 있는 목적을 지닌 조직에서 일하고 있었다. 그들은 지난 세기 동안 세계기독교의 모형이 얼마나 극적으로 변했는지에 대해 강렬한 인상을 받았기 때문에, 이러한 변화의 의미를 교회에 전달하기 위한 혁신적인 방식을 찾고 있었다. 그들은 청중이 변화들을 계량화한 숫자만 들어도 정신이 번쩍 들고 눈빛이 반짝인다고 결론을 내렸다. 인상적이기는 하지만, 그런 숫자들이 국가부채나 중국과의 무역 불균형에 대한 신문 기사처럼 들릴지 모르겠다. 그러나 그들도 매 주일 캐나다보다 더 많은 수의 신자들이 콩고에서 예배드리고, 중국 교회들이 유럽 교회보다 더 많은 사람들로 가득 차며, 브라질과 한국과 나이지리아 출신 선교사가 '기독교 서구' 출신 선교사보다 더 많다는 사실을 알게 되면, 어디서 어떻게 왜 기독교가 진정 처음으로 세계적인 종교가 되었는지를 이해하는 것은 매우 중요하다고 생각한다.

조엘과 로버트는 만일 그 이름, 장소, 사건이 낯설다면(얼마나 객관적으로 이런 사람과 사건들이 중요한지와 상관없이), 글을 읽을 줄 아는 대중 가운데 극히 일부만이 '다수Majority 기독교 세계'(아프리카, 라틴아메리카, 아시아)의 개인들과 조직과 발달에 대한 책을 읽게 되리라고 결론을 내렸다. 감사하게도, 그렇게 중요한 인물과 사건, 그리고 현재 기독교 신앙이 번성하는 장소에 대해 훌륭한 연구서들이 쏟아져 나오고 있다.[3] 그 책들이 보여주는 많은 것이 서구의 최근 역사로부터 배운 대부분의 인물과 사건보다 기독교의 미래를 위해 훨씬 더 중요하다. 하지만 다수 기독교 세계의 인물과 사건은 익숙함이라는 궤도 밖에 존재하기 때문에, 출판사는 그에 관한 책으로 독자들의 관심을 유도하기가 쉽지만은 않다.

하지만 미국식 환경에서 편안하게 살고 있는 누군가가 새로운 기독교 세계의 엄청난 중요성을 어떻게 확신하게 되었는지에 대한 개인적인 이야기를 들려줄 때, 좀 더 많은 독자들이 주목할 것이라고 조엘과 로버트는 결론을 내렸다. 그와 같은 생각의 결과로, 그들은 본인의 책이 포함된 이 시리즈를 구상했다.

그들은 내게 이렇게 도전했다. 기독교 역사를 책임 있게 이해하기 위해서는 비서구 세계를 주목해야 하는 것이 핵심이 되었다고 내가 확신하게 된 과정을 자서전 형식으로 써 볼 수 있겠는가? 그들은 내가 전통적으로 유럽과 미국의 발전에 집중해 왔던, 혹은 서구의 선교적 노력이라는 관점에서 다수 세계Majority World에 주목했던 평범한 교회사 전공 학생으로 훈련받았음을 잘 알았다. 또한 그들은 지난 수십 년간 나의 직업이 미국사를 가르치고 연구하며 책을 쓰는 것이었음도 잘 알았다. 그들은 궁금해 했다. "어떻게 당신은 기독교의 비서구적 발전에 관한 독서에 관심을 갖게 되었는가? 왜 당신은 세계기독교 역사에 대한 강의를 계획하고 가르치기 시작했는가? 도대체 무엇 때문에 당신은 그러한 역사에 대해 일반 독자들을 대상으로 한 책을 썼는가?"

하나의 장르로서 자서전에 대한 심각한 고민과 내향적이 되는 것에 대한 극도의 거리낌에도 불구하고, 나는 동의하고 말았다. 역사적인 본능을 지닌 개인으로서 어떻게 기독교가 지금처럼 세상에 존재하게 되었는지를 파악하려는 노력 또한 역사학자의 설명을 요구하는 하나의 퍼즐처럼 중요해 보였기 때문이다. 하지만 그것이 전부는 아니다. 최근 세계의 기독교 역사를 읽고 가르치고 연구하고 글을 쓰면서, 이런 새로운 지식이 기독교 신앙 자체의 경험적이고 신학적인 실체에 대해 직접 말한다는 사실이 분명해졌다. 그러한 실체들이 나의 삶에서 가장 중요한 것일 때, 다른 사람들은 하나님의 현존을 어떻게 경험했고 신앙의 진리를 어떻게 이해했는지 알고 싶은 것은 자연스러운 일이다. 심지어 그런 타인들이 나와 매우 다른 상황에서 살고 있을지라도 말이다. 그리고 훨씬 더 중요한 이유가 있다. 학자로 부름받은 사람으로서, 기독교인은 왜 그리고 어떻게 사고思考해야 하는지에 대해 최소한 어떤 기독교인은 열심히 연구해야 한다는 것이 내게는 오랫동안 피할 수 없는 명령으로 느껴졌다. 이제 드러나듯이, 세계기독교의 새로운 차원을 이해하려는 노력은 나 자신과 타인들이 하나님이 주신 소명으로서 지적인 삶을 추구하도록 격려하는 모든 노력의 자연스러운 확장이었다.[4]

이런저런 이유로, 조엘과 로버트가 나를 이겼다. 확장된 역사 이해의 진정한 기쁨, 다수 세계의 기독교에 대한 지식을 통해 얻게 될 심화된 기독교적 삶과 사상을 위한 격려, 그리고 이와 같은 새로운 모험이 촉발시킨 "그리스도인처럼 생각하라"는 자극에 대해 내가 무언가를 말해 줄 수 있다면, 그것은 노력해 볼 만한 가치가 있을 것이다.

●—

이 책의 원제인 *From Every Tribe and Nation*은 성경 구절에서뿐 아니라 최근의 세계사에서부터 나온 것이다. 요한계시록에서는 인류 전체와 하나님의 구속된 자녀들을 묘사하기 위해 같은 단어가 여러 번 반복된다. 다양한 결합 속에서 (때로는 복수형으로 때로는 단수형으로) 나타나는 그 단어들은 '민족', '족속', '언어' 그리고 '백성'이다. 성서학자들은 이 네 단어의 정확한 의미를 분석할 수 있다. 하지만 그것들이 가장 포괄적으로 언어적 · 혈통적 · 정치적 · 가족적 · 인종적 · 역사적 · 사회적 다양성을 묘사하려 했음은 분명해 보인다.

그러한 구절 중에서도 가장 극적인 것은 한 핵심 인물이 '유대 지파의 사자', '다윗의 뿌리', '죽임을 당한 어린양'으로 불리는 요한계시록 5장에 나온다. 이 사람이 다른 누구도 펴거나 볼 수 없는 하나님의 두루마리를 펼칠 때, '네 생물'과 '이십사 장로들'이 새 노래를 부른다.

> 두루마리를 가지시고 그 인봉을 떼기에 합당하시도다.
> 일찍이 죽임을 당하사 각 족속과 방언과 백성과 나라 가운데에서
> 사람들을 피로 사서 하나님께 드리시고
> 그들로 우리 하나님 앞에서 나라와 제사장들을 삼으셨으니
> 그들이 땅에서 왕 노릇 하리로다.계 5:9-10

여기서 우리는 그리스도의 완성된 사역finished work이 완결될 때, 그의 왕국은 모든 곳에서 상상할 수 있는 모든 언어를 말하며, 대단히 다양한 역사 경험들로 형성되고, 생각할 수 있는 모든 사회적 지위를 대표하며, '빨강과 노랑, 흑색과 백색'의 무지개로 나타나는 백성들로 구성될 것이라는 사실을 알게 된다.

이 말씀이 역사학자에게 주는 교훈은 명백해 보일 것이다. 하나님의 백성이 모든 족속과 민족에서 나온다면, 하나님의 백성에 대한 역사도 모든 족속과 민족을 포함하기 위해 노력해야 한다. 물론 역사학자는 결코 전능하지 않기 때문에, 하나님의 우주적인 관점에서 교회를 묘사할 수 없다. 하지만 적절하게 고려된 기독교 역사는 '하나님을 섬기는 왕국과 제사장'을 더 많이 포괄하기 위해 계속 움직여야 한다는 사실을 깨닫는 것이 이제는 중요하다. 심지어 역사학자들이 그러한 족속과 방언과 백성과 나라 중에서 오직 한 측면만을 다룰 때에도 말이다.

역사를 위한 명령과 별도로, 종말에 대한 요한계시록의 견해를 예측하는 많은 사건들이 멀지 않은 과거에 발생했다. 그중에서 가장 충격적인 사건이 1862년 성령강림절(오순절)에 일어났다. 통가, 피지, 사모아 출신의 남태평양제도 주민 5,000명이 모여서 그리스도인 왕을 중심으로 한 새로운 기독교 정부를 출범시켰다. 그들은 복음주의 운동의 선교적 횃불이 되었던 한 찬송가를 부름으로써 이 상서로운 행사를 기념했다.[5] 그날 전까지 벌어졌던 일들 가운데는 가족의 해체, 자원 강탈, 여성 강간, 소형 화기의 도입

등 서구 제국주의의 악한 영향도 있었다. 하지만 남태평양 주민들은 이렇게 악한 것을 경험하면서도 유럽과의 접촉 및 혼란으로부터 배운 것을—자신들을 위해—잘 걸러 낼 수 있었다. 그날 불렀던 찬송가처럼 말이다.

그 찬송가는 시편 72편을 아이작 왓츠Issac Watts가 18세기 기독교 버전으로 변형한 것이다. 왓츠가 쓴 가사를 여기서 인용하면 근대적 감수성을 불편하게 할지도 모르겠다(특히 그 속의 '야만스러운 민족들'이란 표현 때문에 말이다).[6] 하지만 전체 가사를 보면, 왓츠가 광대한 하나님 나라를 정말로 어떻게 이해했는지가 전해진다. 또한 그것은 남태평양제도 주민들이 '그들의 왕과 함께' 그들도 '모든 언어의 백성과 왕국'에 속한다는 사실을 아는 것이 얼마나 통렬했을지를 알려 준다.

예수는 태양이 궤도를 따라
여행하는 모든 곳을 통치하시네.
그의 나라는 바다에서 바다까지 미친다네.
달이 더 이상 차고 기울지 않을 때까지.

자신들의 왕을 가진 섬들을 보라.
그리고 유럽은 자신의 최고 찬미를 드리네.
북에서 남까지 왕들이 만나
그의 발에 경의를 표하네.

그곳에서 페르시아의 영광을 보라.
그곳에서 인도는 동쪽의 황금으로 빛나리.
그리고 그의 말씀에 야만스러운 민족들이
엎드려 절하며 그들의 주님을 섬기리.

그에게 끝없는 기도가 드려지고
군왕들이 모여 그분께 왕관을 씌워 드리네.
그의 이름은 달콤한 향기처럼 피어오르네.
모든 아침 제물과 함께.

모든 언어의 백성과 왕국이
가장 사랑스러운 노래로 그의 사랑을 말하고,
아이들의 목소리가
그의 이름을 축복하네.

그가 다스리는 곳마다 축복이 넘치고
죄인이 기뻐 뛰다 사슬이 풀리네.
지친 사람들이 영원한 안식을 찾으며
가난한 자의 모든 자녀들이 복을 받네.

그가 치유의 능력을 드러내는 곳에서
죽음과 저주를 더 이상 알지 못하고,

그 안에서 아담의 족속이 자랑하네.
그들의 조상이 잃었던 것보다 더 많은 축복을.

모든 피조물이 일어나
특별한 영예를 우리 왕께 드리세.
천사들이 또 다시 노래하며 내려오고
땅은 큰 소리로 아멘을 반복하네.

이 위대한 찬송을 여기서 인용하는 것에는 한 가지 이상의 목적이 있다. 그것은 이 책 후반부에서 거의 모든 기독교 공동체가 하나님에 대한 찬송을 부르는 일과 관련된 주제를 미리 알려준다. 하지만 찬송은 신자들 사이에서 보편적이었고, 그 음악의 다양성은 대단히 특이하고 문화적으로 특별하며 흔히는 외부인들이 이해하기 어려웠다.

●—

이 시리즈의 책임자인 조엘 카펜터와 로버트 호색은 내 책이 개인적인 이야기를 담아야 하며, 잘난 척하는 역사학자의 제2의 천성인 각주를 너무 많이 달지 말라고 요구했다. 그들은 짧고 인상적인 장들이 묵직하고 복잡한 장들보다 더 낫다고 제안했다. 또한 그들은 내가 이미 다른 목적을 위해 썼던 자료 일부를 인용하거나 반복해도 상관없다고 말했다. 학자적 양심을 달래기 위해, 나는 다른 책으로 이미 출판되었던 부분을 여기서 다시 사용할 때 주를 달았다.

내 자신과 관련해서, 나는 이 저술 작업을 1960년대 후반에서부터 시작할 수도 있었을 것이다. 그때 나는 내 성장의 배경이 된 기독교와 매우 다른 종류의 기독교에 대해 알게 되었고, 그것이 한 성인 신자로서의 내 행보를 결정하는 데 중요한 역할을 담당했다. 혹은 1980년대 후반에서부터 시작할 수도 있었을 것이다. 그때 나는 앤드루 월스의 강의를 처음 들었고, 휘튼 칼리지의 좋은 친구들 덕분에 루마니아의 오라데아로 여름방학 동안 강의 원정을 떠날 수도 있었다. 하지만 아내 매기는 이 이야기가 훨씬 더 일찍 시작해야 한다고 생각했다. 여러 이유를 고려할 때, 그녀의 판단이 옳았다.

● — 01장

시더래피즈

내가 자라난 아이오와 주 동부의 도시 시더래피즈Cedar Rapids의 갈보리침례교회에서는, 가시적으로나 기독교적인 삶의 이상과 모범으로서나 선교사들이 중요했다. 우리는 매년 한 주 동안 선교대회를 개최했다. 매일 밤 세계 각처에서 온 사역자들이 슬라이드 필름을 보여주고 호기심을 자극하면서 필리핀, 브라질, 아르헨티나, 인도, 파키스탄, 아이보리코스트(코트디부아르), 벨기에령 콩고, 알래스카 등에 대해 이야기하고 설명했다. 다른 선교사들도 정기적으로 교회를 방문해 주일 아침에 선교지를 소개했고, 보다 일반적으로는 주일 저녁이나 주중 기도회에서 회중에게 말씀을 전했다. 나의 부모님은 갈보리침례교회의 모든 활동에 적극적으로 참여하셨고, 최선을 다해 선교사들을 대접하고 시중드셨다. 내가 집을 떠난 후에 부모님은 여러 차례 선교지를 방문하셨는데, 아프리카, 파키스탄, 필리핀, 그리고 다른 선교지에서 예전에 시더래피즈를 방문했던 선교사들과 다시 관계를 맺으셨다.

1950년대와 1960년대 초반에, 나는 우리 교회의 선교 정신을 제대로 이해할 수 있는 형편이 아니었다. 하지만 한참 후에 약간의 가족사가 내 비전을 명확히 하는 데 중요한 역할을 했다. 제2차 세계대전에 해군조종사로 참전했던 아버지는 미군이 태평양을 건너 서쪽으로 이동하는 것을 돕기 위해 항공모함에서 89회나 비행을 나갔다. 군 복무를 마치고 30여 년이 지난 후(그리고 선교사들과의 접촉이 그분의 삶을 재조정하는 데 도움을 주었기 때문에), 한 번은 아버지가 예전에 뇌격기雷擊機 '그루먼 TBF 어벤저'를 타고 한 차례 상공을 비행했던 필리핀의 선교지를 함께 방문했다. 나는 세월이 만든 변화에 큰 충격을 받았고, 아버지의 전쟁 경험에 대해 열심히 배웠다. 하지만 그분은 필리핀 신자들을 만나 선교사적 생활을 곁에서 지켜볼 수 있게 된 기회에 더 깊은 인상을 받은 것 같았다.

전 세계가 기독교 역사를 위해 얼마나 중요한지를 깨닫기 시작한 1980년대 후반에, 나는 이 새로운 통찰들을 통해 내가 자라면서 선교에 대해 경험했던 것을 극복해야 한다고 생각했다. 예를 들어, 바로 그 무렵에 나는 번역의 비가역성irreversibility을 설명한 책들에 깊은 인상을 받았다. 일단 선교사들과 원주민 동역자들이 성경을 번역하면, 성경은 더 이상 선교사에게 속하지 않고 그 언어를 말하는 사람들이 결정한 목적을 위해 사용된다. 번역 선교사들은 새로운 회심자들이 대속적인 구원에 대한 사도 바울의 설명에 집중하기를 바랄 것이다. 하지만 회심자들은 엘리야와 바알 선지자들 사이의 대결이나 마태복음의 족보를 전체 성경 이야기의 열쇠로 간주할 수도 있다. 나의 새로운 독서 경험이 보여주었듯이, 번역 과정은 선교사들이 묘사하는 '복음 전달'이라는 단순한 과업이 결코 아니었다.

또한 내가 1980년대 후반에 배운 것은 분명히 세계기독교 안에서 발생하던 거대한 부흥은 일차적으로 원주민 교사들, 지역의 '성경 여인들',Bible women 성경 판매원, 그리고 새로 회심한 교리문답자와 전도자들의 노력에 기인한 것이었다고 알려 주었다. 선교사들은 자주 이와 같은 토착화 과정에 불을 붙였다. 하지만 그 불에 부채질을 더한 것은 거의 언제나 지역 신자들이었다. 게다가 나는 회심의 대가costs에 대해 배우고 있었다. 선교 자격의 박탈, 심지어 순교 이야기는 어린 시절에 들었던 선교사들의 경험을 통해 내 기억 속에 박혔다. 그러나 더 많은 독서를 통해, 나는 새로운 수많은 기독교 지역에서 신자들이 자신의 믿음을 위해 희생했던 것(재산, 건강, 가족 관계, 심지어 목숨까지)이 언제나 선교사들이 경험했던 것보다 훨씬 더 혹독했음을 알게 되었다.

다섯 명의 젊은 선교사들이 에콰도르 정글에서 와오라니 아우카 원주민에 의해 살해되었다는 뉴스가 전해진 1956년 1월, 미국의 모든 복음주의 신자들과 함께 우리 교회 청년들도 깊은 감명을 받았다. 얼마 뒤 그 미망인 중 한 사람이 영원히 기억될 만한 책을 출판했을 때, 그들의 희생은 훨씬 더 깊은 인상을 남겼다. 엘리자베스 엘리엇Elisabeth Elliot이 쓴 『전능자의 그늘: 짐 엘리엇의 삶과 신앙』*Shadow of the Almighty: The Life and Testimony of Jim Eliot*은 복음주의 영적 전기의 고전으로 대접받을 가치가 있다. 하지만 같은 기간 동안 나는 자신들의 기독교 신앙을 위해 고난과 박탈, 심지어 죽음마저 경험했던 수천 명의 다수 세계 그리스도인들에게 진지한 관심을 보였거나 그것에 준한 어떤 책도 기억이 나지 않는다. 마우마우단(케냐의 원주민인 키쿠유족이 조직한 반백인 비밀 테러 집단.—옮긴이)Mau Maus의 목표물이 된 케냐인들, 마을 전통을 어겼다고 공격받은 멕시코 오순절 신자들, 마오쩌둥 정권 초기에 체포된 중국 그리스도인들 말이다. 중국이나 소련에서 그리스도를 위해 고통당했던 현지인들에 대해 언급한 경우는 거의 없었고, 대개는 무신론적 공산주의의 위협 같은 더 큰 문제에 대해서만 다루었다. 때때로 콜롬비아에서 박해받은 개신교인들에 대한 보고가 있었다. 하지만 그런 경우에도, 진정한 기독교에 대한 가톨릭교회의 지속적인 위협 같은 보다 일반적인 위험만을 강조했다.

내가 그들의 삶과 관련해서 유일하게 기억하는 구체적인 상황은 많은 사람들이 중국 공산당에 의해 살해되었다는 것뿐이다. 같은 세대의 복음주의 청년들과 함께 나도 존과 베티 스탬John and Betty Stam의 자기희생적 순교 이야기를 듣고 전율했다. 사실 그들은 오래되고 복잡한 내전의 소용돌이 가운데 1934년 살해되었다. 그 내전의 기원은 쑨원의 실패한 중국국민당이나 1900년 의화단 운동, 심지어는 동인도회사가 중국인들에게 마약을 팔 수 있도록 대영제국이 허용함으로써 청과의 무역에 강제로 끼어든 1840년대의 아편전쟁까지 거슬러 올라갈 수 있다. 스탬 부부의 이야기는 그들이 목숨을 바쳤던 중국의 역사에 대해 새롭게 조명해 주었지만, 나는 서구 신자들이 모방해야 할 경건만 강조되었던 기억이 날 뿐이다.

다른 말로 하자면, 내가 어린 시절 선교사들의 사역에 대해 기억하는 것과 후에 세계기독교의 동력에 대해 배운 것 사이에 심각한 불연속이 존재했다. 돌이켜 볼 때, 문제는 일차적으로 내가 만난 선교사들에게 있었던 것이 아니다. 왜냐하면 그들 대부분은 헌신된 사람들이었고, 헌신의 무게를 견디면서 '그 너머의 지역'으로 떠났기 때문이다. 대신에 문제의 일부는 찬양 일색의 선교사 전기였다. 최소한 내 생각에는, 당시 우리가 가진 전기는 비평적이고 세심하며 구체적인 사색의 여지가 거의 없었다. 경건의 명백한 위계질서에서 선교 사역은 다른 소명들과 같지 않았다. 사역을 시작했다가 도중에 다른 직업을 갖게 된 선교사들의 이름은 회중의 기억에서 완전히 사라졌다. 마치 반反스탈린주의자들이 소련의 역사를 보여주는 마르스크주의 사진첩에서 완전히 추방된 것처럼 말이다. 선교사는 이 땅의 일에는 전혀 관심이 없으리라 생각하는 사람들에게, 선교사의 '아우라'Aura는 일종의 신성함을 전달하는 것 같았다.

하지만 그 시절 나는 점점 더 세상적인 일에 관심을 갖게 되었다. 확실히 나는 타이 콥, 베이브 루스, 디지 딘, 루 게릭, 테드 윌리엄스 그리고 성인 전기 혐오증을 피해 갔던 다른 야구 영웅들에 대한 수많은 이야기를 읽고 있었다. 물론 미국 건국, 남북전쟁, 위대한 대통령과 정치가들, 인디언과 변경 정착민들, 대공황, 세계대전에 대한 책이 더 많았다. 이러한 독서가 나에게 정치적 갈등, 물질적 관심, 제국적 열망, 식민지 저항 등 이 세상의 복잡성을 소개해 주었다. 그리하여 나는 이런 차원의 인간 경험에 매혹되었고 또 다른 분열이 뒤를 이었다. 즉, 독서를 통해 열린 새로운 세계와 내가 일찍부터 선교사들에게 주목하면서 기억하는 세계 사이의 단절 말이다.

선교사들은 신처럼 대접을 받았다. 그리고 그 신들은 정치, 문화, 경제, 문학, 외교, 혹은 비교종교학 같은 인간적인 질문으로 방해받을 수 없는 것 같았다. 실제로 나는 우리 교회를 거쳐 간 선교사 가운데 어떤 분들이 이런 질문에 대해 단호하고 때로는 박식한 견해를 갖고 있었음을 이제는 안다. 만일 내가 그들에게 광범위한 문화적·신학적 문제들에 대해 질문했다면, 그들 중 어떤 이들은 대단히 훌륭하게 대답해 주었을지 모른다. 하지만 어떤 이유인지, 그런 문제에 대한 그들의 관심과 세상에 대해 알고 싶은 나의 열정이 결코 연결되지는 못했다.

나를 충동했던 바로 그 독서는 문제의 또 다른 부분이었다. 확실히 청소년용 선교 서적은 상당한 매력을 지녔다. 10-11세 무렵 나는 폴 화이트Paul White가 쓴 『정글 닥터』*Jungle Doctor*를 탐독했다.

수십 년 후 이런 옛날 책 몇 권을 찾아서 내 아이들에게 읽어 주었을 때, 나는 내가 열 살 때 선교사들에 대해 생각했던 것처럼 그들을 훌륭하다고 생각할 수 없었다. 하지만 내가 50세가 아니라 25세에 그 책들을 다시 읽었다면 그들에 대해 생각했을 정도보다는 훨씬 좋았다.

보다 진지한 선교 문학으로 간주되던 것들과 결별하는 일은, 비록 책이 쓰인 목적을 충분히 인정한다고 해도 정말 심각한 문제를 야기했다. 그런 책에서 묘사된 믿을 수 없을 정도의 영적 헌신과 별도로 나를 특히 불쾌하게 만든 것은 지역 상황에 대한 둔감, 역사적 배경에 대한 관심의 부족, 문화적 상관성에 대한 이해의 부재, 그리고 절망스러울 정도로 부족한 지도 정보였다.

내 기억이 사춘기 후반의 편견의 산물일 수도 있지만, 한 가지 특별한 예가 내 마음에 남아 있다. 그 원인이 무엇이든, 나는 지금도 『산 너머』*Behind the Ranges*란 제목의 제임스 우트럼 프레이저James Outram Fraser의 전기를 다 읽었을 때 느낀 불쾌감을 생생히 기억할 수 있다. 최소한 나에게 그 책은 독자가 리수족 사람들을 보다 넓은 인종적·언어적·정치적 맥락 속에 위치시킬 수 있는 남중국의 특성에 대해, 가족과 경제생활에 대한 어떤 분석이나 중국과 대영제국의 역사에 대해 아무런 관심도 전해 주지 않았다. 단지 중국 문화나 프레이저의 고향 문화에 대해 매우 미흡한 정보만을 제공해 주었다. 최근에 나는 이 책의 1944년 초판에는 지도가 실려 있었다는 사실을 발견했다. 하지만 내가 읽었던 책에는 분명히 지도가 없었다. 그 후 나는 프레이저가 리수족 언어를 기록하고 분석했던 개척자였다는 사실도 발견했다. 하지만 그의 책의 이런 측면들을 나는 놓치고 있었다.

『산 너머』 같은 책들과의 서글픈 경험의 결과, 그리고 일반적으로 다른 종류의 역사에 대해, 특별히 다른 종류의 교회사에 대해 진지한 관심을 갖기 시작하면서, 나는 선교 역사가 그렇게 발전하는 역사적 관심들과 어떤 식으로든 관계가 있다고 생각하지 않게 되었다. "내 탓이오, 내 큰 탓이오."*Mea culpa, Mea maxima culpa.*

●—

선교사들의 중요성과 갈보리침례교회에서의 경험과 관련해 내가 범한 실수들을 깨닫기까지는 오랜 시간이 걸렸다. 한 외부자의 직관이 그러한 깨달음에 결정적이었다.

그 외부자는 내 아내였다. 그녀가 시더래피즈를 처음 방문했을 때는 내 여자친구였지만 말이다. 매기 패커Maggie Packer는 한 보수적인 장로교회에서 성장했다. 그 교회가 선교사들에 대한 인식이 부족했던 것은 아니지만, 영적인 우주 속에서 차지한 영역이 갈보리침례교회보다는 더 작았다. 그녀의 경험은 한 가지 중요한 면에서 나와 특히 달랐다. 그녀의 교단에서는 선교사들이 교단으로부터 재정 후원을 받았다. 시더래피즈를 방문했던 선교사들은 다른 활동 중에도 자신들의 후원 기금을 스스로 마련했다. 당시에 나는 침례교회의 선교 패턴이 세계 전역에서 점차 일반적이 되고 있던 반면, 더 오래된 장로교 모델은 20세기 기독교 세계가 출현하면서 그 중요성이 약화되던 전통적인 '기독교 국가'Christendom의 유산을 대표한 것임을 알지 못했다.

매기가 처음으로 우리 집에서 식사하기 위해 식탁에 앉았을 때, 그녀의 눈에 띈 것은 (말 그대로 그녀의 얼굴 앞에) 벽에 붙어 있던 큰 지도와 거기에 꽂혀 있는 핀들이었다. 그 지도는 우리 가족이 식사하는 공간의 한쪽 면 전체를 차지하고 있었다. 그리고 핀들은 우리 교회가 후원하거나 우리 가족이 알고 있던 선교사들을 나타내고 있었다. 몇몇 선교대회를 위해 아버지는 교회의 침례탕 위에 엄청나게 큰 지도를 만들었다. 보다 예전禮典적인 교회의 경우 십자가가 달려 있는 예배당의 중심 공간에 갈보리침례교회는 침례탕을 설치했다. 교회에서 그 지도는 선교사들의 위치를 알려 주는 작은 전구들로 장식되어 있었다. 지도는 항상 메르카토르Mercator 도법에 따라서 북미와 유럽이 '위쪽'에, 그리고 서유럽이 '중앙'에 있었다. 비록 당시에 나는 지도가 세계 역사에서 무엇이 중심에 있고 무엇이 주변에 있는지를 전달해 주는 방식에 완전히 둔감했지만 말이다.

돌이켜 보면, 우리의 선교대회는 또한 대안 예배로서 기능했다. 그 대회들은 자주 종려주일과 부활절 사이에 열렸다. 그것은 전통적으로 예전적인 교회들이 기독교 과거의 근본 요소들을 준

수할 때, 선교적 사고를 가진 우리 교회는 기독교적인 미래를 앙망했다는 뜻이다.

1950년대 후반에 때때로, 비록 전기장치는 없었지만 아버지는 우리 집을 위해 좀 더 작은 지도를 만드셨다. 매기가 내게 말했다. "세계기독교에 대한 당신의 관심이 라민 사네Lamin Sanneh의 책들을 읽으면서 생겼나요? 아니면 앤드루 월스의 강의를 들으면서, 혹은 새 논문을 준비하면서 생겼나요? 내 생각에는 그것보다 훨씬 더 오래전에 생긴 것 같은데."

●—

아내의 전기적biographical 조언에 자극을 받고 보니, 갈보리침례교회의 경험들이 씨앗이 되어 후에 세계기독교에 대한 관심으로 싹을 틔웠다는 사실이 점점 더 분명해졌다. 최소한 세 가지 문제가 내게 중요했다.

첫째는 단순한 인식이었다. 시더래피즈는 1950년대와 1960년대 초반의 미국 중서부 공동체들과 비교해 볼 때 예외적이게도 고립된 지역이 아니었다. 퀘이커 오츠Quaker Oats 사의 커다란 오트밀 농장에서 취업은 지방 날씨와 국가적 농업 정책뿐 아니라 수출에 의존하고 있으며, 콜린스 라디오Collins Radio 사의 사업은 1957년 세계 최초의 인공위성 스푸트니크호 발사 이후 소련과의 기술 경쟁이 가열되면서 상당히 호전되었다는 것도 우리는 알고 있었다. 시더래피즈 공교육 제도에서 우수한 교사들은 우리에게 미국과 영국의 고전문학을 잘 가르쳤고, 세계사와 미국사의 튼튼한 토대도 제공했다. 하지만 그러한 환경에서 실제로 무슨 일이 벌어지고 있는지 잘 모른 채로, 교회를 방문하는 선교사들을 환대한 우리만큼 세상일에 대해 들었던 사람들도 별로 없었다.

선교사들의 발표는 논조 면에서 매우 경건했고 거의 전적으로 비정치적이었지만, 우리가 방문 선교사들을 만나지 않았다면 시더래피즈에서 누가 아르헨티나 팜파스의 상황에 대해 알고 지도에서 아이보리코스트를 찾아내며, 인도 평야의 살인적인 더위에 대해 직접 듣고 콩고에서 식민 통치의 갑작스러운 종식을 경험한다는 것이 무슨 뜻인지 알 수 있었겠는가. 지난 수십 년 동안, 진보적 학자들이 서구 제국주의의 악행을 촉진하는 데 선교사들이 담당했던 역할을 강도 높게 비판해 왔다. 하지만 최근 들어 개인적으로 기독교 신자가 아닌 인류학자와 역사학자를 포함한 일군의 관찰자들이 오랫동안 자명한 것으로 간주되어 온 주장을 반박하고 있다. 과거의 맥락에서(그리고 서구에서 온 다른 대행자들과 비교할 때), 아무리 선교사들이 이제는 비서구 문화를 존중해 보편적 도덕규범이 된 것에 대해 당시에 적대적으로 행동했더라도, 그들은 비서구 지역에서 항상 가장 인간적이고 이타적이며 자기성찰적인 서구인이었다. 이와 비슷하게 엄격히 비교해 본다면, 내 세대에서 아이오와의 작은 도시 출신 중산층 젊은이들 가운데 복음의 선교적 선포에 헌신했던 교회들(갈보리침례교회 같은)의 젊은이만큼 미국에서 멀리 떨어진 여러 지역에 대해 정보를 얻는 경우는 거의 없었다.

또한 선교사들과의 만남은 가족 구성원들이 선택한 진로에도 어느 정도 영향을 끼쳤다. 왜 내 형 크레이그Craig는 그토록 외국어에 심취했고, 나도 거의 비슷한 수준으로 그렇게 되었을까? 왜 그가 한 여름을 알래스카에서 선교사들과 함께 보내고, 후에 터키에서 평화유지군으로 복무하기 위해 지원한 것이 그렇게나 자연스러워 보였을까? 이런 질문에 대답할 수 있는 최적의 사람은 바로 내 누이 앤Ann일 것이다. 나는 그녀가 우리 가족의 역사 어딘가에 선교사들과의 초기 경험이 커다란 공간을 차지하고 있음에 틀림없다고 말하리라 확신한다.

세계기독교에 대한 나의 관심을 촉발시킨 두 번째 요인은 비교문화적cross-cultural 소통의 동력과 만난 것이었다. 내가 기억하기로 방문 선교사들이 '토착화'나 '문화 적응'이라는 단어를 말한 적은 없는 것 같다. 그들은 외국의 정치제도에 대해서도 상세히 말하지 않았다. 유일한 예외는, 미국적인 기준에 의하면 그곳의 어떤 것은 너무 이상하다고 말했던 것뿐이다. 우리 교회에서 그들은 서구 교파들이 전해지지 않은 곳에서 교파 교회를 개척하는 것의 어려움에 대해 거의 말하지 않았다. 하지만 그들은 영어와 너무 동떨어진 아시아나 아프리카의 언어를 익히는 것이 얼마나 어려운지에 대해서는 말했다. 또한 그들은 원주민 조력자들과 소통할 때의 어려움과 그 극복에 대해서도 말했다. 그들은 사역 때문에 집에서 얼마나 멀리까지 갔었는지에 대해 (때로는 극적으로) 설명하는 슬라이드를 보여주었다. 가끔씩 그들은 우리가 부르는 복음성가나 전통 개신교 찬송가와 결코 비슷하게 들리지 않는 토속 음악을 잠깐 들려주기도 했다. 비록 그들이 그러한 표현을 사용하지는 않았지만, 분명히 미국 중서부의 한 작은 도시와 그 나라들의 '문화적 거리'cultural distance에 대해 무언가를 말해 주었다.

다시 한 번 씨가 땅에 뿌려지고 있었다. 추수할 때까지는 더 많은 양분이 필요했다. 하지만 나중의 발전을 기다리면서 한 가지 실마리가 제시되었다. 즉, 기독교 신앙 자체가 하나의 비교문화적 신앙으로 시작되었으며 지속적으로 그렇게 존재해 왔다는 사실 말이다.

그 시절 세 번째로 중요한 기여는 선교사들뿐 아니라, 선교 사역에 대단히 높은 가치를 부여했던 갈보리교회 교인들을 위해 선교적 동기를 자극했던 당대의 기독교였다. 나는 외부 관찰자들이 우리 교회를 '근본주의적'이라고 규정했던 것은 옳았다고 생각한다. 우리는 요한계시록에 상세히 묘사된 예언적 미래에 대한 일련의 설교를 오랫동안 들어 왔다. 우리는 잘 조직된 부흥회에 참석하거나 그것을 후원했다. 거의 모든 예배 끝에 우리는 빌리 그레이엄Billy Graham을 모방해 찬송가 '큰 죄에 빠진 날 위해'를 부르며 결단의 시간을 가졌다. 우리는 흡연, 음주, 극장, 그리고 다른 모양의 세상적인 것들에 반대했다. 그리고 우리 중 많은 사람에게 친한 가톨릭교도 친구들이 있었지만, 우리는 로마가톨릭 자체에 심각한 문제가 있다고 생각했다.

하지만 만일 '근본주의'가 화가 나서 싸우려는 열심당원을 뜻한다면, 실제로 그런 사람은 한 명도 없었다. 대신 우리에게는 참을성 있고 자애로운 던 앤더슨Don Anderson 목사님이 계셨다. 그는 가난하고 슬퍼하고 상처받고 연약한 사람들을 돕기 위해 최선을 다했다. 우리는 학생 담당 목사님도 좋아했다. 그는 가끔 철없는 모습도 보였지만 정말로 아이들을 좋아했다. 더 중요한 것으로, 그 교회에는 성숙하고 균형 잡힌 기독교 신앙의 모범을 보인 남녀 평신도들이 가득했다. 주일학교를 배움뿐 아니라 우정의 시간으로 만들어 준 헌신된 선생님들도 있었다. 성급한 청소년들에게 지는 것이 세상에서 최악의 일은 아니라고 가르쳐 준 교회 소프트볼 팀의 훌륭한 코치들도 있었다. 모든 십대 소년들이 좋아했고, 그녀를 흠모했던 사람들의 천박한 행동마저 전염성 있는 유머로 참아 주었던 교회의 젊은 비서도 있었다. 목요일 밤마다 방문자들에게 그들이 그날 밤에 죽는다면 영원토록 어디에서 지낼 것 같은지를 묻고, 때로는 가난한 사람들에게 약간의 물질적인 도움도 제공했던 사람들이 있었다. 질병, 가난, 고독, 심지어 자녀들로부터의 소외를 아무런 불평 없이 견딘 노인들도 있었다.

갈보리침례교회는 결코 이 땅 위의 천국은 아니었다. 하지만 이제 내가 결론을 내리듯이, 우리에게 주어진 기독교가 거의 문화에 관심이 없고 역사에 무지하며, 정형화된 경건의 영향을 너무 많이 받고 그 신학이 천박하더라도, 그것의 진정성을 부인할 수는 없다. 깊은 확신이 우리를 선교 사역에 매달리게 만들었다. 물론 우리는 모든 그리스도인이 '보냄을 받은 사람'이 되어야 한다고 정기적으로 들었다. 하지만 우리는 누가 정말로 그러한 훈계를 가슴에 새겼는지 알았다. 선교사들은 모범이었고, 그들은 나에게 세상의 비밀을 보여주었다.

● — 02장

종교개혁으로 구조되다

대학에 입학한 이후 초기 성년 시절에 대해 포괄적으로 살펴볼 필요가 있다면 많은 것에 대해 써야 할지도 모르겠다. 하지만 세계종교로서의 기독교 신앙에 대한 인식과 관련해서 핵심적인 발전은, 내가 관심 있는 기독교 구경꾼에서 헌신된 기독교 참여자로 옮아가는 과정이었다. 중요성 면에서 다른 발전들로는 삶의 안락과 덧없음을 공유해 온 배우자를 발견한 것, 이상적인 직업은 읽고 쓰며 역사 교육과 관련되리라고 생각한 것, 내가 상황에서 벗어난 진리와의 정적인 관계나 질문보다 플롯과 서사, 시간의 변화와 훨씬 더 많이 공명한다는 사실을 깨달은 것, 그리고 점프슛을 찔러 넣고 땅볼을 주워 담고 롱퍼트를 성공시키는 것에 거의 궁극적인 의미를 부여하던 유치한 확신을 포기한 것 등이다.

구경꾼에서 참여자로의 이동은 나의 성장과 함께했던 종교에 대한 불안이 기독교 신앙의 새롭고 매력적인 경험에 길을 내주면서 발생했다. 하지만 그 변화를 서술하기 전에 중요한 조건들을 먼저 언급할 필요가 있다. 청년기로부터 50년의 세월이 흐른 지금, 나는 많은 왜곡에 대해 알게 되었다. 내가 경험했던 가르침과 태도들에 대한 인식으로는 객관적이고 공평한 설명으로 기록해야 할 사실을 공정하게 평가할 수 없다는 것을 나는 안다. 그러한 성장 속에 오류가 있었다면 그 책임은 다른 누군가가 아니라 바로 나 자신에게 더 많이 있다. 게다가 내가 이제부터 이야기하려는 것은 훨씬 오랫동안 발달했던 (사실은 지금도 발달 중인) 통찰들을 짧은 시간 속에 압축함으로써, 실제로 일어난 일을 왜곡할 수도 있다.

하지만 편견을 충분히 고려하면서, 내 자신의 삶을 어떻게 읽을 것인지에 대한 어눌한 서술을 이어 가겠다. 구원받기 위해 무슨 일을 해야 하는지에 대한 많은 설교들을 내면화하던 내가, 하나님께서 나를 구원하시기 위해 어떤 일을 감내하셨는지에 대한 마르틴 루터Martin Luther의 메시지를 실존적으로 체험했다. 미래를 위한 성경의 의미에 심취했던 내가, 장 칼뱅Jean Calvin으로부터 현재를 위해 광범위한 적합성을 보여준 성경 독서법을 배웠다. 예수의 놀라운 은혜에 대해 참되지만 얄팍한 단어들로 노래하던 내가, 오랫동안 감옥에 갇혀 있던 영혼이 신적 자비의 빛으로 풀려나는 것에 대한 찰스 웨슬리Charles Wesley의 고백을 노래하면서 변화되었다. 얼마나 많은 저자들이 이사야서를 기록했는지에 대해 깊이 고민해야 한다고 배우던 내가, 조나단 에드워즈Jonathan Edwards를 따라서 유일하게 정말로 중요한 질문은 하나님께서 세상을 창조하신 목적(그분 자신의 영광을 위해)임을 이해하게 되었다. 이런저런 토대를 차례로 추구하면서, 하이델베르크 교리문답 가운데 "삶과 죽음에서 나의 유일한 위로는 내 모든 죄의 대가를 그의 고귀한 보혈로 완전히 지불하신 신실하신 나의 주 예수 그리스도이시다"라는 교리가 이해를 넘어 확신으로 경험되었다.

다르게 말하면, 고전적 개신교의 풍부함이 존재에 대한 새롭고 강력한 시야를 열어 주었다. 지적으로, 신학적으로, 실존적으로, 나는 종교개혁에 의해 구조되었다.

●—

1964년부터 1968년까지 학부생으로 다녔던 복음주의 대학인 휘튼 칼리지Wheaton College 및 모교회에서의 경험과 고전적 개신교 원천으로부터의 배움 사이의 대조는 당시에 내가 느꼈던 것만큼 그렇게 극심하지 않았다. 내가 속했던 20세기 중반의 신복음주의neo-evangelical 세계에는 은혜가 훨씬 더 많았고, 루터와 칼뱅, 웨슬리, 에드워즈의 신앙으로는 해결되지 않은 긴장이 내가 생각했던 것보다 분명히 더 많았다. 하지만 당시에는 그런 대조가 인상적으로 보였다.

지적인 측면에서, 1960년대 미국 복음주의는 근본주의의 부담과 전통적 삼위일체 기독교의 확고한 재再긍정 사이에 고통스럽게 위치한 일종의 타협점을 제공했다. 상당수의 복음주의 설교자들과 교사들도 성경무오설에 대한 질문이 신적 은총에 대한 성경의 메시지 때문에 유일하게 중요하다는 것을, 혹은 보다 일반적으로 과학적 사실에 근거해서 강력하게 제기된 인식론적 질문에 대한 전면적인 집중은 그런 노력이 보호하고 싶었던 복음 자체를 모호하게 하는 결과를 가져왔다는 것을 정말로 알고 있었다. 많은 복음주의자들의 그와 같은 신학적 집착은 진실로 기독교의 기본 핵심에서 결코 동떨어진 것이 아니었다.

이제 다루겠지만, 이런 핵심 과제들은 인간존재의 근본 의미를 분별하기 위해 삼위일체의 의미를 탐구하고, 죄인들을 위한 그리스도의 대속적 죽음의 역설적인 아름다움을 탐구하며, 그리스도의 생애가 신자들의 일상생활을 어떻게 형성하는지에 대해 질문하고, 하나님의 자연 창조와 신실한 기독교적 삶과 관련된 인간 문화의 섭리적 인도에 대해 연구하는 것도 포함했다. 반면에 비교적 덜 중요한 문제들에 지나치게 많은 관심이 쏟아졌던 것도 나는 기억한다. 즉, 우리 자신의 노력에 의한 일회적 사건으로 제시된 구원, 종말에 대한 예언으로 축소된 역사 이해, 하나님이 언제 세상을 창조하셨는지에 대한 주장들로 한정된 자연에 대한 관심, 그리고 성경의 넓은 문맥에서 벗어나 성경 구절을 사용하는 수많은 황당한 주장들. 이런 집착은 정말 중요한 것을 파악하려는 노력의 산물이었을 수도 있다. 하지만 내 경험에 의하면 그것들은 쓸데 없는 일에 너무 많은 땀을 흘린 것처럼 보였다.

영적인 측면에서 상황은 훨씬 더 심각했다. 청년기의 모든 사람처럼(그리고 다른 시기의 모든 사람처럼), 나도 육신의 정욕과 안목의 정욕과 이생의 자랑으로 형성된 올무에서 해방될 필요가 있었다. 요한일서 2:16 말씀을 확대하면, 나는 내가 다른 사람들과 맺고 있는 관계로 내 자신을 정의하고 자연적인 성향이 자기파괴적 '쾌락'이 되도록 허용하며 내가 정말 우주의 중심이라는 생각으로부터 간절히 벗어나고 싶었다. 내가 경험했던 복음주의 기독교는 분명히 이런 도전에 민감했다. 한때 복음주의자였던 이들과 징계받고 돌아온 복음주의자들의 자서전에서 충분히 다루어진 이유들 때문에, 표면적으로 은혜에 의해 정의된 종교가 실제로는 율법에 얽매인 것으로 경험될 수도 있었다.

최소한 내 관점으로는, 복음주의권 내부에서 인간의 도덕적 질병(복음주의자들이 그토록 열렬히 찬미했던 성경에서 그토록 강력하게 묘사한 질병들)을 위해 제공한 치료약은 무언가 부족했다. 문제의 일부는 거룩한 생활의 이상理想으로서 가르쳐진 것이었다. 그 이상은 대단히 제한적이었다. 경건은 술과 담배를 하지 않는 것, 극장에 가지 않는 것, 혼전순결을 지키는 것을 의미한다고 배운 젊은이가 나 혼자만은 아니었다. 후에 복음주의자들이 술과 영화에 대한 부담을 줄여 주자 결혼생활의 정절도 약화시키는 혼란이 초래되었다. 율법의 더 무거운 문제들(공의를 행하고 인자를 사랑하며 겸손히 하나님과 함께 행하는 것)이 완전히 무시된 것은 아니었지만, 근본주의 행동 강령에 의해 쉽게 모호해지고 말았다. 정치적인 삶, 예술적 노력, 학문 작업, 사업 활동이 실제로 신자의 찬미의 제사로 수행될 수 있다는 개념과 관련해, 이것들은 대체로 탐구되지 않은 가능성으로 남아 있었다.

가장 중요한 영적인 문제는, 하나님의 은혜의 충만함에 대해 끝없이 반복했지만 거의 전적으로 우리가 하거나 하지 않는 것에 의해 정의되고, 믿어야 할 명제들의 짧은 목록과 전적으로 동일시되며, 실제로 나의 회심 체험과 타인을 회심시킬 필요성으로 축소된 기독교 이미지를 흡수하기가 너무 쉬웠다는 것이다. 하나님의 은혜와 도덕적 삶의 선한 행동이 긴밀하게 연결되었다고 배운 것은 분명히 잘못은 아니었다. 기독교가 제대로 기능하는 데에 교리적 주장들이 중요한 역할을 담당한다는 믿음은 틀린 것이 아니고, 진정한 회심을 위해 분투하는 노력도 부적절한 것이 아니다. 캐나다의 역사학자 조지 롤릭Geoege Rawlyk의 말을 인용하면(그에 대해 뒤에서 더 많은 이야기를 들려줄 것이다), "종교적 회심이 실제로 일어났다. 그래서 사람들의 삶은 심오하고 영구적으로 변했다.…… 회심은 여전히 발생하며 종교적 부흥도 마찬가지다."[1]

대신, 도덕 행위가 기독교 신앙을 구성한다는 인상을 남긴 것은 잘못이다. 적절한 신앙에 대한 나의 점검표가 기독교 자체와 다르지 않다고 생각한 것도 잘못이다. 회심이라는 실재가 기독교의 다른 실재들을 밀어내도록 방치한 것도 잘못이다. 그렇게 잘못된 강조의 결과는 결코 터무니없지 않고 살아 있는 신앙과도 무관하지 않으며, 또한 위험할 정도로 부분적인 확실성으로 가득 찬 삶을 향한 실제적인 접근이었다. 그 가운데 몇 가지는 다음과 같다.

- 죄의 명부에서 가장 통탄할 것은 혼전임신, 이혼, 알코올중독, 동성애다(그렇게 과보호된 시대에, 우리는 이것들에 대해 거의 알지 못했다). 그 다음으로 노골적인 부정직, 욕, 인종차별, 고발당할 만한 법 위반이 나온다. 건방짐, 탐식, 험담, 위선도 뒤따라왔다.
- 회심은 죄와 자아로부터의 극적인 전환을 의미했고(폭도, 운동선수, 선교지의 이방인이 대표적), 매우 드물게 은혜 안에서 천천히 진행된 성장을 의미했다.
- 구원의 길은 그리스도를 개인적 구주로 영접하기 위해 예배나 부흥회 후에 앞으로 걸어 나오는 것을 의미했다.
- 가톨릭교도들은 그리스도가 아니라 교황을 따랐기 때문에 지옥에 갈 수밖에 없다.
- 유아에게 세례를 베푼 교회들은 신앙을 고백한 후에 세례를 베풀어야 한다는 성경의 명령을 제대로 이해하지 못했다.

나는 여기서 문제들을 조금 과장해 말했다. 내가 감지한 흠이 무엇이든, 내 청년 시절의 복음주의 세계는 모범적인 삶을 살았던 이타적이고 신실한 사람들로 가득했다는 것만큼은 의심할 수 없다. 역사학자로서 나의 결론은 동시대 삶의 충격이—내 부모님 세대에는 대공황의 경제적 불확실성, 세계대전의 혼란과 죽음과 상처, 교육과 부富 면에서 전대미문의 전후 급상승postwar surges을 포함했다—특별히 파괴적인 방식으로 근본주의-근대주의 갈등의 트라우마, 그리고 한때는 일반적으로 수용되었던 기독교적인 전통에 대한 당대 문화의 꾸준한 포기와 결합되었다는 것이다. 미국 복음주의자들의 경우 그런 결합이 신앙의 왜곡으로도 이어졌지만, 진정한 기독교적 삶의 가능성을 배제시킬 만큼 심각하지는 않았다.

역사적인 이유들이 무엇이든, 그럼에도 내가 이와 같은 맥락에서 받은 기독교 메시지는 율법에 대해서는 매우 강경했고 은혜에 대해서는 당황스러울 정도로 모호했다. 최소한 우리 목사님과 몇몇 부흥사들은 대단히 재미있었는데, 그들이 우리에게 생각할 거리를 제공하기 위해 이야기, 예화, 인용, 속담을 들려주고 요점을 강조할 때 특히 그랬다. 하지만 내 기억에는 그 누구도 마르틴 루터가 1521년 8월에 그의 젊은 동료 필립 멜란히톤Philipp Melanchton에게 썼던 편지 같은 것을 인용한 적은 없다.

> 죄인이 되어 담대히 죄를 지으시게. 하지만 훨씬 더 담대하게 그리스도를 믿어야 하네. 왜냐하면 그분이 죄와 죽음, 세상을 이기셨기 때문이지. 우리가 여기 있는 한……우리는 죄를 지을 수밖에 없다네.……하나님 영광의 풍성함으로 우리가 세상 죄를 짊어지신 어린양을 알게 되었다는 것만으로 충분하네. 어떤 죄도 우리를 어린양에게서 떼어 놓을 수 없지. 비록 우리가 하루에 수천

> 번씩 간음을 하고 살인을 저질러도 말이네. 그러면 자네는 그렇게 위대한 어린양께서 우리 죄를 대속하기 위해 지불하신 비용이 너무 적다고 생각하는가? 담대히 기도하시게. 자네 역시 엄청난 죄인이 아닌가.[2]

20대 초반의 나는 이 같은 메시지로 구원받고 있었다.

●—

이렇게 나이를 먹고 보니, 당시에는 단순히 해방적으로 보였던 것의 한계를 이제 보다 분명하게 깨닫는다. 루터의 과장은 쉽게 길을 잃을 수 있었다. 신학자들은 "하루에 수천 번씩"이라는 그의 거친 진술에 '율법폐기론'antinomianism이라는 대단히 적절한 이름을 붙이거나, 신앙과 도덕적 삶의 적절한 관계를 명백히 무시한 그를 비판한다. 게다가 십자가에서 이루신 하나님의 일에 대한 루터의 열광은 세상에서 하시는 하나님의 일에 대해 생각할 여지를 별로 남겨 둘 수 없었다(칼뱅주의자들이 루터주의자들에게 제기하는 대표적인 비판 중 하나다). 과장이 심한 그의 성품이 그의 입을 통해 표현되었다. 그리고 그가 자신의 입장을 너무나 확신 있게 표현했기 때문에, 그의 영적 후예들 일부는 그의 말과 성경을 혼동했다. 하지만 마르틴 루터의 삶과 영향의 모든 세세한 부분까지는 아니지만, 그가 소개했던 복음에 대해 나는 어떤 의심도 하지 않는다.

그는 하나님에 대한 추상적인 그림에 관심이 없었다.[3] 심지어 기독교의 다른 위대한 교사들에게 영감을 주었던 하나님 개념도 루터에게는 일차 관심사가 아니었다. 그는 독일 신비가들에게 너무나 소중했던 사랑의 하나님을 이해했다. 그는 물리적·이성적 세계에 대한 하나님의 통치에 관해 토마스 아퀴나스Thomas Aquinas가 했던 말 일부를 사용했다(비록 그는 평생 아퀴나스에 대해 좋은 평을 한 적이 없지만, 그의 책도 제대로 읽지 않았으면서 아퀴나스를 정신적 선행을 통한 구원의 옹호자라고 생각했다). 또한 그는 아우구스티누스Augustinus로부터도 많이 배웠다. 특히 하나님을 순수한 도덕의 빛으로 이해하고 삼위일체를 지속적인 신적 상호작용이라고 묘사했던 것에서 말이다. 하지만 하나님에 대한 여러 훌륭한 이미지들은 이차적인 것이었다. 일차적인 것은 루터가 1517년 10월에 그 유명한 『95개조 논제』를 마무리했던 관심사였다.

94. 그리스도인은 자신들의 머리이신 그리스도를 참회와 죽음, 그리고 지옥까지 부지런히 따르도록 권면을 받아야 한다.

95. 그러므로 그릇된 평화의 보장 대신 많은 환란을 통해 하늘에 들어간다고 확신하라.

얼마 후 루터가 바울의 로마서를 열렬히 탐구한 결과, 또 다른 폭발이 일어났다. 이번에는 학문적인 모임에서 그랬다. "자신 안에 있는 것을 행함으로 은총을 입을 수 있다고 믿는 사람은 죄에 죄를 더하여 죄가 두 배로 늘어난다.……그는 신학자라고 불리기에 부족함이 없다.……그는 하나님의 가시적이고 명백한 속성들을 고난과 십자가를 통해 이해한다.……영광의 신학자는 악을 선이라고, 선을 악이라고 부른다. 십자가의 신학자는 사물을 있는 그대로 부른다."

루터의 하나님 사상에서 중요한 요소는 역설paradox이었다. 즉, 천지를 지으신 권능power을 이해하기 위해서는 로마의 처형대 위에 매달리신 무력powerlessness을 아는 것이 필요했다. 신의 도덕적 완전을 이해하기 위해서는 한 범죄자의 처형이라는 스캔들을 이해할 필요가 있었다. 루터의 견해에 따르면 기독교는 죄인들을 위해 죽으신 그리스도와 함께 시작한다. 사람들이 하나님의 현존 앞에서*coram Deo* 자신의 거짓을 파괴하고 그리스도의 죽음 속으로 들어갈 때, 기독교는 인간의 삶에서 하나의 실재가 된다.

타고난 논쟁가로서 루터는 '십자가의 신학'theology of the cross에 반대하는 사고방식, 곧 그가 '영광의 신학'theology of glory이라고 불렀던 것을 비판했다. 이러한 측면은 개인적으로 내게 그의 십자가 설명이 긍정적으로 말했던 것만큼 엄청나게 부정적인 힘으로 말했다. 영광의 신학은 사람들에게 자신, 동료 인간, 그리고 가장 중요하게 하나님의 인정을 받기 위해 그들 자신이 할 수 있는 일을 행하도록 요구한다. 만일 우리가 우리 자신을 적절히 통제할 수 있다면 우리는 최종적이고 궁극적으로 하나님을 기쁘시게 해드릴 수 있다고 영광의 신학은 가르친다. 흉악한 영향력을 끼치면서, 영광의 신학은 하나님이 우리를 위해 하신 일보다 우리가 하나님을 위해 하는 어떤 것이 영적인 삶을 창출하는 데 중요하다고 충동한다. 그리고 그 메시지는 개인적으로 나를 위해 마련된 것처럼 보였다.

루터에게 십자가는 하나님의 판결을 드러낸 것이다. 즉, 인간은 아무리 많은 공적을 쌓아도 성공할 수 없다. 인간이 아무리 열심히 공부해도 진정으로 현명해질 수 없다. 인간이 아무리 열심히 노력해도 오랫동안 즐거울 수 없다. 요약하자면 십자가는 스스로 신이라고 생각하는 인간의 근원적 우상숭배를 향해 하나님께서 영원히 "No!"라고 선언하신 것이다. 그것은 인간을 존재의 중심에 위치시키려는 모든 노력에 대한 하나님의 최종적인 사형 선고였다.

영광의 신학에 대한 이와 같은 비난은 너무 광신적이고 과도하며 혹은 오늘날 우리가 반反직관적이라고 부르는 것처럼 보였기에, 루터는 '복음주의적 돌파'evangelical breakthrough를 경험하는 데 정말 많은 시간이 필요했다. 하지만 그렇게 고통스러운 과정이 일단 드러나면, 그것의 주목할 만한 효과를 설명하는 데 도움을 준다. 나 자신처럼 그의 글을 통해 마음의 순례를 자각한 사람들에게는 위대한 보상이 있었다. 십자가 신학은 파괴할 뿐 아니라 행동을 개시했다. 그것에 대한 루터의 설명이 여기 있다.

신앙이 존재한다면, 인간의 힘이 끝나는 곳에서 하나님의 힘이 시작된다. 그리고 억압이 끝나는 곳에서, 위대한 힘은 약함 아래 숨겨져 있다는 사실이 명백해진다. 심지어 그리스도는 십자가 위에서 무력했다. 하지만 그곳에서 그는 자신의 가장 강력한 사역을 수행했고, 죄와 죽음, 지옥과 악마, 그리고 모든 악을 정복했다. 따라서 모든 순교자는 강했고 극복했다. 그러므로 고통과 억압을 당한 모든 사람은 승리한다.

우리 인간은 하나님 앞에서 자신을 정당화할 책임이 없기 때문에, 나는 상상할 수 있는 가장 완벽한 자유를 경험할 것이라는 의미로 루터를 해석했다. 만일 십자가에서 드러난 것처럼 하나님이 우리 편이시라면, 누가 감히 우리를 반대할 수 있겠는가? 하나님이 자신의 은총으로 자유롭게 의롭다고 칭하신 죄인들인 우리는 이제 자유롭게 일하고 놀고 양육하고 증거하고 쉬고 예배하고 창조하고 즐길 수 있다. 우리가 그런 자유를 누릴 만하기 때문이 아니라, 성부께서 성령을 통해 성자에게 부여하신 모든 것을 우리가 그리스도 안에서 누리기 때문이다.

이 교훈이 내게는 마치 생명의 길을 보여주는 섬광 같았다. 루터의 마지막 말을 읽었을 때 나는 그것이 거의 전부를 요약했다고 생각했다. "우리는 거지다. 그것이 진실이다."Wir sind Bettler, Das ist wahr. 이와 같은 인식은 절망의 울부짖음이 아니었다. 십자가 때문에 하나님께서 이제 거지의 울부짖음을 들으셨다는 사실을 내가 알았기 때문이다.

몇 년이 지나고 요한 세바스찬 바흐의 교회 칸타타, 수난곡, 미사곡 B단조에 깊은 감동을 받은 후, 야로슬라브 펠리칸Jaroslav Pelikan 같은 통찰력 있는 역사학자들이 역사상 그 누구보다 바흐가 루터 신학의 많은 것을 내면화했다는 주장을 이해할 수 있었다. 바흐의 뛰어난 대위법은 십자가의 대조적 실재를 반영하는, 명백하게 대립하는 실재들의 음악적 조화를 보여주었다. 비슷하게, 성경과 음악을 탁월하게 연결하는 그의 능력(서구 음악사에서 누구 못지않게 예술적인)은 고통당하시는 하나님의 위대한 정념과 그리스도 안에서 말로 표현할 수 없는 해방의 환희를 인간적이고 가장 효과적인 방식으로 전달했다.

물론 바흐에게 영감을 주고 그렇게 많은 사람들에게 큰 도움이 된 것은 '루터 신학'만이 아니었다. 루터는 자신이 하나님과 인간의 관계에 대해 명확하게 이해했던 것은 무엇이든지, 우리가 그리스도의 삶이나 성경의 메시지에 대해 받을 수 있는 다른 어떤 참된 통찰만큼이나 하나님의 선물이었다고 말한 최초의 사람이었을 것이다.

내가 속한 복음주의적 전통에서 이러한 복음 이해가 완전히 낯선 것은 아니었다. 사실 내가 시더래피즈나 휘튼 칼리지에서 불렀던 많은 찬송들에는 감정적인 힘과 인식적인 능력이 강하게 뒤섞여 있었다. '오, 거룩하신 주님 그 상하신 머리'(중세부터 내려온 찬양으로, 17세기에 루터파인 파울 게르하르트에 의해 독일어로 번역되었고, 19세기에는 장로교인인 제임스 워델 알렉산더에 의해 영어로 번역되었다), 아이작 왓츠의 '주 달려 죽은 십자가'와 '나는 예수 따라가는', 찰스 웨슬리의 '만 입이 내게 있으면'(특히 "내 죄의 권세 깨뜨려 그 결박 푸시고"란 구절), 혹은 조셉 하트의 '가난하고 불쌍한 죄인들아, 주께 나오라'(특히 "양심의 가책에 시달리지 말라. 온전함도 꿈꾸지 말라. 그가 요구하시는 온전함은 당신이 그분의 필요를 느끼는 것이다"란 구절), 엘리자베스 클리페인의 '십자가 그늘 아래', 그리고 노래하는 자에게 초점이 맞추어져 있지만 부분적으로 맞는 찬송가인 '갈보리 산 위에' 등이다.

하지만 뒤돌아보면, 우리는 찬송을 부른 후 서둘러서 더 강력한 행동 지침, '세상'에 대한 더 심각한 의심, 기이한 성경해석들에 대한 더 많은 관심, 그리고 회심 체험에 대한 훨씬 더 협소한 이해로 경도된 것 같다. 위대한 찬송가의 신학은 강력하게 남아 있었지만, 너무나 자주 다른 곳에서 진행되고 있던 일들 때문에 모호해졌다.

나는 최근에 더글러스 스위니Douglas Sweeney가 루터의 영향으로 경험했던 자신의 각성에 대해 쓴 글을 읽었다. 그것은 내 이야기이기도 하다. "루터는 내가 복음의 메시지를 정결하게 이해하도록 도와주었다. 그는 내게 하나님께서 나의 (악한) 열심 때문이 아니라 그리스도 때문에 구원의 믿음을 주셨다고 알려 주었다. 단지 나는 이렇게 고귀한 선물을 받고 주님께 감사하면 되었다. 나는 구원의 확신을 얻었고, 나의 영적 명상을 중단했으며, 나 자신을 극복하기 시작했다."[4]

●—

세계기독교에 초점을 맞춘 회고록에서, 전적으로 서구적인 맥락에서 이루어진 영적 여정을 이토록 상세하게 살피는 일에는 약간의 설명이 필요하다. 청년기 동안 나는 근대 초기 유럽 개신교로부터의 통찰을 흡수함으로써 당대 미국 복음주의 내부에서 양산된 딜레마의 해법을 발견했다. 이런 변화는 세상 전반과 관계가 있는 것처럼 보이지 않았다. 정말로 당시에는 내 경험의 어떤 것도 더 광범위한 기독교 역사와 긴밀한 관계가 있다는 것에 대해 전혀 몰랐다. 내가 마르틴 루터에게 주목하던 동안, 더 넓은 영역에서 벌어지고 있던 진실로 중요한 발전들에 대해서는 거의 아무것도 알지 못했고 관심도 없었다. 즉, 마오쩌둥의 문화혁명(1966-1976년) 동안 불법화되었던 중국 교회들이 살아남았을 뿐 아니라 실제로 몇몇 지역에서는 번성하고 있었다. 우간다에서는 잔인한 독재자 이디 아민Idi Amin에게 용감한 성공회 감독들이 맞서고 있었다. 흑인, 혼혈인, 그리고 소수의 백인 신자들이 남아프리카공화국에서 인종격리 정책인 아파르트헤이트apartheid에 반대하면서 신학을 실천에 옮기고 있었다. 오순절 운동과 다른 형태의 은사주의 기독교가 브라질, 니카라과, 그리고 라틴아메리카의 다른 지역에서 비상하기 시작했다. 제2차 바티칸 공의회의 영향력이 전 세계의 가톨릭교회를 끌어들이며 변화시키기 시작했다. 1974년 로잔 세계복음화 국제대회에 대한 『크리스채너티 투데이』*Christianity Today*와 다른 복음주의 간행물들에 실린 기사를 통해 나도 그것들에 관심을 갖기 시작했지만, 아주 미약했을 뿐이다.

나는 경험을 통해서 세계기독교와 연결되었다. 그것은 비교문화적 접촉의 결과로 생긴 하나의 발견이었다. 처음으로 다른 사람의 관점에서 복음을 바라봄으로써, 나는 제대로 복음을 이해할 수 있게 되었다. 비록 공간이 아니라 시간을 통해 그렇게 다른 관점을 갖게 되었지만, 그것은 전혀 다른 시공간의 사람들을 주목함으로써 나 자신과 환경도 이해하게 되었다는 뜻이다. 당연한 것으로 여겼던 영적 확신들을 전혀 다른 관점에서 바라보는 것이 얼마나 유익한지를 알게 된 것은 내게 큰 축복이었다. 다른 말로 하자면 나는 위키피디아Wikipedia가 내게 알려 준, L. P. 하틀리Hartley의 소설에서 처음으로 언급된 구절의 진실을 깨달았다. "과거는 또 하나의 외국이다. 즉, 그들은 그곳에서 다르게 행동한다." 그것은 지금 여기와는 다른 곳에서 '그들'이 다르게 행동할 수 있다는 사실을 깨달은 첫걸음이었다.

03장

나의 스승들

나의 신분이 학생으로 1960년대부터 1970년대 초반까지 지속되는 동안, 가족과 친구들은 더 이상 "아직도 학교에 다니니?"라고 묻지 않는 대단한 인내심을 보여주었다. 1968년에 영문학 전공으로 휘튼 칼리지를 졸업한 후, 나는 아이오와 대학교University of Iowa에서 2년 동안 비교문학을, 일리노이 주 디어필드에 소재한 트리니티 복음주의 신학교Trinity Evangelical Divinity School에서 2년 동안 교회사를, 그 후 기독교 역사 프로그램의 일환으로 테네시 주 네쉬빌에 있는 밴더빌트 대학교Vanderbilt University에서 3년 동안 미국종교를 공부했다. 1969년에 내 아내가 된 매기 패커는 신실한 동반자이자, 그 여정에서 우리를 후원했던 여러 교회에서 훌륭한 동료 예배자가 되어 주었다. 첫 아이인 메리가 1973년 12월에 태어났을 때, 이제 학교는 그만 다녀야 한다는 강한 부담을 느꼈다. 이 시절 동안 학생으로서의 나의 관심은 서구 기독교 전통, 특히 종교개혁 이후 개신교에 집중되었다. 또한 이때는 나의 교단적 정체성이 일반적인 복음주의로부터 매기, 폭넓은 독서, 그리고 확장되던 학문적 네트워크를 통해 배운 보수 장로교회로 이동하던 시기였다. 선교사들의 빈번한 방문과 별도로, 과거나 현재나 내 관심은 거의 완벽하게 서구적인 것으로 남아 있었다. 가장 절박한 도전은 내가 16세기 복음의 통찰 속에서 발견한 목적을 어떻게 20세기 후반의 일상생활 속으로 전환시키는가 하는 것이었다. 물론, 16세기와 오늘날 우리 사이에는 큰 차이가 있다. 하지만 나는 서구 기독교의 발전과 비서구 기독교의 발전 사이에 존재하는 동일하게 중요한 또 다른 차이들은 탐구할 생각이 거의 없었다.

이러한 학문적 방랑의 각 시기마다, 나는 뛰어난 스승들 덕분에 많은 복을 받았다. 그들이 각자 다른 방식으로 뛰어났기 때문에, 내 기억에 특별히 도움이 된 이들의 명단을 온전하게 파악하기 위해서는 시간이 많이 걸릴 것이다. 하지만 회상해 볼 때 가장 기억에 남는 교사들 중에는, 마르틴 루터처럼 조금 더 작은 규모로 나를 외국 땅으로 데려갔던 몇 명이 있었다. 그 여행들은 단지 내 머릿속에서 일어난 것이었지만 그럼에도 분명히 여행이었다. 그들의 가르침은 내게 나 자신의 환경을 마치 멀리 떨어진 것처럼 돌아볼 수 있는 기회를 주었다. 그들은 비교문화적 안내자였다. 나는 가장 미국적인 현재 속에 학생으로 편하게 위치하고 있었다. 하지만 그들의 노력 덕분에 나는 과거 시대와 본능적인 전제들에 도전했고, 중요한 삶의 문제들을 평가하기 위한 새로운 관점이 열렸으며, 사람과 공동체가 다르게 행동한다는 것의 의미를 다른 방식으로 보여주었던 과거의 인물들에 대해 정말 많이 배웠다. 그와 같은 탐구와 비교분석은 서구의 지적·종교적 발전의 결과였지만, 그럼에도 그것들은 시간과 공간을 초월하여 후대의 탐구를 위한 길을 예비해 주었다.

이 책을 준비하면서 나는 내가 다양한 시대에 걸쳐 이런 교사들에 대해 썼던 몇 편의 짧은 에세이를 다시 살펴볼 수 있었다. 거의 40년 전 각각 다른 경우에 썼던 글들을 다시 읽으면서, 당시에는 내가 그 방향으로 향하고 있었다는 사실을 전혀 깨닫지 못했지만 결국 '세계기독교' 안에서 끝난 그 길 위에 이 스승들이 나를 어떻게 올려놓았는지를 보다 쉽게 알 수 있었다. 그 조각들이 뒤에 이어질 내용들의 거칠지만 유용한 초안을 제공한 것이다.[1]

●—

휘튼 칼리지에서, 나는 특별히 비교문화적 의식을 효과적으로 심어주신 네 분의 교수님을 기억한다. 두 분은 널리 이름을 떨쳤으며(아서 홈즈와 클라이드 킬비), 다른 두 분의 저서는 강력한 영향을 끼쳤다(프랭크 벨링거와 로버트 워버튼).

철학교수였던 아서 홈즈Arthur Holmes는 20세기 후반에 휘튼 칼리지에서 지적으로 가장 막대한 영향력을 끼쳤다. 다른 두 사람이 그의 뒤에 있었다. 빌리 그레이엄이 무서운 근본주의로부터 복음전도적 초교파성ecumenicity으로 인도함으로써, 그리고 C. S. 루이스C. S. Lewis가 정통 기독교의 목적을 위해 방향을 전환한 학문과 내러티브를 통해 각각 영향을 끼친 것이다.

영국 공군에서 복무한 후 아서는 고향인 잉글랜드 도버의 한 침례교 목사의 추천으로 휘튼에 왔다. 1951년에 그는 성경학과에서 몇 과목을 가르치기 시작했는데, 후에 그가 노스웨스턴 대학교Northwestern University에서 철학으로 박사과정을 시작하면서 철학 과목도 추가했다. 그는 자신을 유명하게 만든 특별한 인내심을 발휘하면서 그 과목들을 15년 이상 가르쳤다. 마침내 아서는 휘튼 칼리지를 설득해서 따로 철학과를 신설하도록 했다. 초기부터 그는 연례 철학학술대회를 개최했는데, 개혁주의, 가톨릭, 세속, 그리고 광범위한 영역의 복음주의 철학자들을 초청해 폭넓은 토론과 논쟁, 네트워크, 최고 수준의 존경할 만한 논의를 진행했다.

1966-1967년에 걸쳐 나는 영원히 기억될 홈즈 교수의 두 학기짜리 철학사 과목을 수강했다. 아서는 개별 철학자들의 사상을 (역사학자들이 흔히 그렇듯이 철학자들의 당대를 배경으로 하기보다는) 그들 앞뒤에서 활동했던 사람들과 연결하는 데 특별히 관심이 많았다. 방대한 독서를 통해 많은 것을 배웠고, 시험은 훌륭한 지적 도전이었으며, 강의는 탁월했다. 그는 모든 학생과 눈을 마주치며 점점 더 논증적이 되었고, 이따금 잠시 멈추고 앞으로 허리를 숙

이면서 웃는 얼굴로 "알겠습니까? 알겠습니까?"라고 물었다. 그는 수업시간에 똑똑한 친구들이 던지는 어떤 질문도 탁월하게 처리했고 그런 다음에 계속 수업을 진행했다. 후에 나도 참여하게 된 교수회의에서 그의 설명을 듣고, 그가 강의와 학생지도 모두를 대단히 훌륭하게 수행하고 있다는 사실을 알게 되었다. 나처럼 비철학적인 사고를 지닌 사람의 기억 속에도 그는 고등교육이 어떻게 이루어져야 하는지에 대한 하나의 모델로 남아 있다.

첫 번째 학기 연구과제로 나는 알렉산드리아의 클레멘스Clemens of Alexandrianus의 사상 가운데 몇 가지 측면에 대해 논문을 썼다. 나는 『니케아 이전의 교부들』*Ante-Nicene Fathers*에 수록된 클레멘스의 두꺼운 책들을 면밀히 읽고 그것에 대해 과장된 문체로 글을 쓴 다음 주제와 관련이 있다고 생각한 짧은 시로 마무리했는데, 그런 내 자신이 무척 자랑스러웠다. 하지만 아서의 간단한 평가는 처절하게 기를 꺾는 것이었다. "자네는 그 시를 출판하는 것에 대해 생각해 보게."

한 명의 작가로서 그는 널리 읽힌 철학서적 여러 권을 많은 기독교 출판사들을 통해 냈다. 그 주제가 무엇이든, 책들은 모두 두 가지 기능을 충족시켰다. 즉, 분파적 복음주의자들이 기독교적인 섬김에 대해 진지하게 생각해 보도록 자극했고, 세상의 지혜로운 자들이 '기독교 고등교육'을 진지하게 취급하도록 자극했다.

아서가 내 세대의 복음주의 학생들에게 끼친 대표적인 공헌은 철학 교육이 기독교 신앙을 위협하기보다 오히려 증진시킬 수 있다는 사실을 보여준 것이다. 후에 나를 세계기독교로 인도했던 길과 관련해 그의 특별한 영향은 내가 그의 수업을 수강하고 몇 년 후에 출판된 한 권의 책, 『믿음은 이해를 추구한다: 지식에 대한 기독교적 접근』*Faith Seeks Understanding: A Christian Approach to Knowledge*을 통해 왔다. 그것은 내가 기억하는 한, 주된 기독교적 가르침과 충분히 양립할 수 있으며 또한 모든 인식론적 쟁점과 관련해서 한 사상가의 위치가 지닌 중요성을 인정할 수 있었던, 하나의 해석학적 범주로서의 '관점'perspective에 대해 기독교적 이해를 추구했던 최초의 경우였다. 이렇게 활자로 설명된 책에서 유익을 얻은 역사학자인 나에게, 아서의 주장은 온전한 기독교적 범주의 도움을 받는 역사학에 대해 생각할 수 있는 하나의 길을 제시했다. 또한 그것은 세계기독교적 의식의 근본 원칙을 인지하기 위한 하나의 자극이었다. 즉, 모든 교회적·신학적·도덕적 범주는 상황적이지만(즉, 모든 것은 특정한 시간, 장소, 환경에서 토착화의 역사를 가진다), 동시에 참다운 기독교 진리에 온전히 참여한다는 것이다.

● —

이마누엘 칸트Immanuel Kant는 자신이 데이비드 흄David Hume에 의해 독단의 잠에서 깨어났다고 고백한 적이 있다. 나의 경우, 휘튼의 클라이드 킬비Clyde Kilby가 그런 역할을 수행했다. 하지만 나의 잠은 형이

상학적인 것이 아니라 실제적인 것이었다. 1965년 가을, 나는 영국 낭만주의 시인들에 대한 킬비의 과목을 수강하고 있었다. 그 수업은 점심식사 후, 아마도 오후 1시쯤에 진행된 것 같다. 그 학기 동안 나는 농구를 더 많이 더 잘해야 한다는 생각에 완전히 사로잡혀 있었고, 탄수화물이 다량 함유된 음식이 배 속에 가득했으며, 답답한 강의실도 뛰어난 수면 효과가 있었다. 눈은 감기고 몸은 쳐지고 생각은 딴 데로 흘러갔다.

하지만 정신이 몽롱한 상태에서 무엇인가 특이한 것이 도래하고 있었다. 킬비는 문학을 사랑했고 상상력을 믿었으며 자유자재로 워즈워스William Wordsworth를 인용했다. 무엇보다 그는 시란, 설교의 마지막을 장식하기 위한 일종의 주름장식, 혹은 추가물이라는 휘튼 근본주의자들의 개념을 수정하려는 열정에 사로잡혔다. 킬비는 시는 삶이라고 선언했다. 그냥 삶이 아니라 기독교적인 삶 말이다. 그것은 내가 개인적으로 안개를 통과하면서 의미를 갖기 시작했다. 나는 기독교가 정말 중요하다는 사실을 깨닫고 있었다. 나는 내가 시를 좋아한다는 사실을 알았다. 하지만 그 이전까지 나는 양자의 관계를 충분히 이해하지 못했다.

낭만주의 시인들의 숲을 거닐다가 킬비는 잠시 멈추어서 우리에게 "그의 친구들이 잭Jack이라고 불렀던 C. S. 루이스"가 쓴 이런저런 것들에 대해 말해 주었다. 나는 루이스에 대해 전혀 몰랐었지만, 킬비는 우리 중 누구도 그를 모른 채 휘튼을 떠나도록 내버려 두지 않았다.

킬비는 뛰어난 교사였을 뿐 아니라, 루이스와 그가 활동했던 영국 작가 그룹에 대한 열정적인 전도자였다. 루이스에 대한 자료를 수집하려는 킬비의 노력은 수년 후에 매리언 웨이드 센터 Marion E. Wade Center가 된 하나의 공식 컬렉션으로 활짝 꽃을 피웠다. 이 컬렉션은 루이스와 J. R. R. 톨킨, 그리고 그들의 서클 회원이었던 다른 작가들, 혹은 루이스에게 특별한 방식으로 영향을 끼쳤던 사람들을 전문적으로 다루는 고문서 도서관이자 연구소다.

이러한 영국 작가들을 널리 알리려는 킬비의 노력은 의도하지 않게 그를 미국 복음주의의 특성을 변화시킨 하나의 축이 되게 만들었다. 루이스에 대한 킬비 자신의 저서들과 웨이드 센터를 위한 그의 노력, 그리고 이 작가들을 읽으라는 그의 격려가 근본주의자들과 복음주의자들, 그리고 어느 정도의 미국 대중 사이에서 루이스를 대중화시키는 데 기여했다.

그의 노력은 휘튼과 다른 곳에 있는 복음주의자들에게 큰 의미를 갖게 되었다. 어떻게 미국 복음주의자들의 보다 안전하고 교훈적인 펜보다 한 영국 학자를 통해 기독교에 대해 더욱 명백하고 강력하며 매력적인 그림을 얻을 수 있었을까? 로마가톨릭 작품을 홍보했던 한 고高교회 성공회신자이자 표준적인 근본주의 공리를 성경에 대한 확신 속에 포함시키지 않았던 한 영문학자로부터 정말로 중요한 것을 배울 수 있었을까? 당황했던 밥 존스 2세 Bob Jones Jr.가 한번은 루이스를 방문한 후에 이런 말을 했다고 한다. "그 남자는 담배도 피고 술도 마신다. 하지만 나는 정말 그가 그리스도인이라고 믿는다!" 동일한 배경의 다른 사람들이 (물론 동일한 기질을 갖고 있지는 않지만) 루이스를 통해 더 깊은 이해에 도달했다. 클라이드 킬비 덕분에, 나도 그들 중 한 사람이 되었다. 다시 한 번, 문화적 범주를 가로지르면서 얻은 영구적 통찰은 내게 오랫동안 지속되는 결과를 남겼다.

●—

휘튼 칼리지에서, 나는 프랭크 벨링거Frank Bellinger로부터 국가정치와 지역정치에 대한 두 과목을 들었다. 그중 한 과목의 주교재는 V. O. 키V. O. Key가 쓴 두꺼운 책인 『정치, 정당, 그리고 압력단체』*Politics, Parties, and Pressure Groups*와 『주와 국가 안에서의 남부 정치』*Southern Politics in State and Nation*였다. 나는 내가 그 과목들을 수강했던 구체적인 이유는 잊어버렸다. 프랭크가 휘튼 칼리지 농구 시합의 기록원이었고, 그래서 우리 팀에 대한 나의 미약한 공헌을 기록하는 책임도 지고 있다는 사실을 안 것이 어느 정도 영향을 미쳤겠지만 말이다. 보다 중요했던 것은, 내가 매우 관심이 많았던 주제들에 뛰어난 교사라는 그의 명성이었다.

그는 아서 홈즈의 정제된 열변이나 클라이드 킬비의 흥분된 열정과는 판이하게 다르게, 낮은 목소리로 대화하는 듯이 가르쳤다. 그 수업의 절정은 프랭크가 뒤파제 카운티 위원회DuPage County

Board에서 일했던 경험에 대해 이야기할 때였다. 그는 공화당원이었다고 나는 확신한다. 왜냐하면 공화당은 시카고에서 민주당이 그랬던 것처럼 (시카고를 둘러싸고 있는 교외 카운티 중 하나인) 뒤파제 카운티에서 지배적이었기 때문이다. 하지만 그는 당의 입장을 대변하는 것보다 카운티 정부가 제대로 일하도록 만드는 데 더 관심이 많았던 온건한 사람으로 알려져 있었다(지금은 생각해 보기가 어렵지만, 그 시대에 양당에 속했던 수많은 공무원들이 이런 사고방식으로 정치에 접근했었다).

벨링거의 가르침이 남긴 오랜 영향은 그가 한 명의 기독교 신자로서 선거 정치에의 참여를 당연하게 생각하는 완전히 실제적인 방식으로 도래했다. V. O. 키는 '이해의 충돌'clash of interests로서 미국 정치사에 대해 썼다. 벨링거는 똑같은 일이 단순하게 반복되었다고 말했다. 그는 복음주의자들에게는 하나의 진퇴양난이었던 것 사이에 자신을 위치시켰다. 내가 아직 어렸을 때, 한편에서 복음주의자들은 정치를 대단히 불편한 마음으로 바라보았다. 그것은 세상의 영역이었다. 혹은 최소한 전임 기독교 사역자들에게는 '이차 관심사'였을 뿐이다. 복음주의 세계에서 우리 진영에는 단 한 명의 연방 하원의원(미네소타 주의 월터 주드)과 단 한 명의 연방 상원의원(오리건 주의 마크 해트필트)만이 있었다. 특히 해트필드는 공직 생활의 많은 위험한 유혹들을 극복하고 '그리스도인 정치가' 중 한 사람으로 인정을 받았다. 다른 편에서는, 그동안 많은 복음주의자들이 일상의 정치 생활에서 타협을 경멸하는 이념적 연대에 동참했다. 벨링거는 한 가지 더 나은 길을 보여주었다. 그는 정치 문화에 관여하는 것이 책임 있는 기독교적 삶의 자연스러운 표현일 수 있음을 보여주었다. 내 세대의 복음주의자들에게 그것은 큰 선물이었다.

●—

또 하나의 선물이 휘튼 칼리지 영문학과의 로버트 워버튼Robert Warburton으로부터, 특히 빅토리아 시대의 산문과 시에 대한 그의 강의로부터 왔다. 보다 포괄적이고 개인적인 이유 때문에, 로버트는 매우 소중한 친구이자 멘토로 남아 있다. 문학교수로서의 의무뿐 아니라, 또한 그는 내가 3-4학년 동안 출석했던 베델장로교회에서 대학생 주일학교반을 이끌었다. 그 비공식적인 모임은 여러 방식으로 내게 정규 수업보다 훨씬 더 중요했다. 그것은 내가 길을 건너 매기와 만날 수 있는 기회를 제공했으며, 동시에 성경적 신앙이 인간존재의 가장 폭넓고 다양한 관심사들에 대해 발언할 수 있는 방법도 구체적으로 보여주었다. 그것은 욥기와 아치볼드 매클리시Archibald MacLeish의 희곡 『제이 비』*J. B.*가 상호 얼마나 큰 도움이 될 수 있는지도 보여주었다.

빅토리아 시대 문학수업에서 로버트의 가르침은 주어진 문헌을 다루는 열정에 대한 일종의 계시였다. 그에게 시인과 소설가들이 쓴 작품에 대한 쉽고 가벼운 반응은 없었다. 그는 매튜 아놀드,Mattew Arnold 에드먼드 고스,Edmund Gosse 그리고 다른 옛 그리스도인들을 다룰 때처럼 매우 건강한 비평으로 크리스티나 로세티Christina Rossetti와 비슷한 그리스도인 작가들의 구조를 탐색하고 내용을 분석했다. 나는 항상 수용적이지만은 않았던 학생들을 그가 얼마나 탁월하게 앨저넌 스윈번Algernon Swinburne의 '페르세포네에게 바치는 찬가'Hymn to Proserpine로, 그 자극적인 첫 줄인 "오, 창백한 갈릴리인이여, 당신이 이겼도다. 세상은 당신의 숨소리로 점점 더 늙어갔구나"로 인도했는지를 생생히 기억하고 있다.

후에 그는 내가 토머스 하디의 소설에 대해 쓴 졸업논문을 심사했다. 그런 노력은 내 자신에게 내가 100페이지 이상의 글을 쓸 수 있고, 부족하지만 가치 있는 주제를 다룰 수 있음을 보여주었다. 그것은 한 고집 센 학생이 지혜로운 스승의 충고를 항상 따르지는 않았다고 해서 새로운 시도조차 하지 말란 법은 없다는 사실을 로버트에게 말해 주었다. 심지어 후에는 나와 매기가 거의 30년 동안 로버트와 그의 아내 윌마, 그리고 윌마가 세상을 떠난 후에는 그의 황혼의 새신부 메리 쉬슬리와 함께 교회에서 동료 사역자로 섬기는 (다른 특별한 대안이 없기 때문에 진부한 복음주의적 단어를 사용한다면) "복을 받았다."

이렇게 오래되고 지속적인 우정을 통해 로버트 워버튼의 초기 가르침은 계속해서 교훈을 주었다. 즉, 적절한 이해는 편견에 치우친 판단의 의지적인 중지와 다른 주제의 관점에서 사물을 바라보려는 단호한 노력을 요구한다. 뜻밖의 즐거움으로, 이번 장에서 서술된 세계기독교를 향한 나의 여정이 잘 진행되고 있을 때 로버트와 메리가 중국을 수차례 여행하며 영어를 가르친 자신들의 사역에 대해 보고한 것이 나에게 직접적인 격려가 되었다.

●—

내가 아이오와 대학교에서 비교문학을 공부한 시절은, 문학 작품의 역사적인 맥락이 그것의 가치에 대한 어떤 형식적 혹은 이론적 평가보다 더 중요하다는 사실을 발견하는 데 큰 도움을 주었다. 이러한 공부를 통해 비교문화적 연구에 대한 나의 관심이 커졌다. 번역과 관련된 질문들을 조심스럽게 탐구하도록 강권함으로써, 아이오와시티 프로그램이 세계를 향해 더 활짝 문을 열도록 길을 예비해 주었다.

그와 같은 방향으로의 주된 격려는 존 테어 하르John A. A. ter Haar가 가르친 괴테 수업에서 왔다. 10년 후 나는 그가 기독교와 문화에 대한 캠퍼스 강연을 후원했던 한 교수 집단과 연결되어 있음을 알게 되었다. 학생으로서, 나는 단지 그를 내가 고생하며 읽고 있던 괴테 작품들에 대해 잘 준비되고 신중하게 말하는 박식한 해설자로 알았다. 수업이 진행되면서 나는 조금씩 더 쉽게 괴테의 『타우리스의 이피게니아』*Iphigenia auf Tauris* 『친화력』*Die Wahlverwandschaften*,

『젊은 베르테르의 슬픔』*Die Leiden des jungen Werther* 그리고 『파우스트』*Faust*에 대한 과제들을 따라갈 수 있었고, 테어 하르 교수의 세심하게 준비된 독일어 강의를 이해할 수 있었다. 하지만 가장 큰 수확은 독일어와 영어 사이의 지속적인 교차에 대한 사유였다. 나는 앞의 과제를 위해 읽고 듣고 기록하려고 노력했다. 하지만 괴테와 그의 작품에 대한 나의 더 큰 생각은 괴테와 세익스피어의 희곡을 비교한 내 소논문과 함께 이후의 연구를 통해 더욱 발전했다.

나는 말과 생각이 한 언어에서 다른 언어로 이동할 때 발생하는 것에 대해 맹목적인 계시를 가지고 아이오와를 떠난 것이 아니다. 그 시대의 가장 명백한 교훈은 낭만주의 자체와 관계가 있었다. 즉, 휘튼의 킬비와 아이오와의 테어 하르를 통해 얻은 소중한 교훈에도 불구하고, 나는 낭만주의적 자아가 내가 흉내내고 선전하고 오랫동안 연구하고 싶은 인간성의 모델은 아니라고 결론을 내렸다. 하지만 잠시나마 공부했던 비교문학의 경험을 토대로, 특히 하르의 괴테 수업으로부터 나는 번역 과정이 얼마나 복잡하며 동시에 한 언어에서 다른 언어로, 한 문화에서 다른 문화로 의미의 실체를 전달하는 일이 정말로 가능하다는 것을 보다 깊이 이해하게 되었다. 그 길은 기독교 신앙 자체의 특성을 이해하기 위한 번역의 근본 의미와 관련해서, 훨씬 나중의 교훈을 향해 문을 열어 주었다.

● —

시카고 북부의 교외지역에 위치한 트리니티 복음주의 신학교에서 보낸 2년은 몇 편의 소설에 대한 충분히 현실적인 경험, 특히 지적인 종류의 경험을 제공해 주었다. 그 무렵 나는 마틴 가드너Martin Gardner의 매혹적인 책 『피터 프룸의 비행』*The Flight of Peter Fromm*을 읽었다. 그 책은 시카고 대학교 신학부에서의 경험을 약간 허구를 덧붙여 기록한 것이었다. 나는 그 소설에 빠졌지만, 내 신학 교육이 트리니티에서 이루어졌다는 사실에 만족했다. 그때는 케네스 캔저Kenneth Kantzer 학장의 비전을 구체화하던, 그 학교의 불확실하지만 왕성한 확장기였다. 그의 비전은 자신이 트리니티에 오기 전에 가르쳤던 휘튼보다 일급 신학 연구에 대해 더 큰 야망을 가지면서, 자신이 대학원 과정을 마쳤던 하버드보다 역사적으로 정통주의에 훨씬 더 가까이 남아 있는 철저하게 복음주의적인 기관이 되는 것이었다.

그즈음 결혼했고 소명은 불투명했던 청년으로서, 그리고 여전히 삶을 변화시키는 신적 은총의 체험에 사로잡혀 있던 사람으로서, 나는 교회의 유산을 탐구하고 싶은 열망에 휩싸였다. 트리니티의 기금은 미약했고, 도서관 장서들은 별났으며, 그곳 '지저스 피플'(1970년대 척 스미스가 전개한 반체제 기독교 문화운동.—옮긴이)의 열정은 정신이 없었고, 학내에 남아 있던 부흥운동적 유산의 반지성주의는 걸리적거렸다. 하지만 캔저와 그가 임용한 유능한 교수진이 뛰어난 능력을 발휘해 역사적 기독교에 대한 이해를 증진시키고 당대의 근본주의-복음주의 구성원들에게 발언할 수 있는 제도를 만들었다. 트리니티에서 나는 정말 흥분된 시간을 보냈다. 복음주의적인 자유교회 공화당원들의 후원을 받았던 한 기관이 『포스트 아메리칸』*Post-American*, 후에 *Sojourners*이라고 불린 대안 잡지와 공동체를 탄생시키고 있었다. 케임브리지, 하버드, 그리고 다른 대학들에서 철학박사 학위를 받은 성실한 복음주의자들이 연이어 교수진에 합류했다. 때때로 그곳은 오만의 장소였다. 과정신학자 슈베르트 오그덴Schubert Ogden이 한번은 계시와 신적 권위의 문제에 대한 공개 토론에서 한 존경받는 복음주의 학자를 몹시 당황하게 만들기도 했다.

내가 트리니티에 있었을 때, 그 학교의 가장 좋았던 점은 교수진이었다. 이 훌륭한 집단은 도를 넘을 때가 있었고, 무명의 주연배우도 아니었다. 하지만 선이 악을 이겼다. 성서학을 배우는 젊은 학생들에서부터 신학자들과 교회사가들이 교회를 위해 진지한 연구를 수행했다. 그리고 캔저가 모집한 경력 있는 학자들이 정년이 보장된 교수나 단기간 겸임교수로 합류했다.

나의 경우 그 빛은 데이비드 웰스David Wells 교수가 가르친 수업에서 가장 찬란하게 빛났다. 그는 중년의 세계적인 현자처럼 보였다. 비록 그가 서른 살 정도밖에 되지 않았었지만 말이다. 그의 정통 영어Queen's English와 학위들은 그가 아프리카 남부 출신이며, 런던과 맨체스터에서 공부했음을 보여주었다. 하지만 미국 중서부에서 가르치기 위해 그렇게 멀리서 온 교수에 대한 단순한 호기심은 기독교 일반 역사와 교부시대에 대한 과목을 통해 훨씬 중요한 어떤 것으로 옮겨 갔다. 차이를 만든 것은 그가 말할 때의 악센트가 아니라, 그가 말한 바로 그 자체였다.

강의에서 데이비드는 기독교 전통의 가치, 그리고 학문과 신앙의 양립 가능성을 당연하게 여겼다. 교육과 본성으로는 그 결론에 도달하는 것을 고통스럽게 여겼던 사람들에게, 그가 이러한 전제를 당연시했던 방식은 하나의 계시였다. 그렇게 문을 연 후, 그는 우리를 안으로 초대하여 고전 기독교 교리의 아름다움을 엿보게 했다. 그가 그것들을 묘사할 때 이레나이우스, 아우구스티누스, 아퀴나스, 루터, 칼뱅, 웨슬리, 바르트 그리고 다른 사람들의 관점이 나의 빈곤한 신앙으로는 결코 발견할 수 없었던 탁월함으로 빛을 발했다. 우리는 훈련된 역사적 기억의 책무와 만났다(교훈적 '가르침'에 성급하게 도달하기보다, 실제로 생각하고 경험했던 것을 명확히 이해하려는 노력의 가치를 강조하면서 말이다). 우리는 몇 가지 중요했던 구호들의 부적절함을 감지했다(그가 트리니티 신앙선언문에 서명할 때 '전천년설'이 무슨 뜻이냐고 물었다는 달콤한 루머가 나돌았다). 우리는 견고한 신학이 설교를 형성하는 방식도 목격했다(내가 정기적으로 들었던 많은 설교들이 쉽고 초점이 분명하지 않았다면, 그의 설교는 단순하고 힘이 있었다). 우리는 그의 옆에 서서 기독교 학문의 환희와 당혹스러움을 공유했다(한번은 그가 늦게 제출한 내 리포트에 대해, 늦게 제출한 이유 대신 그 리포트의 핵심에 대해 물었던 일은 교육학적으로 매우 소중한 가르침으로 남았다).

데이비드 웰스는 트리니티에서 역사학자로 시작하여 후에 고든콘웰 신학교Gordon-Conwell Theological Seminary에서 신학자로서의 탁월한 경력을 계속 이어 갔다. 그 와중에 기독교의 발전에 대한 나의 접근은 훨씬 더 맥락을 중시하게 되었고, 그가 강의와 책을 통해 그토록 도전적으로 제공했던 것보다 덜 교리적이 되었다. 여전히 나는 신학의 사회적 의미, 혹은 기독교 교리와 제도의 전후관계 역사라고 불릴 수 있는 것을 추구한다. 오래전 데이비드의 가르침 때문에, 나는 정치적·지적 발전을 배경으로 종교적 발전의 위치를 규정하는 작업에 헌신하고 있다. 즉, 기독교적인 삶은 하나님 은총의 역사적 안정성 속에 근거하며, 교회의 사상은 문화를 포용하는 성육신의 특성에서 형태를 갖춘다. 기독교의 과거를 연구하면서 경험한 수많은 발견을 통해 깨달은 이와 같은 진실은 세계기독교의 형태를 파악하려 할 때 내가 유리한 위치에 서도록 만들었다.

●—

트리니티의 학생 신분에서 벗어나고 수년 후, 데이비드 웰스에게 받은 가르침이 예상치 못했지만 전적으로 호의적인 방식으로 갱신되었다. 1975년에 나는 그 신학교의 자매기관인 트리니티 칼리지Trinity College의 역사학 조교수로 채용되었다. 그 직후에 칼빈 칼리지

Calvin College 역사학과 정규 교수였던 조지 마스던George Marsden이 이 학교에서 일 년 동안 가르치기 위해 도착했다. 그 해의 대부분 나는 매주 한 번씩 조지와 데이비드와 함께 커피를 마시는 특권을 누렸다. 그것은 내게 상상할 수 있는 어떤 대학원 과정보다도 더 많은 것을 의미했다. 편안한 대화 속에서 나는 당시 서구 기독교 역사의 대표 인물들에 대해 독서하면서 배우고 있던 지성, 경건, 학문, 그리고 다방면의 현명함을 직접 체험할 수 있었다. 비록 조지와 데이비드는 과거의 많은 위인들보다 더 날카로운 유머 감각을 보여주었지만 말이다.

그 전까지 나는 조지나 칼빈 칼리지, 그리고 칼빈 신학교가 대표했던 네덜란드개혁교회 유산에 대해 별로 아는 것이 없었다. 미시간 주 그랜드래피즈 교외에 있는 칼빈 칼리지의 새 캠퍼스를 학부 시절에 두 번 방문했을 때, 나는 이렇게 자타가 공인하는 기독교 대학에서 학생들이 담배를 피울 수 있고, 그렇게 단정한 용모를 강조했던 1960년대에 일부 교수들이 턱수염을 과시하며, 대학 운동부가 홈경기에서 패한 적이 없다는 사실을 발견했다. 아브라함 카이퍼Abraham Kuyper와 관련된 무작위의 정보들, 곧 '세계관' world and life views이나 '창조 명령' the creation mandate 같은 것은 뒷날에 밝혀질 때까지 비밀로 남아 있었다.

조지에 대해서는 그가 쓴 글과 짧지만 매우 인상적이었던 만남을 통해 약간 알고 있었다. 지금은 정확한 순서를 분명하게 기억할 수 없지만, 나는 직접 대면하기 전에 글을 통해 먼저 그를 알았던 것 같다. 1975년에 조지는 데이비드 웰스와 그의 트리니티 신학교 동료인 존 우드브릿지John Woodbridge가 편집했던 『복음주의자들』The Evangelicals이란 단순한 제목의 책의 한 장을 썼다. 그 논문 모음집은 여러 명의 복음주의자들뿐 아니라 학문적·교회적 주류에 속한 몇몇 학자들을 포함했기 때문에 일종의 혁신을 대표했다. 복음주의 전통의 지속적인 생명력을 연구하고 전후postwar 복음주의적 신념의 성숙을 요구했던 복음주의 저자들, 그리고 적절한 평가와 날카로운 질문을 조화시켰던 다른 학자들 모두가 뛰어난 수준의 글을 발표했다. 근본주의자들과 복음주의자들의 역사를 서술한 마스던의 글은 그 책에서 단연 압권이었다. 그것은 탁월한 명료함과 간결함으로 남북전쟁부터 1960년대까지 근본주의-복음주의 발전의 주요 단계를 개괄적으로 설명했다. 20세기 초반의 많은 종교 보수주의자들을 이국 문화에 던져진 '뿌리 뽑힌'uprooted 이민자들에 비유하면서, 마스던은 복음주의 개신교가 통제력을 점점 상실해 온 세속화된 미국에 그들이 어떻게 반응했는지를 이해하기 위해 하나의 유용한 틀을 제공했다. 훨씬 더 인상적이었던 것은 저자의 입장이었다. 즉, 감정이입, 통찰, 연구, 위트의 가치 있는 혼합이 있었다. 이 글이 1980년에 옥스퍼드 대학교 출판부에서 나온 조지의 『근본주의와 미국 문화』Fundamentalism and American Culture를 미리 맛볼 수 있는 기회였다는 사실을 나는 이미 알고 있었던 것 같다. 새로운 길을 개척한 그 책이 세상에 등장한 이후, 복음주의자들이 쓴 진지한 학문적 결과물들이 대학 출판부를 통해 쏟아져 나오기 시작했다.

거의 비슷한 시기에, 나는 또한 조지의 1970년대 작품인 『복음주의 지성과 신학파 장로교회의 경험: 19세기 미국에서 사상과 신학에 대한 사례 연구』*The Evangelical Mind and the New School Presbyterian Experience: A Case Study of Thought and Theology in Nineteenth-Century America*를 읽고 있었다. 이 책에서도 (제목만큼은 아니지만) 근본주의 역사에 대한 그의 논문처럼 간결한 통찰력을 보여주었다. 무엇보다 과거 복음주의자들에 대해 글을 쓸 때 부지런한 역사 연구와 공감적 해석, 그리고 사려 깊은 비평을 어떻게 결합해야 하는지에 대해 보여줌으로써 나의 길에 한 줄기 빛이 되었다. 조지의 산문은 그 시대 최고의 역사서들만큼 명쾌했다. 미국 복음주의 전통에 대한 잘 조사된 정보와 도발적인 통찰, 분명한 공감과 강력한 비평의 결합은 내가 비슷한 미국적 주제들에 대해, 그리고 '세계기독교'라는 광대한 영역에서 몇 가지 주제를 위해 글을 쓸 때 하나의 모델로 남아 있다.

특별한 기쁨의 절정은 조지와 그의 아내 루시, 그리고 내 아내 매기가 (비록 다른 연령대였지만) 정통장로교회Orthodox Presbyterian Church가 후원하여 펜실베이니아 시골에서 열린 한 여름수련회에 함께 참석했었다는 사실을 알았을 때였다. 그와 같은 종류의 우연한 발견 덕분에, 내가 가장 사랑하는 사람과 가장 존경하는 학자의 개혁주의적 본능이 내 안에서 점점 약화되고, 칼빈 칼리지에서 마스던의 학문 생활에 영향을 주었던 카이퍼주의적 본능을 부분적으로 흡수하게 되면서, 내가 엄청난 지적 해방감을 맛본 것은 결코 놀랄 일이 아니었다. 아브라함 카이퍼는 대단히 열정적인 목회자이자 신학자, 신문 편집자, 교육 개혁가, 정치가였으며, 마침내 1901년부터 1905년까지는 네덜란드의 수상이 되었다. 그의 진정 어린 경건, 담대한 학문 탐험, 전통적인 유럽 습관(흡연, 음주, 턱수염 기르기를 포함한)은 칼빈 칼리지와 칼빈 신학교를 후원했던 네덜란드계 미국인들에게, 그리고 그런 기관을 통해 나 같은 '이방인' 그룹에게도 많은 영향을 미쳤다.

●—

학창 시절 동안, 세상 속에서의 그리스도인의 특성이 많은 발전과 함께 형성되고 있었다. 하지만 성령과의 신선한 만남보다 더 중요한 것은 없었다. 흔히 (서구인의 눈에) 예상하지 못했고 심지어 걱정스러운 모양으로, 세계 전역에서 신자들이 하나님의 현존을 직접적이고 즉각적이며 물리적으로 경험하고 있었다. 휘튼 칼리지, 아이오와 대학교, 트리니티 신학교, 그리고 밴더빌트 대학교에서 나는 그 중요한 발전을 거의 인식하지 못하고 있었다. 하지만 나도 신실한 교사들을 통해 성령의 은사를 받고 있었다. 그것은 중계자 없이 이루어진 것이 아니었고, 육체적이라기보다는 지적이었으며, 그럼에도 진정한 것이었다.

● — 04장

정착

1970년대 중반, 대학 수준에서 역사학자를 위한 직업 시장의 상황은 매우 제한적이었다. 이후의 상황은 훨씬 더 심각해졌다. 당시 나는 2년 동안 100통 이상의 지원서를 보냈지만 단지 한 번의 형식적인 인터뷰만 했을 뿐이다. 그러던 중 1975년에 트리니티 칼리지에 채용되어 너무나 기뻐하고 있었다. 이 새로운 직장에서 나의 주된 임무는 미국사 강의에 있었다. 어떤 종류의 교수 자리일지라도 기회를 얻게 된 것에 감사했다는 말은 내가 1-2학년 독일어, 창조적 작문, 미국정부개론을 포함하여 어느 과목이라도 요청만 있으면 기꺼이 가르쳤다는 뜻이기도 했다. 악조건 속에서도 탁월하게 업무를 수행했던 트리니티의 행정직원인 에드워즈 헤이크스Edwards Hakes와 데이비드 존슨David Johnson의 훌륭한 능력 덕분에, 나는 트리니티 신학교에서 가끔씩 교회사(루터 · 종교개혁 · 청교도)를 가르칠 수 있었다.

1978-1979년에 노스웨스턴 대학교에서 일 년 동안 미국 국립인문재단National Endowment for the Humanities의 지원을 받은 세미나에 참여하고, 1979년 가을에 휘튼 칼리지로 옮길 수 있었던 것은 분에 넘치는 기회로 보였다. 노스웨스턴에서 티모시 브린Timothy Breen 교수의 지도하에 우리는 개인 연구 프로젝트를 풍성하게 하려고 고전인류학 문헌들을 읽었다. 나는 뉴저지 주 프린스턴에 모여 있는 장로교회들 안에서 신학적·정치적·지적·교육적·교회적 관계를 미국 독립혁명기부터 1812년 미영전쟁까지 탐구했다. 휘튼에서의 지위는 내가 공부했고 최고 관심 분야이기도 했던 교회사에 더 많이 집중할 수 있도록 허락해 주었다. 물론 당시에도 나는 학자로서의 그 기회들이 얼마나 예외적인 것이었는지를 감지했지만, 시간이라는 특별한 선물과 그것이 대표했던 지적 초점에 대해 보다 충분히 깨닫기 시작한 것은 후의 일이었다. 기독교 신앙과 일상생활 간의 복잡한 관계에 대한 질문에 매료되었던 한 내성적인 책벌레는, 신앙과 생활 사이의 복잡한 관계들 속에서 책을 읽고 연구하고 책과 논문을 쓰며 (주로) 관심 있는 학생들을 가르침으로써 보상을 받고 있었다. 이것은 나의 상상력으로 아무리 생각해도 내가 받을 만한 선물이 아니었다. 때로는 서두르고 가끔씩은 충돌하며, 항상 일이 너무 많고 한두 번은 깊은 실망에 좌절하면서도, 압도적으로 만족스러운 소명의 삶을 열어 주었다. 하지만 그 당시 나는 십여 년 후에 이러한 소명이 서구 기독교에 대한 배타적인 집중에서 훨씬 더 넓은 범주로 어떻게 확장될지에 대해서는

전혀 깨닫지 못했다.

●—

휘튼에서 미국 사회에서의 종교 문제에 대한 연구에 집중하면서, 나는 교회사가로 역할을 감당할 수 있는 특권을 얻었다. 나는 차례가 되면 서구 문명사에 대한 강의도 맡았지만(그리고 그리스 철학자들, 십자군 전쟁, 산업혁명, 제2차 세계대전 같은 주제와 관련된 일반과목을 가르치는 교육학적인 도전도 즐겼지만), 내 강좌 대부분은 선택 과목이었고, 전공자를 위한 고급 과목이거나 교회사 전공 석사과정을 위해 신설된 과목이었다. 전문적인 신설 과목 외에 주요 과목으로는 미국교회사, 루터와 종교개혁, 사학사史學史가 있었다. 거의 매년 나는 사도들로부터 현재까지의 교회사에 대한 한 학기짜리 일반연구도 맡아야 했다. 교회사 시대 구분은 전통적이었는데 신조, 정경, 감독직에 집중한 초기교회, 로마가톨릭의 구조와 개혁, 신학에 특별히 주목한 중세, 칼뱅, 츠빙글리, 재세례파, 성공회와 마르틴 루터를 밀어내려고 분투한 가톨릭 개혁자들의 종교개혁기, 그리고 짧게 경건주의, 웨슬리 형제, 세속화, 키르케고르, 뉴먼, 라이트풋, 바르트, 제2차 바티칸 공의회를 포함한 근대였다. 마침내 이런 과목은 전 세계의 기독교 역사에 대한 새로운 과목으로 이어졌다.

휘튼은 여러 면에서 글을 쓰고 싶지만 학문적 관심이 산만했던 한 젊은 학자에게 이상적인 장소였다. '산만하다'는 것은 '마구잡이'나 '훈련되지 않은'이란 말의 산뜻한 표현이다. 학교는 출판을 자신만의 방식으로 격려했고, 프로젝트를 지원할 외부 기금을 찾고 있던 교수들에게 숙식을 제공했으며, 근대 개신교 역사 주제를 위해 훌륭한 도서관도 보유하고 있었다. 또한 장기간 연구에 집중하고 있던 교수들을 위해 도서관 안에 특별석을 마련해 주었다(문밖에 이름표도 달지 않고 전화도 없애서 안전하게 숨어 있을 수 있었다). 하지만 교육 사명에 집중하던 인문대학으로서, 정년 보장과 승진을 위한 요구 조건은 학자들의 길드뿐 아니라 일반 독자들을 위해 교수들이 글을 쓰도록 격려할 만큼 융통성도 충분히 있었다.

그와 같은 환경은 전문 학술지나 대학 출판부뿐 아니라 대중적인 기독교 잡지, 복음주의 기관이 후원하는 저널, 기독교 기관과 관련된 출판사 등 출판을 위한 선택의 폭이 넓었다는 뜻이다. 많은 기독교 정기간행물과 출판사들은 높은 학문적 기준을 유지하거나, 그러한 방향으로 신속하게 움직였다. 대체로 그들은 다른 출판사처럼 명쾌한 논증, 세심한 자료 검증, 뛰어난 문체를 요구했다. 주된 차이점은 단지 저자들이 기독교적인 관점을 당연시할 수 있었던 것이다.

나의 경우 (결코 쉽지 않았지만) 글쓰기가 항상 만족스러웠던 사람으로서, 원고를 보내고 어느 정도 승낙을 얻었던 일은 즐거운 도전이었다. 그 결과로 생긴 출판 기록은 저명한 연구대학에서 정년을 보장받는 데 도움이 되었을 것이다. 하지만 엄격하게 학문적인 작업을 위한 수습 기간이 일반적인 경우보다 2-3배 늘어날 수 있을 경우에만 가능한 일이었다. 물론 출판에 대한 산만한 접근 덕분에, 대단히 광범위한 범위의 주제들을 다룰 수 있는 즐거운 기회를 얻었다. 나이가 든다는 증거로서 약간은 당혹스럽지만, 초기 관심 목록 속에 내가 지금까지 40여 년 동안 계속 제대로 된 글을 쓰고 싶었던 (그러나 아직까지 그렇지 못한) 몇 가지 주제가 담겨 있다는 사실은 나를 겸손하게 만든다.

이제부터 다룰 내용을 간단히 요약하면서 가장 중요한 사실은 서구 세계 밖의 기독교 역사와 관련된 주제들이 완전히 빠져 있는 것처럼 보인다는 점이다. 어떤 면에서 그 요약은 광대한 관심 범위를 자랑하는 것처럼 보일 수도 있을 것이다. 하지만 20세기 중반까지 서구 기독교가 실제로 집착했던 관점에 따르면 그 범위는 철저하게 지협적이었다.

정착

내 초기 저작에는 여러 논문들, 그리고 밴더빌트 박사학위 논문(대각성 운동에서부터 미국 독립혁명까지 뉴잉글랜드의 신학, 교회 질서, 정치를 검토했다)과 관련된 주제를 발전시킨 책들이 포함되었다. 이후 프린스턴에 소재한 뉴저지 대학College of New Jersey과 프린스턴 신학교Princeton Theological Seminary의 초기 역사에 대한 집중적인 연구를 통해 여러 논문과 책이 나왔다. 동일한 연구에 기초하여 (보다 일반적인 청중을 겨냥했던) 몇 가지 작품은 왜 내가 특정한 정치적·종교적·국가적 행위를 교훈적이거나 파괴적이라고 생각하는지를 설명하려고 노력했다. 이러한 출판 과정은 나의 주된 학문적 과제로서 지금까지 지속되고 있는 길을 결정했다. 즉, 미국의 정치적·지성적 맥락 안에서 종교에 대한 강의와 저술 활동이다.

하지만 휘튼은 종교개혁에 대한 초기의 관심을 유지할 수 있는 충분히 자유로운 공간을 제공해 주었다. 덕분에 나는 루터, 칼뱅, 잉글랜드 종교개혁, 그리고 트리니티 신학교 석사학위 논문 주제인 멜키오르 호프먼Melchior Hoffman에 대해 몇 개의 글을 쓸 수 있었다. 복음주의 초기 역사(조지 윗필드, 조나단 에드워즈, 존과 찰스 웨슬리, 프랜시스 애즈베리)에 대한 다양한 노력이 미국적인 주제들에 대한 내 연구와 상당히 중첩되었다. 또한 때로는 보다 최근의 복음주의 인물(그레셤 메이첸, 프랜시스 쉐퍼, 프랭크 쉐퍼)과 당대의 문제들에 대해 잡지에 글을 쓸 기회도 충분했다. 과학과 기독교, 성경해석을 위한 역사적 맥락, 미국에서 성경의 폭넓은 역사, 가톨릭과 개신교 사이의 급변하는 관계 같은 일반 관심사에 대해서도 몇 편의 글을 쓸 시간이 있었다. 언제나 매력적인 에이브러햄 링컨Abraham Lincoln의 경력도 지금까지 가장 관심이 많은 주제 중 하나로 남아 있다.

몇 년 전, 심리학자인 한 친구가 농담 반 진담 반으로 물었다. "왜 또 다른 책은 쓰지 않는가?" 글을 쓰는 것이 내가 하는 일이라는 말 외에 별로 좋은 대답을 하지 못해 당혹스러웠다. 대다수의 논문, 서평, 책들은 원고 청탁을 승낙했던 결과로 나온 것이라고 보다 경건하게 대답할 수도 있었을 것이다. 그런 의견은 또 다른 질문을 야기한다. 배후의 이유가 무엇이었든 펜과 종이로 (후에는 키보드와 모니터로) 사태를 파악하고 싶었던 충동은, 내가 세계 기독교에 관심을 갖게 되었을 때 그것에 대해 글을 쓸 기회를 새로이 탐구하고 발견하고 분석할 고마운 방법을 제공했다.

●—

글을 쓰는 사람으로서 나의 초기 노력 중 두 가지 활동이 특별히 중요한 역할을 담당했다. 회고해 보면 그 두 가지는 후에 도달했던 보다 넓은 역사적 관심을 위해 다리를 놓았다.

첫 번째는 『개혁주의 저널』*Reformed Journal*이었다. 이것은 윌리엄 어드먼스William B. Eerdmans 출판사가 1951년부터 1990년까지 발행했던 정기간행물이다. 이 월간지는 젊고 지칠 줄 모르는 네덜란드계 미국인들(대부분 칼빈 칼리지나 칼빈 신학교와 관계가 있었다)이 보다 폭넓은 문화 인식으로 자신들의 전통적인 신학 입장에 양념을 더하려는 노력의 일환으로 시작되었다. 이 잡지는 어드먼스 최고 경영진의 도움으로 기금을 마련했고, 편집자들이 밤늦게까지 일했으며, 가끔은 네덜란드 야구 소식도 들려주었다. 기고자들은 무료로 글을 썼고, 발행 부수는 3,000부를 넘지 않았다. 하지만 처음부터 『개혁주의 저널』은 미국 종교잡지에 신선한 의미를 제공했다. 처음에는 기독교개혁교회Christian Reformed Church의 교파적인 업무와 칼뱅에 있어서의 교육 논쟁에 집중했지만, 후에 기독교와 사회의 접점에 놓여 있는 쟁점들에 대한 보다 다양한 평가로 확장되면서 잡지는 카이퍼주의자들이 미국인에게 할 말이 있다는 사실을 보여주었다. 암스테르담 자유대학교가 문을 연 1880년에 행한 유명한 연설에서, 아브라함 카이퍼는 한 가지 중요한 주장을 했다. "우리 인간적 존재의 전 영역에서, 만유의 주이신 그리스도께서 '내 것이다'라고 주장하지 않는 곳은 한 평도 없다."[1] 기독교 신자들이 전쟁과 평화, 사회적 불평등, 성gender 개혁, 영화, 국내와 국제 정치, 암 투병, 기업윤리, 빌리 그레이엄과 마틴 스콜세지,Martin Scorsese 소설, 영벌과 타락 전 예정론, 텔레비전 등에 대해 무언가 의미 있는 이야기를 할 수 있다는 사실을 보여줌으로써, 그 잡지는 카이퍼의 대담한 주장을 충족시키기 위해 노력했다. 『개혁주의 저널』은 암울한 미국이라는 풍경 속에 존재하던 등대였다.

2011년에 칼빈 칼리지의 대표자들인 짐 브랫Jim Bratt과 론 웰스Ron Wells가 어드먼스 출판사 100주년을 기념해 이 잡지에서 글을 선별하여 책으로 출판했다.[2] 그 책은 『개혁주의 저널』의 예외적인 범위와 심지어 기발한 표현 속의 진지함(편집자들이 서문에서 설명했듯이 "이것들은 결국 칼뱅주의적이었다")에 대해 증언한다. 또한 그 선집은 진지한 칼뱅주의자들이 누구 못지않게 쓸 수 있었던 예상치 못한 진리를 설명했다.

몇 년 동안 그 잡지를 구독한 나는 1981년에 출판을 목적으로 에세이를 한 편 썼다. 그 후에 조지 마스던의 중재로 나는 그 잡지의 편집위원회에서 일할 기회를 얻었다. 그것은 칼빈 칼리지에서 어떤 일도 한 적이 없던 나 같은 사람에게는 매우 드문 영예였다. 잡지의 마지막 10년 동안 45개의 기사, 서평, 시, 그리고 개인적 에세이(이것은 매 호 앞쪽에 실린 'As We See It'이란 제목의 칼럼이었다)를 기고할 수 있었던 것은 하나의 특권이었다. 가끔 소집된 편집회의에 참석할 수 있었던 것은 훨씬 더 위대한 특권이었다. 어드먼스에 속한 시설물이나 그랜드래피즈에 있는 한 식당에서 모였는데, 특히 그 식당 직원들은 『개혁주의 저널』의 단골손님들을 잘 아는 것처럼 보였다. 진지한 토론이 모임의 가장 중요한 특징이 되었다. 흔히는 세계사적인 의미를 지닌 주제가 식탁 위에 올라왔지만, 대부분은 외부인의 시각에서는 비정상적으로 보일 수 있었던 주제들로 분위기가 훨씬 더 밝고 가벼웠다. 편집자 존 포트John Pott가 기록한 것처럼, 어느 한 순간이 그 잡지 속에서 영구적인 위치를 차지했다. "더 젊은 세대는 첨가하고 싶은 자신들만의 이야기를 갖고 있었다. 예를 들어, [창립 편집자 가운데 한 사람에게] 새로운 편집자 한 명이 보다 계몽된 예절을 지키면서 점심 식사 후에는 담배에 불을 붙이지 말아 달라고 부탁을 했을 때, 그 창립자를 매우 경악하게 만들었다. 최소한 그에게는, 소중한 기억 속의 그 잡지야말로 실제 담배였기 때문이다."[3]

『개혁주의 저널』이 나에게 세계기독교를 향해 문을 열어 준 것은 다시 한 번 비교문화적 의사소통과 관계가 있었다. 그 이전의 루터와 C. S. 루이스, 그 후에는 괴테와 그랬던 것처럼, 나는 지금까지 전혀 몰랐던 세계에 대해 내부자로부터 배우고 있었다.

이런 경우에 그것은 제대로 모양을 갖춘 기독교 전통이었고, 내가 이미 경험했던 것의 일부를 다시 알려 주었을 뿐 아니라 새로운 것도 많이 알려 주었다. 지극히 중요한 문제를 쉽게 말할 수 있는 능력처럼, 새로운 것의 일부는 내 자신의 접근 방법을 확장시킬 수 있는 도전을 대표했다. 심지어 기독교적 삶의 자연스러운 표현으로 탐구해야 할 하나님이 주신 현장으로서 문화·정치·사회·예술을 새롭게 이해한 것은, 문화적·정치적·사회적·예술적 현장 속에서 형태를 갖추고 있던 기독교적 삶의 다양하고 상이한 표현들을 이해할 수 있도록 길을 닦아 주었다. 그것은 그랜드래피즈가 휘튼에서 떨어져 있던 거리보다 훨씬 더 멀리 나의 일상생활에서 동떨어진 이야기였다. 잡지의 기고자들이 남아프리카, 헝가리, 베트남, 네덜란드에 대해 썼을 때, 내 경험의 제한된 범위는 계속 확장되고 있었다. 그들이 그 장소, 그리고 그 외의 더 많은 곳에 대해 글을 쓸수록 나의 지경은 계속 확장되었다.

●—

글을 쓰는 사람으로서 나의 초기 사역에서 중요한 역할을 담당했던 두 번째 활동은 1980년대 초반 휘튼에 설립된 미국 복음주의 연구소Institute for the Study of American Evangelicals였다. 『개혁주의 저널』처럼 그것은 더 넓은 세계를 향한 창문이 되었다. ISAE는 여러 흐름들의 합류였다. 그것은 북미에서 개신교 삶의 역사적 측면을 연구하는 데 관심을 공유했던, 복음주의적 배경을 지닌 젊은 역사학자들의 엉성한 네트워크에 형태를 부여했다. 연구소는 휘튼이 연구, 협력, 출판에서 새로운 도전을 감행하도록 압력을 행사했다. 연구소는 릴리 재단Lilly Endowment과 퓨 자선기금Pew Charitable Trusts의 지원을 받았다. 이 단체들은 자신들의 수입 일부를 정체성이 분명한 복음주의 프로젝트들을 후원하는 데 사용했다. 무엇보다 ISAE는 과거 미국의 종교적 동력에 대한 전문 역사학자들의 새로운 관심을 이용했다.

1979년 11월에 휘튼 칼리지는 '미국에서의 성경'The Bible in America이라는 주제의 학술대회를 후원했다. 그때 제출되었던 논문 가운데 일부가 1982년에 동일한 제목의 책으로 옥스퍼드 대학교 출판부에서 나왔다. 해리 스타우트,Harry Stout 조지 마스던, 티머시 웨버,Timothy Weber 그랜트 웨커,Grant Wacker 리처드 마우,Richard Mouw 제럴드 포가티,Gerald Fogarty 네이슨 해치Nathan Hatch 그리고 나의 글이 실렸다. 당시 노트르담 대학교University of Notre Dame의 젊은 교수였던 해치가 이 노력을 위해 릴리 재단에서 기금을 확보했고, 내가 빌리 그레이엄 센터를 통해 휘튼의 후원을 주선했다. 후에 나온 책에 대해 최소한 어느 정도 관심을 보인 사람들이 그 학회에 참석했다. 책의 출판은 당시에 옥스퍼드 대학교 출판부에서 조지 마스던의 『근본주의와 미국 문화』가 성공을 거두었고, 그가 '미국에서의 성경' 학술대회에 핵심 논문 한 편을 기고했기 때문에 훨씬 더 용이했던 것이다. 시작할 때부터 복음주의자들의 공헌에 특별히 집중하면서, 미국종교사의 여러 측면을 연구할 센터를 휘튼에 설립하도록 릴리에서 기금이 도착했다. 처음에는 조엘 카펜터가, 다음에는 래리 에스크리지Larry Eskridge와 데럴 하트Darryl Hart 그리고 이디스 블룸하퍼Edith Blumhofer의 지도 아래 ISAE는 30개 이상의 분리된 프로젝트를 계속 후원했고, 각 프로젝트는 공식 학술대회를 개최하고 연구물을 책으로 출판했다. 주된 기금은 계속 릴리와 퓨에서 왔고, 휘튼은 행사를 지속할 수 있도록 경상비를 제공했다. 조나단 에드워즈와 복음주의 대중매체에서부터 신학 교육의 역사, 20세기 개신교와 여성, 그리고 미국종교사에 대한 일반적인 설명에 이르기까지 주제의 범위도 다양했다.

ISAE 프로젝트에 참여했던 이들 중 일부는 이 책의 뒤에서 세계기독교를 향해 방향을 제시했던 특별한 공헌 때문에 다시 언급될 것이다. 여기서 ISAE에 의해 소집된 학자들의 네트워크는 대학원이라는 제도적 장치 없이, 일종의 대학원 수준의 교육을 대표했다고 하는 것이 중요하다. 훨씬 더 특별하게, 복음주의적인 혹은 복음주의와 비슷한 형태의 기독교에 대한 진지한 연구는 미국 국경 안에 머물 수 없다는 사실이 분명해졌다. 눈을 들어 영국을 받아들인 것은 일종의 확대해석처럼 보이지 않았다. 하지만 ISAE 초창기에는, 세계의 나머지 부분에 대해서는 말할 것도 없이, 캐나다에 대해서도 아무 관심이 없었다. 하지만 일단 ISAE가 복음주의 역사 연구를 진지한 과제로 삼기 시작하자, 머지않아 그 연구는 미국의 국가적 경험이라는 중요하지만 여전히 인공적인 범주 안에 한정될 수 없었다.

1970년대 후반과 1980년대에 내가 『개혁주의 저널』 작업에 참여했던 것이나 ISAE의 만족스러운 출발을 즐겼던 것이 미국적 경험에 대한 더 깊은 연구와 명백하게 관련이 있었던 것 같지는 않다. 나의 세계 중심축axis mundi이 휘튼에서 그랜드래피즈로 이동했다는 것은 거의 사실이다. 지적·지리적으로 한정된 좁은 공간에서 발생하던 발전 때문에 상황이 바뀌고 있었다.

● — 05장

첫 번째 외출

1980년대 초반에 나는 내가 누구이며 어디를 향하고 있는지 합리적이고 확실하게 알고 있었다. 결혼과 가정은 일상 존재의 중심이었지만, 이따금 학자요 교사로서의 내 개인적 열망과 역설적이게도 경쟁 관계 속에 있었다. 만일 내가 기독교 연구서 집필에 전념할 수 있는 삶이 가장 이상적이라고 생각했다면 정말 어리석은 것이었다. '기독교적'이라고 하는 것은 가장 가깝고 친근한 사람들을 어떻게 대할 것인가, 혹은 동료와 학생들을 공부하는 기계 이상으로 여기고, 『미국 사학회지』*American Historical Review*를 소중하게 생각하는 어떤 기독교 회중에 책임 있게 참여하며, 하나님의 자녀들이 주께서 그들을 위치시킨 도시의 평화에 어떻게 기여할 것인가에 관한 무엇을 의미할 수 있다는 생각(최소한 그와 같은 통찰)이 부분적이나마 무분별한 학문적 야망에 제동을 걸었다. 단지 기독교적 삶에 대한 독서에 머무는 대신 진정한 기독교적 삶을 실천하기 위해, 매기와 나는 강의, 마감일, 전략 회의가 월요일에 잡혀 있었음에도 최선을 다해 안식일을 지키기로 결심했다. 이러한 노력은 학자도 인간이라는 사실을 일깨워 주는 데 확실히 도움이 되었다.

성화聖化에 대한 도전과는 별개로, 나는 준비가 됐다고 생각했다. 예수 그리스도 안에서 하나님의 선하신 은혜를 지속적으로 경험하는 것이 어떤 대안도 요구하지 않는 유일한 토대였다. 나는 나의 지적 범위를 구성한 미국 중심의 역사 프로젝트에 완전히 만족하고 있었다. 나 자신을 발견했던 복음주의적인 환경의 일부 측면이 걱정스럽기는 했지만, 광범위하게 고려해 볼 때 그러한 환경은 다른 기독교 전통만큼 좋았고, 가족과 직장과 예배를 위한 풍성한 맥락으로서 충분히 용납할 수 있을 것 같았다. 나는 종교개혁의 고전적 프로테스탄티즘이 신앙과 선행을 위한 튼튼한 토대를 제공했다고 확신했다. 그 확신은 기운을 북돋우는 책들을 주기적으로 읽음으로써 간접 지원을 받았다. 독서 경험은 저자들이 설명하는 역사(루터에 대한 롤랜드 베인턴, 고든 러프, 필립 왓슨의 책과 영국 종교개혁에 대한 A. G. 디킨스의 책, 칼뱅주의의 특성과 역사에 대한 존 맥닐, 16세기의 통찰을 서구 기독교 전통 전체로 확장시켰던 야로슬라브 펠리칸 등)를 통해 확신을 주는 것만큼, 어떻게 이 역사학자들의 능력이 형성되었는가 하는 것 때문에 큰 도움이 되었다. 동일한 확신은 우리 부부가 잘 알고 지낸 일부 보수적 장로교인들로부터 직접적으로 지지를 받았고, 심지어 개혁주의의 변화를 통해 칼빈 칼리지 카이퍼주의자들로부터 많은 지지를 얻었다.

학자들은 너무 쉽게 전기biography를 참고문헌bibliography으로 대체한다. 하지만 참신한 독서는 꾸준하게 토대를 형성한다. 나는 존 스토트John Stott의 『그리스도의 십자가』*The Cross of Christ*를 마르틴 루터의 가장 근본적인 신학 통찰에 대한 최신의 복음주의적 청량제로 높이 평가한다. 큰아이와 함께 1979년에 시작해 거의 20여 년간 지속된 『반지의 제왕』*The Lord of the Rings*에 대한 여러 구전oral 해석은 나의 무의식 깊은 곳에서 내러티브의 힘을 확증해 주었다. 역사 연구에 대한 기독교적 접근에 대해 완벽하게 만족스러운 설명을 발견하지 못하더라도, 해리스 하비슨Harris Harbison과 허버트 버터필드Herbert Butterfield가 그 주제에 대해 쓴 글을 읽는 것은 여전히 위로가 된다. 과학과 기독교 사이의 예상된 갈등에 대해 제임스 무어James R. Moore와 데이비드 리빙스턴David Livingstone의 기념비적 역사서를 읽은 것, 그리고 이렇게 뛰어난 학자 친구들과 그런 문제들에 대해 실제로 대화를 나눌 수 있는 기회를 여러 차례 가졌던 것은 크나큰 은총이었다. 내가 아서 홈즈로부터 처음 배웠던 통찰을 보이드 힐튼Boyd Hilton과 퀜틴 스키너Quentin Skinner가 확장했다. 그들은 신학을 포함한 모든 공식 대화가 그 대화의 초역사적 가치가 무엇이든 상관없이 특정한 시간과 장소에 위치한다는 사실을 상세한 역사서들을 통해 보여주었던 것이다. 도로시 세이어즈Dorothy L. Sayers는 교훈과 예를 통해, 전심으로 하나님을 위해 행한 일상적 일의 성스러움에 관한 카이퍼주의의 증언에 성공회적 지지를 더해 주었다.

이와 같은 호의적인 영향은 내가 지속적으로 미국 역사의 문제들을 연구할 때 배경이 되었다. 1989년에 『프린스턴과 공화국, 1768-1822: 새뮤얼 스탠호프 스미스 시대의 기독교적 계몽주의에 대한 연구』*Princeton and the Republic, 1768-1822: The Search for a Christian Enlightenment in the Era of Samuel Stanhope Smith*라는 제목으로 나온 책을 마무리하는 데 많은 시간이 걸렸다. 지체되었음에도 그 책은 노스웨스턴의 팀 브린 밑에서 시작된 노력, 곧 미국혁명, 철학적 충돌, 제도적 위기, 개인적 갈등, 신학 논쟁, 그리고 민주주의적 이념의 확산이 프린스턴에 있는 대학과 1812년부터 프린스턴 신학교를 지원했던 장로교인들에게 어떤 영향을 끼쳤는지에 대해 이해하려고 노력했던 것이 훌륭한 선택이었음을 입증해 주었다. 책이 출판되기 직전의 얼마 동안, 나는 이렇게 동일한 요인들이 보다 일반적으로 식민지의 대각성 운동부터 남북전쟁까지 미국의 신학 발전을 이루는 데 어떻게 상호작용했는지를 연구하는 보다 광범위한 프로젝트를 위해 자료를 수집하고 있었다. 그 책도 출판까지 오랜 시간이 걸렸고, 마침내 2002년에 『미국의 하나님: 조나단 에드워즈부터 에이브러햄 링컨까지』*America's God: From Jonathan Edwards to Abraham Lincoln*라는 제목으로 출판되었다. 하지만 이 책들을 위해 연구하면서 발견한 새로운 정보에도 불구하고, 그리고 어떻게 개인과 더 큰 세력들이 상호작용했는지에 대한 일관된 설명을 제공하기 위해 쏟았던 모든 노력에도 불구하고, 대체로 이 책들은 내가 트리니티 신학교에서 존 거스너John Gerstner 교수에게 제출했던 찰스 피니Charles G. Finney에 대한 논문과 함께 시작한 연구의 범주 안에 머물러 있었고, 주로 미국사에서 대표적인 (그리고 대단히 도움이 되는) 책들과의 대화를 시도했다. 다른 말로 하자면, 학문적인 목적을 위해 나는 한 명의 '미국 역사학자'로 몹시 만족하고 있었다.

●—

몇 년 전에 나는 『크리스천 센추리』*Christian Century*가 매년 발행하는 '어떻게 내 생각이 변했는가'How My Mind Has Changed 시리즈 최신판에 원고 청탁을 받았다. 그러한 자극이 없었다면 내 다섯 번째 십년(1986-1996년) 동안 나에게 무슨 변화가 일어나고 있었는지 몰랐을 것이다. 이번 장은 그 변화를 개괄적으로 설명하지만 한 가지 예외가 있다. 그것은 하나의 세계적 실재로서 기독교의 형태와 의미를 이해하려는 나의 후기 과업을 설명하는 이 책의 나머지 부분을 위한 토대다.

회고록을 위해 요구되는 자기반성 덕분에, 나는 초기의 일반적인 발전들이 서구 세계 밖의 기독교에 대한 진정한 관심을 위해 어떻게 길을 예비했는지를 이해할 수 있었다. 하지만 확신할 수는 없다. 그래서 먼저 『크리스천 센추리』 원고를 위해 준비했던 자료들의 도움을 받으며 일반적인 그림을 설명하고, 이어 어떻게

그 문제들이 이 책 후반부와 관계되는지를 설명해 보겠다.[1]

●—

세상에서 하나님의 방식과 나 자신에 대한 이해의 변화는 훈련된 연구에서는 부분적으로, 삶의 여건에서는 보다 직접적으로 하나님께서 부재와 현존 모두를 통해 자신을 드러내신 환경 한복판에서 발생했다. 그러한 환경들의 일부 목록으로 가슴 찢어지는 교회 분열, 생애 말년까지 좋은 친구가 되셨던 내 아버지의 죽음, 아버지 같았던 절친한 친구의 죽음, 그리고 희망을 잃은 친구들의 혼란스러운 고통이 포함되었다. 해답이 늘 빈약했던 이런 상황에서, 기독교 신앙은 진정한 현실로 남아 있었다. 사실 그것은 점점 더 강력하게 현실적이 되었다.

그러한 현실을 묘사하는 한 가지 방법은 일반적인 용어로 이야기하는 것이다. 아마도 개인적인 이유들 때문에, 또한 세계대전 이후 미국 복음주의의 특정한 전통을 반영했기 때문에, 나는 한때 기독교적 삶이란 어렵게 얻은 원칙들이 '적용되는' 싸움판이라고 생각했었다. 그곳에서는 신앙을 제대로 실천할 때에만 신앙을 제대로 파악할 수 있다. 그와 같은 개념을 완전히 포기하지는 않았지만, 나는 확신과 경험 사이의 관계가 훨씬 더 어렵고, 내가 생각했던 것보다 훨씬 더 상호의존적이라는 사실을 느끼고 있었다.

내 변화는 비교적 개별적인 문제들로서, 고전 기독교의 진실성, 충격적인 기독교 드라마의 아름다움, 기독교적 삶의 노력에 대해 '생각하는 것'으로부터 기독교적 진리와 아름다움과 삶을 '경험하는 것'으로 나아갔다. 다른 식으로 말하면, 그 변화는 그리스도 안에서 신자로서의 일반 소명과 학문 안에서 특별한 부르심을 결합하기 위해 내가 열심히 일해야 한다는 '생각'으로부터, 내 사명은 이미 존재하는 유기적 조화들을 발견하는 일이라는 '깨달음'으로 바뀐 것이다. '진정한' 기독교적 신앙의 범주에 대해 생각하는 것으로부터, 이런 범주들이 내가 거의 상상하지 않았던 방식으로 광범위할 수 있다는 깨달음으로 바뀌었다.

●—

이 시절의 여정을 묘사하는 또 다른 방법은 신학적 미학美學이라고 부를 수 있는, 보다 구체적으로 말해 암울했던 시절 동안 곁에 있어 준 친구들을 통해, 부르고 기억하는 찬송가를 통해, 그리고 주의 만찬의 기념을 통해 더욱 깊어지는 기독교적 현실에 집중하는 것이다.

세월이 흐르면서 니케아 신경의 기본 교리들이 중요해졌다. 그것은 내가 처음 믿었던 시절보다 지금 더 진실해 보인다. 그 시절부터 나는 기독교가 깊고 아름답다는 것을 알았다. 이번 장에서 살펴보는 시간 동안 나는 그 깊이가 측량할 수 없고 그 아름다움은 이루 말할 수 없이 천상적이라고 믿게 되었다. 또한 나는 어떤 단어로도 신앙을 서술할 수 없다고 믿게 되었다. 비록 "전능하신 하나님이 천지를 창조"하셨다, "하나님의 독생자……참된 하나님으로부터 나온 참된 하나님"은 "그로부터 만물이 지음받은" 분이셨다, 그는 "우리와 우리의 구원을 위해……하늘에서 내려오셨고 동정녀 마리아를 통해 육신을 입으셨다", 그는 "우리를 위해" 십자가에 달리셨고 죽으셨으며, 장사되고 3일 만에 죽은 자들 가운데서 다시 살아나셨다, 그리고 그의 나라는 "주 성령, 생명을 주시는 분"에 의해 영원토록 확장되기 때문에 "끝이 없을 것이다"라고 말할 때 고백된 어떤 것을 '교리', '이야기', '현실'을 통해 포착했지만 말이다.

니케아 신경의 더 깊고 넓은 결과를 내가 이해하기는 어렵다. 그것의 측량할 수 없는 깊이를 체험하면서, 고전 기독교 신앙의 광대한 폭이 점점 더 분명해졌기 때문이다. 그와 같은 변화는 충격적인 발견을 통한 계몽이 아니라, 세월이 흐르면서 발생한 인식의 점진적인 성장이었다. 변화를 촉진하는 경험은 다양했고, 결과는 누적적이었으며, 영향은 중첩적이었다.

'친교'fellowship는 이 시절 동안 새 힘을 얻은 내집단in-group의 단어였다. 강요를 통해 함께하는 것은 쉬워 보였지만, 도저히 그렇다고 생각할 수 없었다. '성도의 교제'communion of the saints는 사도신경의 단어들보다 먼저 왔던 것의 결과나 생산물이 아니라, 이러한 현실의 예시화instantiation였다. 첫 번째이자 언제나 가장 중요한 것은 그리스도 안에서 배우자와의 친교였고, 그 다음으로는 넓은 범위의 친구, 교우, 직장 동료들이었다. 당시 우리 목사님은 정말로 목자였다. 분명 양떼를 돌보는 목자였지만 더 중요하게는 양들과 함께 서 있었고 기도했으며 울었다. 내게는 예전에도 한 번 그런 목사님이 계셨었다. 하지만 이 시절에 이르기 전까지 나는 내 어린 시절 그 목자의 따뜻한 친절이 신앙의 문을 열어 주기 위해 얼마나 많은 수고를 했었는지 깨닫지 못했다.

찬송가들이 새로운 의미를 갖게 된 것은 아니었다. 대신 나는 최소한 자의식적인 신앙을 갖게 된 청년 초기부터 왜 최고의 찬송가들이 지속적으로 감동을 주었는지를 보다 분명하게 감지하기 시작했다. 단지 노래 가사로 간주되었지만, 그것들은 강력한 신학의 예외적이고 자극적인 소통 수단을 제공했다. 하지만 강력한 힘은 무엇보다 감성 속에 녹아 있었다. 그것들은 단지 말뿐이 아니라 합리적 확신 이상의 것을 세심한 문장과 강렬한 음악의 결합을 통해 전달했다. 그 시절 요한 세바스찬 바흐가 (다른 사람에게도 그랬듯이) 일종의 제5복음서 저자가 된 것은 단순한 우연이라고 할 수 없었다. 또한 이 기간의 언젠가 나는 19세기 프린스턴 신학교의 찰스 하지Charles Hodge가 교회의 다양한 전통에서 기원한 찬송가와 경건서적들이 기독교 신앙에 대한 충분한 설명을 구성할 수 있다고 제안했던 것을 발견하고 기뻐했다. 당시 프린스턴이 신학을 과학적·성경적 합리주의의 한 영역으로 간주했다며 자주 비판을 받았기 때문이다.

왜 최고의 찬송가들이 지적 · 정서적 · 영적 수준에서 그토록 강력하게 작동했는지에 대해 생각해 볼 때 한 가지 중요한 실마리는 이렇게 감동적인 찬송가들이 어디에서 왔는지를 깨닫는 것 속에 있었다. 기본적으로 한 사람의 칼뱅주의자로서, 나는 최고의 찬송가들이 기독교 범위 내의 여러 지점에서 만들어졌다는 사실을 즉시 깨달을 수 있었다. 어떤 것은 고대의 작품이고(밀라노의 암브로시우스, '찬란한 주의 영광은'), 어떤 것은 현대의 작품이었다(마거릿 클락슨, '하나님의 선물, 성령' 중에서 "그는 창조의 새벽에 생명 없는 혼돈을 품으셨고, 지금도 우리 본성의 흑암을 가로질러 잠자는 우리 영혼을 깨우시네"). 어떤 것은 무거웠고(요한 히어만, '귀하신 예수 정죄 당하심은' 중에서 "나는 당신을 부인했네. 나는 당신을 십자가에 못 박았네"), 어떤 것은 가벼웠다(패니 크로스비, '저 죽어 가는 자 다 구원하고' 중에서 "예수는 자비롭네. 예수가 구원하시리"). 그것은 단지 동료 칼뱅주의자들의 것뿐 아니라(스트라스부르 시편찬송의 '날 구속하신'), 유쾌한 괴짜 친첸도르프 백작('예수, 당신의 보혈과 의로우심'), 메노나이트, 그리스도의 제자들, 가톨릭, 오순절파, 독립파, 그리고 특히 대체불가능한 알미니안주의자 찰스 웨슬리('일어나라, 내 영혼아, 일어나라' 중에서 "일어나라, 내 영혼아, 일어나라. 네 죄책의 두려움을 떨쳐 버리라. 나를 위해 피 흘리신 희생제물이 나타나시네.……내 이름이 그의 손에 적혀 있네")도 있었다.

이렇게 효과적인 찬송가들은 니케아 신경의 핵심 교리를 특별한 힘으로 전달했기 때문에 더욱 큰 영향을 미치게 되었다.

핵심 교리들에 집중했기 때문에 신자들은 어디서든 이 찬송을 불렀다. 그렇게 노래를 부름으로써 교훈이 사랑으로 변했다.

기독교의 본질과 그리스도인으로서 내 삶에 대해 깊이 있는 반성을 촉구한 경험은 정기적으로 성찬을 기념한 것이었다. 여러 해 동안 시카고 서부 교외에 살면서 다닌 장로교회는 스코틀랜드 형식으로 성찬식을 거행했다. 회중이 앞으로 나와서 성찬대 앞에 앉으면 장로들이 떡과 포도주를 건네주었다. 이런 복고풍 칼뱅주의의 경험은 말 이상의 확신을 전해 주었다. 그것은 부분적으로 강력한 공동체적 경험이었기 때문이고(우리는 성찬에 참여하기 위해 앞으로 나온 사람들의 기쁨과 슬픔을 알았다), 부분적으로 성찬식에 음악이 동반되었기 때문이다. 우리는 "우리와 우리의 구원을 위한" 그리스도의 사역에 초점을 맞춘 훌륭한 찬송(어떤 것은 오래되었고 어떤 것은 새로운)을 불렀다.

장로(언제나 우리가 알고 존경했던 남성이나 여성)가 우리 이름을 부르며 떡과 포도주를 건네주면서 "이것은 당신을 위해 상하신 그리스도의 몸입니다. 이것은 당신을 위해 흘리신 그리스도의 피입니다"라고 말했을 때, 이런 고조된 감정이 가장 예민해졌다. 내가 1980년대 초반 어느 때에 썼던 한 편의 시는 당시에 일어난 일의 일부라도 포착하려고 애를 쓴 것이다.

〈스코틀랜드식 성찬〉

앉아 있던 장로교인들이
줄을 서서 나갔네.
정신을 차리고 일어나서 흰 천이 덮인 식탁 앞으로,
어떻게 전능하신 하나님이 인성을 포용하기로 결심하셨고
이렇게 깨끗하고 잘 먹고 잘 차려입은 유복한 사람들에게
그의 은혜가 필요한지를 보여준 소박한 작은 조각들 앞으로.

경건한 불량배, 소심한 험담꾼, 냉담한 출세주의자,
싸늘한 혀를 가진 아내와 돌 같은 마음의 남편,
술과 전쟁을 벌이지만 종종 실패하는 사람,
이렇게 두려운 자비의 법정에서 침묵을 지키는 변호사,
자신에 대해 불확실한 소년과 자신에게 적합한 곳을 찾지 못한 소녀,
비슷하게 현금에 둘러싸인 가난한 사람과 부유한 사람,
치유를 기다리는 의사, 나란히 앉아 있는 두 여인,
한 사람은 자식을 갖게 되길 무작정 기다리고,
다른 사람은 임신의 조짐에 경악했다.
선을 추구하다 지친 거룩한 신자,
글자들 위에서 폼을 잡고 있는 (부드럽지만 유치한) 학자,
부나 권력, 혹은 방종을 쫓다 집으로 돌아오는 여행자,

이중적 의무로 질식하는 어머니,
죽거나 잃어버린 자식 때문에 거의 망가진 부모,
온몸에 암세포가 퍼진 사람,
가슴이나 등, 무릎, 혹은 정신이나 마음이 아픈 사람.
오 그리스도여, 그들이 옵니다. 그들이 당신께 나옵니다.

그들이 와서, 그들이 앉고, 그들이
"너희를 위해 깨뜨린 내 몸이다"라는 말씀에 귀를 기울였다.
그들이 먹고 돌아 들어갔다.
먹었지만 없어지지 않았고, 죽은 자들이 기억되었다.
심령의 뺨에 홍조가 나타났다.
작은 잔과 작은 빵 부스러기의 무게 아래
신음하는 식탁으로부터.

여러 해 전에 마르틴 루터가 복음의 *pro me*, *pro nobis*(나를 위해, 우리를 위해)에 대해 설명한 것을 읽고 지적으로 전율했었다. 세월이 흐르면서 그 지적 떨림은 실존적 통찰이 되었다. 나는 어떤 사람이 그것의 교리적인 세부 사항을 완전히 파악했다고 확신할 수는 없다. 주의 만찬에서 그리스도의 '진정한 현존'을 설명하려고 노력했던 고전 공식들 중 어떤 것도 완전히 만족스럽지 않았다. 하지만 정교회, 가톨릭, 루터교, 혹은 칼뱅주의 형식이든, 나는 성찬식에서 하나님이 참여자들을 성자와의 교제 속으로 이끄신다고 확신하게 되었다. 내가 준비가 되었든 그렇지 않든, 나의 죄가 내 영혼을 짓누르든, 내가 최근에 범한 죄를 순간적으로 기억하지 못하든, 정신이 산만하든 완벽하게 집중하든, 그런 상황들은 떡을 먹고 포도주를 마시는 것과 "너희를 위하여"라고 끝나는 문구보다 결코 중요하지 않았다.

그렇게 정기적으로 발생하는 힘에 대해 묵상하면서, 나는 다음과 같은 결론에 도달했다. 주의 만찬은 실제로 벌어진 사건에 대해 이야기하고, 그 이야기가 정확하게 의미하는 교리를 극적으로 표현하기 때문에 그토록 강력하게 삶을 에워싸는 것이다. 하지만 이 제의를 공유하도록 초대받고 교리를 믿는 특권을 누리는 것은 그 사람의 전 존재를 변화시키는 경험을 요구한다. 그것은 위선, 자아, 교만, 이기심, 아이러니에, 그리고 모든 인간, 특히 지적인 사람들에게 너무나 쉽게 찾아오는 다른 태도들에 대항하며 강력히 밀어붙인다. 그것은 공허함을 채우고, 죄책감은 은총으로 극복되며, 분쟁은 교제로 회복되게 만든다. 그것은 나의 영혼, 나의 생명, 나의 모든 것을 요구한다.

종교개혁 시대의 박해에 대한 브래드 그레고리Brad Gregory의 위대한 역사서 『화형대의 구원』*Salvation at Stake*은 성찬식의 실재에 대해 대단히 강력한 설명을 제공해 준다.[2] 분쟁으로 찢겨진 시대에 가장 빈번하게 유럽인을 기꺼이 신앙을 위해 죽거나 죽이도록 만든 것은 성례전의 의미에 대한 차이들이었다. 서구 문명은 16세기 이후로 주의 만찬에 대한 갈등 해결의 수단으로 사형 제도를 포기했다는 면에서 분명히 발전했다. 하지만 또한 그것은 엄청난 손실도 경험했다. "너희를 위하여"라는 말과 함께 떡과 포도주를 먹는 것은 생사가 달린 문제라는 우리 조상들의 신앙 경험에서 후퇴한 것이다.

내가 읽은 또 다른 책, 곧 미국 역사에서의 예정론에 대한 피터 투센Peter Thuesen의 뛰어난 역사서는 내가 생각하고 있던 것의 일부에 대해 학문적 확증을 제공했다. 이 책의 주된 결론 가운데, 그리고 내 생각에, 기독교의 전체 역사에 대한 가장 탁월하고 가능한 반성 중 하나는 인간이 신적 계시를 이해하기 위해 사용했던 수단에 집중하는 것이다. 저자는 서구 기독교 역사에서 핵심적인 신학 분열이 하나님의 주권을 방어한 사람들과 인간의 자유의지를 옹호한 사람들 사이가 아니라, 하나님과 인간의 관계를 '정의'하는 데 예민했던 기독교 공동체와 정교한 교리보다 성례전적 실천을 강조했던 기독교 공동체 사이에 있었다고 설득력 있게 주장한다. "종교적이 되는 두 가지 커다란 방식, 곧 두 가지 형태의 경건, 두 개의 종교 미학이 있다. 그것들은 기독교 역사에서 긴장 관계 속에 존재해 왔다. 하나님의 선택 교리 앞에서 예정론주의predestinarianism의 경외감 대신, 성례전주의sacramentalism가 제사장적 제의의 힘 앞에서 신비한 두려움을 조성한다."[3]

기독교 공동체의 친교를 통해, 찬송 부르기의 지속적인 격려를 통해, 주의 만찬에의 정기적인 참석을 통해, 보다 일반적으로 삶, 일, 의미, 하나님, 타자, 자아에 대한 더욱 강력한 유기적 이해를 통해, 나는 극적인 변화보다 복음 이야기 안에서 나의 위치에 대한 심화된 이해를 경험하고 있었다. 같은 기간 동안 나의 관심은 미국의 현재와 과거를 넘어 (어떤 경우에는 훨씬 더 멀리) 기독교의 발전으로 확장되고 있었다. 이제 그와 같은 평행적인 발전에 대해 글을 써야 한다는 부담을 느끼면서, 나는 그것들이 다음과 같은 방식으로 연결되어 있다는 사실을 이해하게 되었다.

●—

니케아 신경의 핵심 조항들이 근본적인 실재를 완벽하게 묘사했다는 확신이 심화되면서, 내가 기독교 교리에 대해 보다 일반적으로 생각하기 시작한 방식에도 한 가지 흥미로운 변화가 나타났다. 이런 과정을 통해서—교리가 실제로 더 중요해졌지만—가장 중요해 보였던 교리적 질문들의 범위가 상당히 축소되었다. 삼위일체적 자비의 은혜로운 신비 속에 하나님께서 무가치한 죄인들에게 오셨다는 사실은 굳건한 반석이었다. 신적 선택과 인간적 반응 사이에서 행위를 어떻게 이해해야 하는가? 교회, 부모, 자아, 전통, 성령은 어떤 역할을 하는가? 질문들은 단순한 흥미 이상의 것으로 남아 있지만, 더 이상 생사가 걸린 만큼 중요하지는 않다. 비슷하게, 자연의 신적 기원과 관리는 이제 하나의 사실이지만 어떻게 창조와 섭리가 실제로 작동했는지를 이해하는 것은 덜 심각한 문제가 되었다. 나는 성경이 상상할 수 있을 만큼 완벽하게 구원의 이야기를 들려주었다고 점점 더 확신하지만, 어떻게 그 생명의 말씀이 기록된 글 속에서 완벽하게 계시되었는지를 설명하는 일과 관련된 어려움을 해결하는 데는 관심을 점점 덜 갖게 되었다.

나는 이런저런 교리적 질문들에 대해 다양한 신학 전통이 제시한 대안과 답변이 중요하다는 것을 알고 있었다. 하지만 역사학자의 본능으로, 어떻게 다양한 기독교 전통 중에서 특정한 전통이 특정한 시간과 공간에서 특정한 질문에 대해 설득력 있는 대답을 제시했는지에 대해 아는 것도 비슷하게 중요해지고 있었다. 나는 "예수가 대답이다"라고 충분히 확신했다. 하지만 점차 이 결정적인 대답을 촉진하는 질문들이 넓은 가능성의 범주에 따라 다양하다고 확신하게 되었다.

이런 식으로 생각하는 것이 세계의 기독교 역사를 향한 문을 활짝 열어 주었다. 예를 들어, 왜 '전통'tradition이 미국혁명 직후 미국 신자들에게 위협적인 단어가 되었는지를 이해하려는 노력에서, 왜 17세기에 중국 그리스도인들이 '신자로서' 자신들의 조상숭배를 그토록 자연스럽게 생각했는지를 이해하려는 노력으로 한 발 더 내디딘 것이다.

그것은 기독교 공동체와 관련해서도 마찬가지였다. 만일 내가 실존적으로 기독교 친교의 유대가 얼마나 깊고 강한지를 발견하고 있다면, 한 사람의 관찰자로서 나는 기독교 공동체의 동일한 깊이와 힘을 다른 시대와 장소에서 발견할 것이라고 기대하지 말아야 하는가? 비록 그런 상황들이 내 자신의 것과 너무 다른 규범을 따른다고 해도 말이다. 선한 목자를 닮은 우리 목사님이 나에게 매우 효과적으로 목회하셨다면, 상상할 수 있는 모든 환경에서 다른 목사들을 통해 동일한 목자께서 그처럼 효과적으로 목회하시는 것을 내가 발견하리라고는 기대하지 말아야 하는가? 만일 그 선한 목자께서 그토록 세상을 사랑하시는 분이라면, 어떻게 달리 생각할 수 있겠는가?

찬송 부르기도 비슷한 방향으로 나를 이끌었다.[4] 가장 분명한 것은 서구 찬송가 전통의 초교파성이었다. 그와 같은 초교파성이 요한계시록에서 언급된 모든 방언, 민족, 족속, 백성의 노래를 기대했다면, 그것은 분명 단지 서구 음악 전통의 범위까지도 넘어서야 했다.

그러한 성찰은 음악 양식, 전통, 관행에서 구체화된 문화에 대한 고찰로 확장되었다. 오랫동안 불리는 찬송가에 담긴 교리들이 보편적이라는 것은 분명했다. 하지만 그 교리를 활성화하는 데 그토록 강력한 역할을 담당했던 음악이 특이했다는 것도 분명했다. 아이작 왓츠의 '주 달려 죽은 십자가'는 에드워드 밀러 Edward Miller의 '로킹엄'Rockingham과 로웰 메이슨Lowell Mason의 '함부르크'Hamberg 같은 감동적인 곡조 없이 그저 종이 위에 남아 있었다. 내 생각에 로큰롤 멜로디나 태국 5성five-toned 실로폰 반주에 맞추어 이 찬송을 부르는 것이 지적인 호기심은 자극하겠지만 감동적인 예배는 아니다. 시간이 흐르면서 분명해졌다. 그 찬송가는 서구 음악사에서 200년 동안(1650-1850년) 연주되던 본래의 방식대로 연주될 때 나를 위해 큰일을 했다. 서구에서 기원하지 않은 음악이나 그 전후의 서구 음악과 비교할 때, 그 영향은 결코 동일하지 않았다.

확장은 그 다음 단계였다. 만일 내가 특정 문화의 표현을 통해 보편적인 복음을 경험하고 있다면, 같은 복음이 다른 문화 표현들을 통해 강력하게 전달될 수 있을 것이다. 그 표현들이 내게 낯설거나 이국적일지라도 말이다. '주 달려 죽은 십자가'의 로큰롤 버전이나 태국 5성 버전에 감동받을 수 있었던 사람들의 경험은 원칙적으로, 내가 '로킹엄'에 따라 이런 가사들을 노래할 때만큼 참된 것이었다. 이렇게 이해하자 찬송가는 내가 신앙의 다른 문화적 표현들을 열정적으로 탐구하고 찬송가가 전달할 수 있었던 근본 진리들에 대해 더 많이 확신하도록 만들었다.

주의 만찬을 더 깊이 경험하게 되면서, 오래지 않아 그 경험이 얼마나 넓어야 하는지도 알게 되었다. 하나님께서 성찬식을 통해 내게 다가오셨다는 것이 사실이라면, 그 예식에 참여하는 모든 사람에게 그분이 다가오셨다는 것도 사실이었다. 나는 예식이 진행되는 방법의 차이들(신학, 관행, 신앙 등의 차이)이 결코 사소하지 않다고 여전히 믿는다. 하지만 성찬대로 초대받은 모든 사람이 그 예식이 대표하고 전달하는 은혜에 개방되어 있다는 사실이 나에게 훨씬 더 충격적이다. 나는 성례전을 통해 우리에게 일하시는 하나님에 대한 이런 설명이 그것을 상징으로만 간주하는 동료 신자들에게도, 심지어 (또 다른 신비를 통해) 성찬식을 전혀 거행하지 않는 소수의 신자들에게도 동일하게 진실이라고 믿는다.

또 다른 시적 노력을 통해 이와 같은 보편적인 함의를 전달하려고 노력했다(이것은 좀 더 후에 쓴 것이다). 그 시는 지나치게 의욕이 넘쳤다. 우리 교인들이 성찬이 진행되는 동안 가끔 불렀던 윌리엄 풀러턴William Fullerton의 '나는 말할 수 없네'의 다소 특이한 박자를 염두에 두고 썼기 때문이다.

〈매일 어디선가〉

남쪽과 동쪽에서, 서쪽과 북쪽에서 그들이 모여드네.
걸어서, 차로, 인력거와 전차와 버스를 타고
건강하게, 휠체어를 타고, 즐겁게, 슬픔에 잠겨
편안하게, 긴장해서, 헝클어져서, 까다롭게.
오 그리스도여, 그들이 옵니다. 단번에 모두를 위해 죽으신
그 몸을 맛보고 노래하고 기도하며
그 향유가 죽은 자를 다시 살리는 잔을 들기 위해.
전 세계와 어디선가, 어디선가 매일.

그들이 함께 모였을 때 그들이 들은 말씀을
노래로 부르고 속삭이며, 곡조를 붙이고 단순하게 말하네.
그리고 모든 억양과 다양한 언어로

상한 몸과 흘린 생명의 피에 대해 말하네.
단순한 말이 완벽한 자유의 선물을 전해 주네.
누구도 갚을 수 없는 사랑의 빚,
새롭고 환영받는 의무의 멍에.
전 세계와 어디선가, 어디선가 매일.

그들이 만나는 장소는 거대하고 화려하거나
허물어진 오두막 헛간과도 같네.
주일마다 북적이지만 흔히는 썰렁하며
시시한 곳이자 세상의 유명한 광장 위에 있다네.
하지만 모든 것은 깨지지 않은 단 하나의 바위에서 깎여진 것이며
그것의 보호 안에서는 누구도 버림받지 않고
그것은 죄인들을 위해 자신을 산산조각으로 깨뜨리네.
전 세계와 어디선가, 어디선가 매일.

빵과 잔을 제공하는 그 손들은 젊고
야위고 닳고 손질이 되어 있네.
너무나 많은 치유 사역을 위해
그 손들은 너무 잠시 동안, 너무 적은 것들을 가져오네.
구주를 가까이 모셔 오는 이 손들은
흐르는 피와 함께, 그것을 받으러 나오는 사람들의 이름을
드러내기 위해 찢겨진 손들의 성상聖像이네.

전 세계와 어디선가, 어디선가 매일.

●—

앞에서 서술한 관계들이 사실은 지금 보이는 것처럼 그렇게 결정적인 것은 아닐 수도 있다. 하지만 최소한 자전적인 관점에서 볼 때, 그것들은 어떻게 삶의 환경의 변화가 역사적 관심의 확장에 영향을 끼치는지를 설명해 준다.

이렇게 광범위한 변화가 일어나던 시기에, 삶을 바꾸는 두 가지 사건이 정말로 찾아왔다. 1984년 여름 나는 조지 롤릭을 만났고, 1986년 6월에는 앤드루 윌스의 강의를 듣게 되었다.

06장

북쪽 바라보기: 하나의 지침

조지 롤릭은 훌륭한 역사학자였다. 그는 1957년에 캐나다 미식축구리그 신인 선발에서 네 번째로 뽑히기에 충분한 몸(약 198cm, 108kg)과 운동 능력을 겸비하고 있었다. 그는 슬라브계였고, 옥스퍼드 대학교의 로즈장학생이었다. 무엇보다 그는 철저하게 캐나다인이었다. 내가 그를 알고 지낸 십여 년 동안 수많은 회합에서 조지는 그곳에 참석한 사람들에게 그 일이 '캐나다 맥락'에서 어떻게 보일지에 대해 알려 주려고 했다. 그가 보기에 분명히 차이가 존재하지만, 관련된 맥락이 불분명했던 것이다. 즉, 북미는 단일한 역사 궤적을 반영하지 않고, '미국 문화'가 무엇을 의미했을지라도 그 의미가 캐나다인들에게는 명확하지 않았던 것이다.

조지를 알게 된 것은 앞 장에서 서술한 과정이 진행되는 바로 그 시기에 일어났다. 캐나다 역사에 대한 나의 관심이 고조되던 바로 그 때에, 그는 또 다른 새로운 모험을 위한 가장 강력한 개인적 자극이었다. 분명히 그것은 미국 역사에 집중하던 것으로부터 작은 발걸음을 뗀 것이었다. 그럼에도 분명 한 걸음이었다. 조지는 문지기였다. 캐나다 국가國歌 영어판처럼, 그 너머에 강하고 자유로운 진정한 북미가 있었다. 그리고 캐나다 너머에는? 나에게 그것은 세계였다.

●—

조지 롤릭의 부모님은 우크라이나인이었다. 아버지가 캐나다로 이민을 왔고, 어머니는 캐나다에서 태어났다. 그들은 나이아가라 반도에 있는 온타리오 주 토롤드에서 살았다.[1] 미국 출판소에 신문용지를 공급하던 한 종이공장에서 일한 조지의 아버지는 아들에게 다국적 기업의 힘에 대한 의심뿐 아니라 노동계급과의 일치감을 유산으로 물려주었다. 조지와 두 누나가 집에서 사용한 언어는 우크라이나어였다. 영어로의 첫걸음을 포함해 롤릭이 집밖에서 최초로 받은 영향은 이웃의 독신 여성 메리 랜튼Mary Renton이 온타리오와 퀘벡의 침례교회를 위해 행한 사역을 통해 왔다. 어린 시절부터 그는 공산당이 청소년을 위해 조직한 클럽 활동에 참여했다. 그가 10학년이었을 때, 고교기독학생회Inter-School Christian Fellowship가 후원했던 어느 주말 모임에서 (그가 누나들에게 말하기를) '영적 체험'을 했다. 그 후 메리 랜튼과 함께 그 선교회에서 일했고, 곧 한 침례교회에 등록했다. 맥마스터 대학교McMaster University의 학부생이었던 시절에는, 전업 운동선수이자 학생으로서의 바쁜 일정에도 불구하고 메리 랜튼의 선교회를 돕기 위해 주말마다 집으로 돌아갔다.

조지는 남은 생애 동안 지역 침례교회의 열성적인 회원으로 살았다. 또한 대학 캠퍼스 내의 학생선교단체들을 열심히 후원했다. 그가 캐나다 유색인 지위향상 협회National Association for the Advancement of Colored People를 후원했기 때문에, 뉴브런스윅에 소재한 마운트앨리슨 대학교Mount Allison University의 IVF 후원자 자격을 잠시 내려놓으라는 요구를 받았던 때를 제외하고는 말이다. 일평생 사회민주주의자로 살면서 그는 캐나다 자유주의자와 보수주의자에 대한 좌파적 대안인 신민주당New Democratic Party의 확고한 지지자였다.

1957년에 롤릭은 맥마스터 대학교에서 역사학 전공으로 학사학위를 받았다. 대학 축구부의 뛰어난 주전선수였던 그는, 다음 2년 동안 옥스퍼드 대학교에서 로즈장학생으로 공부했고, 그 후에 북미로 돌아와 로체스터 대학교University of Rochester에서 캐나다사 전공으로 석사과정을 공부했다. 그는 마운트앨리슨 대학교와 댈하우지 대학교Dalhousie University에서 가르쳤고, 1963년에 온타리오주의 퀸스 대학교Queen's University 역사학과로 옮겼다. 온타리오 고등교육이 급속한 팽창과 이념 갈등을 겪은 격동기 동안, 그 학과의 학과장으로 섬겼다. 그가 국경 남쪽에서 온 근본주의자들과 접촉하면서 학과장으로서의 사역은 끝이 났다.

롤릭은 18세기, 특히 뉴잉글랜드와 노바스코샤의 해안 식민지들 간의 관계를 전공하는 역사학자로서 입지를 쌓았다. 초기와 후기에 그는 연구의 많은 부분을 헨리 올린Henry Alline의 유성 같은 경력을 다루었다. 올린은 열정적인 부흥사로서, 1784년의 때 이른 죽음 전후 동안 그의 격렬한 설교가 그 지역에서 '새 빛 운동'New Light stir을 촉발했다. 대학원 시절부터 미국혁명에서 종교의 위치를 연구해 온 사람으로서, 나는 조지를 통해 올린의 강력한 순회설교가 노바스코샤 사람들이 지역 문제에 관심을 집중함으로써 미국혁명에 참여해 달라는 뉴잉글랜드 사람들의 요청에 응하지 않도록 도왔다는 사실을 알고 특별한 관심을 갖게 되었다. 조지가 올린에게 특별한 매력을 느끼게 된 요인은 그 부흥사의 대중적 스타일, 영성에 대한 강한 집착, 그리고 일반인들의 삶에 대한 열정적 헌신이 성도 간의 진정한 교제 속에서 함께 결합된 것 등이었다.

하지만 그가 영적 체험의 통전성과 학문적 역사 전통 모두를 존중하는 방식으로 올린(그리고 보다 일반적으로 종교)에 대해 글을 쓸 수 있는 지침을 발견한 것은 그의 경력이 중간 지점에 도달했던 1980년대 초반이었다. 마르크스주의 이론가 안토니오 그람시Antonio Gramsci의 문화적 헤게모니에 대한 설명과 인류학자 빅터 터너Victor Turner의 종교 공동체의 역치성('문지방'을 의미하는 limen이라는 단어에서 파생한 것으로, 문지방에 서 있는 것과 같이 평소에는 금기로 여겨지는 공간이나 행위의 존재를 상정하는 것.—옮긴이)liminality에서 이런 통찰을 얻었다. 가장 중요한 것은 복음주의 그룹에 대한 학문적인 저작을 출판하기 시작한 다른 북미 역사학자들의 예였다. 그 중에서 조지 마스던의 『근본주의와 미국 문화』가 언제나 가장 중요했다.

그 후 롤릭은 수많은 글, 특히 18세기 후반과 19세기 초반에 올린이나 그의 메시지를 확대했던 사람들에게 영향받은 캐나다의 급진적 복음주의에 대한 글을 쏟아 냈다. 그렇게 특별한 관심은 캐나다 종교사에 대한 보다 광범위한 출판으로 이어졌다. 그런 책들 중에는 영국인이 장악했던 1760년부터 최근까지 캐나다에서 개신교인의 역사에 대한 개척자적인 편집 작품과 캐나다 복음주의자들에 대한 기념비적인 역사 연구도 포함되었다. 뒤의 작품은 롤릭이 1995년에 조직했던 한 뛰어난 학회의 결과물로 나왔다. 그 학회에는 미국과 캐나다뿐 아니라 아일랜드, 이탈리아, 스코틀랜드, 잉글랜드, 오스트레일리아에서 관심 있는 사람들이 참가했다. 특유의 에너지로 그는 34개의 논문이 책으로 묶일 수 있도록 수없이 교정을 보았고, 그해 11월 갑자기 세상을 떠나기 전까지 그 책의 서문 초고를 썼다.

그의 생애 후반에 롤릭은 여론조사 전문업체 앵거스리드Angus Reid와 협력해 현대 캐나다의 종교, 특히 보수주의적 개신교 그룹들뿐 아니라 주류 개신교인과 로마가톨릭 신자 사이에서도 발견되는 복음주의적 헌신의 징표에 대한 글을 썼다. 캐나다 복음주의자들의 역사에 대해 그가 편집한 작품과 함께 『예수가 당신의 개인적 구주이신가? 1990년대 캐나다 복음주의를 찾아서』*"Is Jesus Your Personal Saviour?" In Search of Canadian Evangelicalism in the 1990s*가 유작으로 출판되었다. 그의 생애 후반기 동안 롤릭은 기독교적 경험의 축소될 수 없는 통전성에 천착했다. 또한 그는 캐나다에서 꾸준히 쇠퇴하고 있던 교회의 분명한 건강과 얼마 남지 않은 종교적 관심을 동일시하지 않았다.

그의 엄격한 역사 연구서 대부분이 그렇듯이, 현대 캐나다 종교에 대한 롤릭의 평가는 미국과의 분명한 거리감을 특징으로 했다. 실은 반미anti-American 감정이 너무 강해서 그가 자신의 마지막 책 서문을 쓰기 위해 펜을 들지 못할 정도는 아니었다. 그 서문은 롤릭이 미국 남부에서 안식년을 보내고 있던 동안, 그리고 그가 방문했던 침례교회들 안에서 들었던 정치적인 설교에 마음이 몹시 상했을 때 썼다. ("펜을 들다"는 그의 경우 문자적으로 사실이었다. 조지는 결코 타자 치는 법을 배우지 않았는데, 그것은 그의 휘갈겨 쓴 글을 읽을 수 있도록 변환하기 위해 유능한 타자수들이 필요하며, 그렇기 때문에 퀸스 역사학과가 사무직 직원들을 해고할 수 없다고 주장하면서 저임금 노동자를 위한 운동에 관심을 갖게 해준 결점이었다.)

●—

1984년 여름에 케이프코드의 크레이그빌 수양관에서 나는 조지를 소개받았다. 조엘 카펜터의 지도하에 휘튼의 ISAE가 충분한 재정을 확보해 프로젝트를 계획하고 일을 분담하기 위해 단기 하계 세미나를 개최했다. 롤릭은 조지 마스던, 네이슨 해치, 해리 스타우트, 그리고 ISAE와 관련된 사람들의 책을 읽고 있었다. 특히 마스던이 근본주의 역사에 공감하면서 동시에 비판적으로 글을 쓸 수 있었다는 사실에 흥미를 가졌다. 하지만 캐나다 민족주의자이자 민주사회주의자로서, 미국의 베트남전쟁 참전 비판자이자 자본주의 대기업(ISAE를 후원했던 기업들을 포함해서)에 대해 부정적인 견해를 지닌 사람으로서, 그는 신중했다. 몇 사람과 개인적으로 접촉한 후, 롤릭은 이러한 미국 근본주의자들과의 만남이 전적으로 재앙은 아닐 수도 있다고 생각하게 되었다. 그가 미국혁명 후 캐나다에서 출현한 영국 지지파의 역사를 쓸 때, 그리고 헨리 올린의 영향을 받았던 뉴잉글랜드 시골의 부흥사들을 연구할 때 협력했던 두 명의 역사학자 친구들도 그중에 포함되었다. 후에 휘튼에서 석사학위를 위해 계속 공부했던 퀸스 대학교의 한 역사학 전공자도 그의 관심을 자극했다. 그래서 조엘 카펜터가 크레이그빌 모임에 한 사람을 더 초청했을 때 조지는 승낙했다.

조엘의 말에 따르면, 그가 공항에 조지를 마중 나갔을 때 이 거대한 캐나다인은 뒷자리 구석에 움츠리고 앉아 있었는데, 신경이 예민해져서 동석한 승객들을 점검하고 혹시 우파의 음모로 납치당하면 어쩌나 걱정했다고 한다. 하지만 곧 그 얼음은 녹았다. 보다 적절한 비유를 사용하면, 그 얼음이 단단하게 얼어서 조지는 미국인들과 함께 스케이트를 타게 되었다. 비록 우리가 하키는 잘 못했지만 말이다. 공유된 역사적 관심도 도움을 주었지만, 그 미국인들이 복음주의 역사와 동시대의 복음주의에 비판적으로 참여한 것이 더 큰 도움이 되었다. 아마도 조지가 그 역사학자들의 배우자 및 자녀들과 맺은 인간관계가 가장 중요했을 것이다. 가족들이 세미나에 참여할 수 있도록 비용을 환불해 준 기금 덕택에 그 일이 가능했다. 그들의 참석으로 역사학자들의 협소한 학문적 집착을 어느 정도 완화시킬 수 있었다. 조지가 도착하자 이런 요소가 즉시로 더 중요해졌다. 그는 아이들을 사랑했고 아이들은 그를 사랑했다. 그리고 그는 교제의 범위 내에 아내들(대부분의 학자들이 남성이었기 때문에, 한 번은 남편)을 포함시키는 도전도 감행했다. 처음부터 그는 스스로 '빅 조지'를 자신의 이름으로 받아들이고, 우리 모임의 지적 리더를 위해 '리틀 조지'(조지 마스던)의 여러 변형을 제안하는 데 협조했다.

세월이 지나면서 이 역사학자들의 모임이 단지 학문적 관심사가 아니라 인간적 관심사로 시선을 돌리도록 하는 데 조지의 역할이 꾸준히 커갔다. 1996년 1월 퀸스에서 열린 조지의 장례식에서, 조엘 카펜터는 조사[弔詞]를 통해 조지가 수행했던 일종의 세속적 예배에 대해 설명했다.

> 그 수련회에서 우리가 즐겼던 소프트볼 게임에 대해 조지가 여러분께 말한 적이 있던가요? 그는 양 팀의 전담 투수이자 심판이

었습니다. 그도 이해했듯이, 그의 일은 비교에 집착하는 정신에 평등을 요구하고 그러한 기질을 완화하는 것이었습니다. 그 결과 우리는 그 경기를 '캐나다 사회주의 소프트볼'이라고 불렀습니다. 조지가 심판을 보면 모든 아이들이 안타를 쳤고, 베이스라인에서 너무 공격적이었던 젊은 교수들은 퇴장을 당했으며, 모든 경기는 무승부로 끝이 났습니다. 마지막 회에 점수가 동점이 될 때마다 조지는 하늘을 쳐다보며 말했습니다. "내가 보기엔 비가 올 것 같군." 혹은 "너무 어두워졌어." 그리고 "경기 중단, 무승부로 끝!"이라고 외쳤습니다. 이와 같은 연례행사보다 ISAE의 공동체 정신을 육성하는 데 더 좋은 것은 없었습니다.

단지 10년 정도 지속된 모임을 통해 조지는 ISAE 프로젝트 중 두 권의 책을 편집했고, 다른 네 권의 책에 논문을 기고했으며, 더 넓은 ISAE 네트워크 속의 많은 역사학자들에게 조언자와 친구로서 절대적인 중심이 되었다. 그러한 우정을 통해서 그는 우리의 역사적 관점을 확장시켰다. 조지는 성공회 고교회파 정치에 대해 글을 쓸 수 있었지만, 평범한 신자들의 삶에 대해 연구하기를 더 좋아했다. 그는 캐나다의 국가정치에도 관심이 대단했지만, 해안 도시 같은 주변 지역도 중앙만큼 진지하게 취급될 가치가 있다고 주장했다. 최소한 그가 ISAE 그룹과 만났던 무렵에는, 부흥사들에 대해 글을 쓰고 복음주의자라고 불리는 것에 당황하지 않았다. 하지만 그는 '복음주의'라는 것이 가능한 한 넓고 에큐메니컬하게 정의되어야 한다고 주장했다. 다른 말로 하자면, 그는 학문이 삶에 더 가깝고 삶이 학문에 더 가깝게 되도록 영향력을 행사했던 것이다. 게다가 나와 다른 몇 사람에게 특별히 중요했던 의미는 우리가 캐나다 역사라는 더 넓은 세상과 최초의 개인적 접촉을 할 수 있도록 조지가 연결해 준 것이다.

퀸스에서 가르치는 동안 롤릭은 깐깐한 교수로서 공포와 존경의 대상이었다. 세상을 떠나기 6개월 전, 그는 노바스코샤에 있는 아카디아 대학교Acadia University에서 명예 법학박사 학위를 받았다. 조지의 예전 학생인 배리 무디Barry Moody 교수가 학위를 수여하면서 그의 가르침에 대해 이렇게 말했다.

> 30년 이상 그는 여러 세대의 젊은 역사학자들을 자극하고 화나게 하고 괴롭히고 격려하고 두렵게 하고 가르쳤습니다. 그의 세미나는 전설이 되어, 학생들이 흔히 공포와 전율 속에 하지만 또한 큰 기대를 갖고 참석하는 그 무엇이었습니다. 왜냐하면 이 사람은 육체적으로나 지적으로나 거인이었기 때문입니다. 만일 어떤 학생이 끔찍한 첫 몇 달 동안 살아남는다면, 거친 외모 아래 다정다감한 모습이 숨어 있음을 발견할 수 있었을 것입니다. 그에게 학생들은 너무나 소중했습니다. 그들이 둥지를 떠난 후에는 그들의 경력을 세심하게 확인했고, 그들을 위해 누구와도 비교할 수 없을 정도로 애를 썼습니다.

연구 멘토로서 그는 캐나다 정치사, 사회사, 종교사 속의 광범위한 주제들에 대한 120편 이상의 석박사 논문을 지도했다. 퀸스에서 교수와 멘토로서, 맥길-퀸스 대학교 출판부의 영향력 있는 종교사 시리즈 편집자로서, 그리고 학생과 친구들에게 특별하고도 개인적인 친절을 통해서, 롤릭은 캐나다에 있는 복음주의자들에 대한 연구에 한 명의 그리스도인 학자로서 중요한 영향을 끼쳤다. 그는 교통사고 후유증으로 2주 만인 1995년 11월 23일에 세상을 떠났다.

● —

조지의 예상치 못한 죽음 이후, 나는 다음의 시를 썼다. 그것은 의심의 여지없이 너무 모호했다. 퀘벡 민족주의를 '유고슬라비아 질병'이라고 명명하고 그의 아버지 직업을 자주 언급했으며 그가 자주 아이들에게 시도했던, 모두를 끌어안은 곰의 포옹을 쉬지 않고 설명했다. 하지만 시는 부분적으로 역사적이고 캐나다적인, 하지만 대부분은 개인적인 상실감을 표현했다.

〈빅 조지〉

오 캐나다,

너는 조지 알렉산더 롤릭 없이
양키 신호, 분파, 그리고 자아라는
북부 괴물과의 싸움에서 생존할 수 있을까?
유고슬라비아 병에 이름을 지어 주기 위해
어떤 사람이 그의 자리를 대신할 수 있을까?
우크라이나 출신의 고집 세고 힘도 센 남자가
빈손으로 요란한 소리를 내며 껄끄러운 방앗간에서
불굴의 의지로 잡아당긴 것을 그 누가,
계속 기억할까?
누가 너를 지켜 줄 것인가?

쪽 바라보기
하나의 지침

오 조지,
북부의 로키 산맥,
너는 너무나 험하고, 너무나 예측할 수 없었다.
친슬라브파, 에큐메니스트, 농부 지성인,
침례교 사회주의자, 두려운 테디베어,
9월 세미나를 시작하는 칭기즈칸이
5월에는 브라운 신부Father Brown[2]가 된다.
왜 지금, 우리에게? 누구의 심장이
캐나다만큼 가슴이 찢어질까?

오 예수님,

마음을 사로잡아 하나로 만드는 이시여.
캐나다에 대한 우리의 소망을 북돋우시고
이 멜기세덱에 대한 우리의 감사를 받으시며
당신의 자비로, 우리가 그의 곰의 포옹을 따르게 하소서.

오 캐나다, 오 조지, 오 예수님.

진눈깨비 내리는 전형적인 온타리오의 날에 조지 마스던, 네이슨 해치, 그리고 내가 가족들과 함께 참석했던 장례식 후 마스던이 한 말이 훨씬 더 섬세했다. 1992년 가을에 롤릭은 노트르담 대학교에서 1년 동안 행복한 안식년을 보냈다. 그곳에는 마스던과 해치가 있었고, 그 기간 동안 조지는 그들의 가족들과도 훨씬 더 친해졌다. 마스던과 해치는 지난 200년 이상 미국 역사의 흐름에 역행하여, 그의 캐나다 궤적 속으로 점점 더 끌려 들어간 자신들에게 조지 롤릭이 의미했던 성경적 이미지에도 감동을 받았다.

> 그때 네이슨이 내 생각을 정확하게 말했다. 그것은 조지가 우리에게 어느 정도 멜기세덱처럼 보였다는 것이다. 우리의 미국적이고 개혁주의적인 범주에서, 그는 우리 자신의 세계 밖에서 우리 삶 속으로 걸어 들어오는 것처럼 보였다. 돌이켜 보면, 특히 그는 학자가 예수를 따른다는 것이 무슨 뜻인지를 보여준 그리스도를

닮은 사람 같았다. 물론 우리는 예수가 그렇게 크다고 생각해 본 적은 없지만, 조지는 우리처럼 자신은 흠이 많고, 그의 목사님이 장례식에서 말했던 것처럼 단지 하나님의 은혜로 구원받은 죄인이라고 생각했다. 이것은 예표type나 실상antitype을 모방하는 데 익숙하지 않은 우리에게 힘이 된다.

● — 07장

북쪽 바라보기: 통찰

그렇다면 롤릭과의 교제와 우정을 통해서 캐나다 역사에 대해 점증하던 관심이 어떻게 세계기독교를 향한 문을 열었던가? 그 대답의 일부는 조지 자신의 모범이었다. 캐나다 선교사들에 대해 논문을 쓰는 대학원생들을 후원하는 일을 포함해서, 그는 선교 사역의 역사를 매우 중요하게 취급했다. 또한 그는 킹스턴제일침례교회의 열성적 교인이었는데, 이 교회가 파송한 선교사들과 중앙아메리카와 캄보디아 난민을 돕는 프로그램도 후원했다. 조지 자신의 이민자 뿌리 덕분에 그는 먼 이국땅에서 온 경험들이 캐나다적인 삶에 어떤 영향을 끼칠 수 있는지에 대해 민감히 반응했다.

게다가 조지는 미국 너머로 프로젝트 범위를 확장하려는 ISAE의 다양한 시도도 적극적으로 지지했다. 이런 프로젝트를 통해 그는 오스트레일리아, 남아프리카공화국, 그리고 더 먼 곳에서 온 젊은 학자들과 만났다. 특이한 방식으로 그는 자신의 길에서 벗어나 그들이 자신들의 역사학적 수고에 정진하도록 격려했을 뿐 아니라, 그러한 작업으로 북미적 주제에 관한 역사 연구들과 대화하도록 초대했다. 1993년에 그는 오스트레일리아 기독교연구소가 조직한 학회에 참석하기 위해, 대체로는 자신의 참석이 어떤 식으로든 격려가 되길 바라면서 오스트레일리아까지 여행했다. 전 세계 기독교 역사와의 더 넓은 관계를 위한 나의 다리로서, 곧 캐나다 자체가 이 캐나다 친구보다 더 중요해졌다. 이와 같은 동력은 캐나다의 과거에 관한 신선한 정보를 발견함으로써 파생된 엄청난 희열뿐 아니라, 그런 신선한 정보가 미국 역사와의 흥미로운 비교를 위해, 심지어 기독교 자체의 더 큰 현실에 대한 암시를 위해 얼마나 유용한지를 깨달으면서 점점 더 강력해졌다.

●—

미국의 과거에서 종교와 정치의 관계에 주목하는 한 역사학자에게, 캐나다 역사는 즉각 강렬한 매력을 발산했다. 두 나라 역사 사이에는 오직 소수의 공통점이 존재할 뿐 많은 것들이 달랐다. 그것도 가장 흥미로운 방식으로 말이다. 다음 단락은 내가 그런 차이를 서술하려고 이전에 시도했던 노력의 반복이다.[1]

캐나다와 미국은 대표적인 민주주의 국가다. 두 나라는 대영제국이 오랫동안 사용함으로써 보증된 법적·정치적·문화적 전통의 후예일 뿐 아니라, 유럽과 아시아, 그리고 세계의 다른 부분에서 흘러온 강력한 이민 물결의 수혜자였다. 두 나라는 20세기 두 차례의 세계대전에서 연합군에 가담했고, 냉전시대 동안 서방 편에 강력히 섰다(비록 캐나다는 미국만큼 냉전에 활발히 가담하지는 않았지만).

두 나라 종교 역사 사이의 유사점은 19세기에 (퀘벡 밖에서) 거의 비공식적인 개신교 국가를 설립했던 활동적인 개신교인들의 존재다. 미국인처럼 캐나다인도 자신들의 조국을 묘사하기 위해 성경 이미지를 사용했다. 미국처럼 캐나다도 19세기에 개신교-가톨릭 폭력의 암울한 기록으로 고통받았다. 캐나다는 활발한 부흥운동 전통을 유지해 왔다. 때로는 미국과 순회 복음주의자들을 공유하면서 말이다. 두 나라에서 가톨릭교회와 주류 개신교 기구들은 적절한 관심 속에 더 넓은 사회 영역을 인도하려고 노력해 왔다. 두 나라에서 자유주의와 보수주의 간의 다양한 불화가 교회를 분열시켰다(비록 캐나다보다 미국에서 그런 분열이 더 심했지만). 그리고 두 나라에는 비非기독교적 종교들이 번성할 충분한 여지가 있었다. 요약하자면, 엄청나게 비슷한 역사(심지어 공유된 역사)가 미국과 캐나다를 엮어 준다. 하지만 공유된 역사는 동시에 대조를, 특히 그것들이 종교와 정치생활에 영향을 미칠 때, 대단히 뚜렷하게 보여준다.

많은 해석가들이 지리와 역사에까지 가장 중요한 국가적

차이를 추적했다. 캐나다의 광대한 공간과 부족한 인구는 보다 활동적인 정부를 요구했고, 무엇보다 협력을 중시했다. 역사적으로 최초의 결정이 가장 중요했다. 1770년대에 캐나다는 미국혁명 참여를 거부했다. 이 거부는 캐나다인들이 공화주의 과정을 추구하지 않을 것이란 의미였다. 권력의 거대한 집중에 대해 별로 무서워하지 않는다는 의미로서 말이다. 이런 과정은 퀘벡(혁명 기간 동안, 미국의 외교 전술과 침략에도 불구하고 이곳의 가톨릭 주교들과 주민들은 계속 대영제국에 충성했다), 그리고 해안 식민지와 어퍼캐나다(현재 온타리오 주, 이곳은 많은 개신교 왕당파들이 지금은 미국이 된 자신들의 옛 고향에서 추방된 후 피난을 온 곳이다)에서 고착되었다. 그 후 수적으로 부족했던 캐나다가 영국의 도움을 받으면서 미국의 침략을 몇 차례 막아 냈던 1812년 전쟁의 결과로, 영국에 대한 캐나다의 충성이 강화되었을 뿐 아니라 미국의 문화적 영향(교회 영향을 포함해서)이 상당히 축소되었다.

1837년과 1838년에 각각 퀘벡과 영어권 캐나다English Canada에서 독자적으로 발생한 캐나다 공화주의 혁명은 거의 완벽하게 실패했다. 캐나다 교회들의 공식적인 국교제도 폐지는 이런 실패한 반란들 이후에 일어났다. 하지만 캐나다에서 국교제도의 폐지는 미국의 경우처럼 제대로 된 종교다원주의가 아니라, 두 개의 종교 세력이 비공식적으로 독점 권위를 갖게 되었다는 뜻이었다. 국가-교회 체제가 완벽하게 작동하고 있던 퀘벡, 그리고 성공회인과 장로교인, 심지어 감리교인이 대영제국에서 경험했던 것과 비슷한 국가-교회 체제를 이식하고 싶었던 캐나다의 다른 지역에서, 그것은 미국에서 일반화된 치열한 교파 경쟁보다 교파적 차이에의 적응을 의미했다. 다른 식으로 말하면, 퀘벡의 가톨릭 신자들과 다른 지역의 개신교인들은 미국에서 살아남은 것보다 더 많은 유럽적 기독교 체제Christendom의 특징을 보유했다.

미국 남북전쟁은 캐나다인들을 경악시켰다. 그들 대부분은 노예제도를 혐오했지만, 북부의 엄청난 군사력도 두려워했다. 이 전쟁에 대한 반작용이 1867년에 캐나다 자치령Dominion of Canada의 탄생을 촉진했던 일차 요인이었다. 이 새로운 자치령은 영국의회의 제국적 감독하에, 그 자신의 책임 있는 정부에 의해 운영되는 자유롭고 민주적인 국가로 출현했다. 이것은 폭력적인 미국혁명이 끼어들지 않았어도 13개 식민지가 평화로운 진화의 과정을 거쳐 마침내 도달했을 모습이었다. 중요한 것은 이 자치령의 설립 모토가 간단하게 '평화, 질서, 선한 정부'였다는 사실이다. 그것은 미국의 '생명, 자유, 행복의 추구'보다 정치적으로 훨씬 더 온건한 목적의 선언이었다.

또 하나의 중요한 차이가 있다. 미국의 독립은 중앙집권적인 정부에 대한 저항으로 1770년대에 발생했다. 남북전쟁 기간을 제외하고, 미국인들은 대공황 전까지 연방의 중앙정부에 많은 권력을 부여하기를 거절했다. 제2차 세계대전과 시민권 운동이 연방정부의 범위를 크게 확장시켰다. 이와 대조적으로 캐나다 퀘벡은 교회의 중앙집권적 지도력, 그리고 교회와 협력하는 기업과 정부의 지도력을 신뢰하는 사회로 시작했다. 영어권 캐나다도 오랫동안 비슷한 협동조합주의적 특징을 갖고 있었다. 하지만 보다 최근에는 미국의 권력이 중앙정부 쪽으로 모여들어 왔고 캐나다 권력은 지방 쪽으로 움직였다.

사회적인 지표도 미국과 캐나다의 차이를 강조한다. 즉, 캐나다의 훨씬 낮은 범죄율, 훨씬 적은 수의 경찰관, 더 높은 세금을 감당하려는 의지, 전국적인 총기규제 시행, 비교적 높은 수준의 정부규제에 대한 일반적 만족, (상당부분을 중앙정부가 지원하지만 지방이 운영하는) 단일호봉 의료제도, 2005년부터 중앙의회가 제정한 동성결혼에 대한 비교적 조용한 수용 등이다.

이와 같은 국가적 차이점에 대한 최고의 설명은 캐나다 내에 두 개의 분리된 사회가 공존해 왔다는 사실을 기억하는 것이다. 이 두 사회(프랑스어와 가톨릭, 영어와 개신교)는 비교적 동등한 정치적 무게를 보유하면서 단일국가 안에 연합되어 있다. 미국과 캐나다 모두 자유롭고 민주적이며 자본주의적이다. 하지만 비교학적으로 말하면, 캐나다가 보다 더 유기적이고 전통적이며 국가주의적이고 위계적이다. 반면 미국은 좀 더 자유롭고 민주적이며 지방적이고 개인주의적이다.

역사 가운데 캐나다인은 널리 흩어져 있는 사람들(실제로 두 민족)을 묶기 위해 응집력을 사용해, 번영하고 훌륭하게 질서를 유지하며 합리적으로 안정적인 국민국가nation-state를 만들었다. 종교적 신앙과 실천은 이 국민국가를 건설할 때 중요했다. 미국에서도 활동적인 종교가 미국 사회의 건설에 물질적으로 기여했다. 하지만 여기서는 그것이 자발적이고 개인주의적인 용어로 표현된 기독교의 형식을 통해 이루어졌다. 자유시장의 작동에 대해 미국이 캐나다보다 더 편안함을 느꼈다. 캐나다에서는 자발적인 노력들이 항상 정부에 대한 의존과 균형을 이루었고, 자유시장의 주도권은 수용된 권위와 상속된 전통에 대한 존경과 짝을 이루었다.

미국의 관행과 캐나다를 구분시켰던 다른 차이 속에는 주일휴무법에 대한 보다 엄격한 집행과 독립적인 종교 방송국들에 대한 훨씬 엄격한 규제가 포함되었다. 대조적으로, 주된 정치 지도자들의 종교적 견해는 미국보다 캐나다에서 훨씬 덜 중요한 공적 점검의 대상이 되었다. 최근에야 캐나다 매체도 후보자들의 종교생활에 대해 보도하기 시작했지만, 정도 면에서 미국에는 미치지 못하고 있다.

두 나라 사이에 존재하는 종교와 정치의 구조적 차이는 적극적인 종교 참여의 다양한 비율에서 기원한다. 교회 출석률에 대한 보고는 특히 중요한 비교를 제공해 준다. 제2차 세계대전 후 갤럽이 처음으로 캐나다인들에게 지난 7년 동안 교회나 성당에 간 적이 있는지를 물었을 때, 캐나다인의 67퍼센트가 긍정적으로 대답했다. 모든 캐나다 가톨릭교도 중에서 그 수치는 83퍼센트를 자랑했고, 퀘벡에서는 90퍼센트를 기록했다. 1960년대 초반 몬트리올과 퀘벡의 빠르게 성장하는 도시들에서 매주 미사에 참석하는 사람의 비율은 계속 매우 높았지만, 일부 지도자들은 노동자

계급 안에서 그 비율이 50퍼센트로 떨어졌다며 공개적으로 걱정했다. 1990년에 이르러 갤럽 조사에 대한 긍정적인 대답이 캐나다 전역에서 23퍼센트로 추락했다. 일부 관찰자는 그 수치가 최근에 약간 상승했음을 간파했지만 여전히 20퍼센트를 오르락내리락하는 중이다.

물론 수치는 해석이 필요하지만, 이런 발견은 (미국에서는 일어나지 않았거나 훨씬 느린 속도로 일어난) 캐나다 종교 내의 변화를 보여준다. 일반적으로 1950년에 캐나다의 총인구 대비 교회 출석자 비율은 1/2 대 1/3로 미국을 앞섰고, 퀘벡의 교회 출석률은 전 세계에서 가장 높았다. 오늘날 미국의 교회 출석률은 2/3 대 1/2로 캐나다보다 더 높고, 퀘벡의 출석률은 북미의 모든 주들 중에서도 가장 낮다. 이와 같은 수치는 단지 반세기만의 극적인 역전을 보여주며, 수많은 해석의 문제를 제기한다.

정부의 공식적인 후원 덕분에 캐나다는 점차적으로 다문화 사회의 가치를 인정했다. 하지만 미국에서 그 과정은 방향은 같지만 방법은 다르게 진행되었다. 1960년대 이후 캐나다의 자기정체성은 대규모로 이전의 것, 곧 언어(영어나 프랑스어)와 종교(개신교나 가톨릭)에서 새로운 표지로 이동했다. 퀘벡의 경우 그 표지들은 여전히 언어를 포함하지만, 이제는 종교보다는 민족정서와 연합하고 있다. 문화유산도 특히 퀘벡의 세속적 프랑스어권뿐 아니라 중국계 캐나다인이나 다른 새로운 민족 공동체들에게 매우 중요하다. 지역 정체성은 해안 주와 웨스턴 캐나다에서 많은 사람들에게 여전히 강력하다. 생활 방식의 선택이 점점 더 중요해지고 있다. 캐나다 전체 인구의 거의 절반을 차지하는 몬트리올, 오타와-가티노, 토론토-해밀턴, 캘거리, 에드먼턴, 그리고 밴쿠버 같은 대도시에서 특히 그렇다. 그리고 미국의 경우처럼, 경제적인 지위가 많은 사람들에게 강력한 정체성을 제공한다.

퀘벡에서 그러한 변화는 지방의 정체성을 종교적 용어 대신 문화적·민족주의적 용어로 정의하는 것을 의미했다. 캐나다의 다른 부분에서 기독교 문명의 역사적 표지들은 퀘벡의 압도적인 가톨릭 사회에서 체험한 충격만큼은 아니지만 대단히 빠른 속도로 사라지는 것 같다. 캐나다 건국 100주년을 기념해 열린 1967년 몬트리올 세계박람회에서 드러났듯이, 공적 상징과 수사학에서 캐나다는 영국 역사(영국 종교사를 포함하여)라는 특수성에서 물러나 다문화적 관용이라는 보편적인 비전으로 이동했다. 피에르 엘리엇 트루도Pierre Elliott Trudeau가 수상이었던 시절, 캐나다는 헌법 개정권을 영국 정부에서 캐나다 연방정부로 이양받았고 새로운 '권리와 자유 헌장'을 선포했다. 이와 같은 발전은 캐나다 사회의 변화가 미국적인 방향으로 진행되도록 유도했다. 전형적인 영국 방식으로 캐나다 헌법은 자치령을 탄생시켰고, 영국 판례법의 전통에 따라 영연방에서 자신의 위치를 규정했던 영국의회의 결정에 오랫동안 종속되어 있었다. 트루도와 많은 사람들의 노력으로 영국의회는 1982년에 공식적으로 캐나다의 모든 권위를 캐나다 자체에 이양했다. 중요하게도 이런 조치에는 훨씬 더 짧은 미국의 권리장전처럼 개인적 자유liberties뿐 아니라, 캐나다의 경우 오타와에 대하여 다른 지역들의 자유도 보장하는 '권리와 자유 헌장' 선언도 포함되었다. 미국 헌법과 달리 캐나다 헌장은 직접적으로 신을 언급했다. "캐나다는 하나님의 우위와 법의 통치를 인정하는 원칙 위에 설립된다." 하지만 미국의 권리장전처럼 캐나다 헌장도 개인의 자유와 선택에 대해 거대한 관심을 촉발시켰다. 새로운 헌장의 가장 가시적이고 장기적인 결과는, 실천적 법학이 사회 변화를 증진시키는 미국 방식으로 캐나다 판사들이 변하도록 압력을 행사한 것이다.

이렇게 빠르지만 불완전한 캐나다 역사의 진행은 그 주제가 우리 자신을 위해 얼마나 흥미로울 수 있는지를 희망적으로 보여준다. 더욱이 나는 왜 캐나다 역사에 대한 나의 새로운 이해가 보다 일반적인 적용에 대해 대단히 흥미로운 질문들을 던지게 되었는지를 보여주고 싶었다.

●—

캐나다와 미국의 차이점을 이해하는 것이 훨씬 더 흥미진진해지면서, 나는 북미의 범위를 한참 넘어서는 기독교 역사에서 다른 비교에 대해서도 생각하기 시작했다. 예를 들어, 왜 미국인처럼 캐나다인은 교회와 국가를 분리하는 것에 관심을 갖지 않았는지를 배우자 나는 몇몇 기독교 공동체들이 공공기관과 교회가 상당부분 중첩되는 작은 기독교 세계를 건설했던 태평양 제도에서 최근의 기독교 역사를 공부할 준비가 되었다.

다시금 미국이 한때 노예를 소유했던 사회였다는 사실에서 기인한 캐나다와 미국 역사의 큰 차이를 고찰하는 것이 세계의 다른 부분에 대한 파급 효과의 고찰로 이어졌다. 한편으로는 노예제도가 미국 문화에 심어 준 폭력을 이해함으로써 최근에 기독교화된 지역들, 곧 경이로운 교회 성장에도 불구하고 유전된 폭력이 지속되고 있는 아프리카에 대해 나는 더 많이 공감할 수 있게 되었다. 다른 한편, 캐나다가 미국보다 훨씬 더 빠르게 세속화되면서도 상대적으로 폭력이 줄어든 것은, 교회 출석률은 극적으로 떨어졌지만 '기독교적 문명'의 일부 표지(법의 통치와 낮은 수준의 폭력)는 여전히 남아 있는 유럽 국가들에 대해 생각할 수 있는 하나의 관점을 제공해 준다. 내가 먼저 미국과 캐나다 간의 그러한 비교에 대해 생각하지 못했다면, 결코 다른 곳의 다른 비교에 대해서도 생각하지 못했을 것이다.

●—

1980년대에는 내가 그것을 이런 식으로 서술하지 못했을 것이다. 하지만 캐나다 역사를 조금 배울 수 있었던 기회 덕분에, 나는 기독교 신앙 자체에 대해 더 깊이 생각할 수 있었다. 이 과정은 내가 이미 서구 교회사로부터 배우기 시작했던 것의 확장을 대표했다. 진정한 기독교적 삶이 내가 참된 기독교 신앙의 규범이라고 간주했던 신앙이나 관행과 엄격하게 동일시될 수 없었다는 깨달음이었다. 그래서 교황 그레고리우스 대제와 토마스 아퀴나스 같은 대단히 뛰어난 교사들이 헌신적인 목회적 돌봄(그레고리우스)과 하나님 중심의 지적 노력(아퀴나스)에 대한 모델이 되었지만, 나는 수도원적인 삶의 고양된 가치에 대해 그들이 믿었던 것을 믿지 않았다. 찰스 웨슬리의 알미니안 신학은 내 자신의 개혁주의적인 신앙과 비교할 때 잘 이해되지 않았다. 하지만 즐거운 성화聖化를 향한 최고의 안내자로, 나는 그의 찬송들을 즐겨 부른다. 쇠렌 키르케고르Soren Kierkegaard는 그의 많은 행동과 글의 일부 속에서 완전한 미치광이로 보였다. 하지만 그는 내가 지금까지 했던 것보다 훨씬 더 효과적으로 그 시대의 이름뿐인 기독교에 도전할 수 있었다.

그리고 물론 나는 지금 여전히 서구에 있지만, 서구의 과거로부터 내게는 완전한 미지의 땅이었던 캐나다에 도착했다. 그곳에서 나는 미국혁명기 동안 퀘벡의 가톨릭 주교였던 장 올리비에 브리앙Jean-Olivier Briand을 발견했다. 그 주교의 가톨릭교회를 받아들일 수는 없지만, 그가 영국에 계속 충성했던 이유는 영국의 규칙을 버린 것에 대해 수많은 미국 성직자들이 제시했던 이유보다 훨씬 더 설득력이 있어 보였다. 비록 그런 성직자들의 신학이 내 자신의 것과 더 비슷했지만 말이다. 또한 나는 침례교 목사이자 '사회주의협력연방연맹'Socialist Cooperative Commonwealth Federation의 설립자인 토미 더글러스Tommy Douglas도 만났다. 그의 신학은 너무 진보적이어서 수용할 수 없었지만, 자신을 제대로 돌볼 수 없는 사람들을 위한 그의 공적 주장은 그를 20세기의 가장 존경할 만한 그리스도인 정치가 중 한 사람으로 만들었다. 또 다른 신학적 관점에서, 세대주의적 성경교사이자 '사회 신용설'social credit의 옹호자였던 어네스트 매닝Ernest Manning에 대해 배우는 것도 큰 기쁨이었다. 사회 신용설은 일종의 신학 체계이자 경제적·정치적 강령으로서, 내게는 오류로 보였다. 하지만 한 사람의 목사, 라디오 설교자, 그리고 앨버타의 오랜 주지사로서 그는 비할 데 없는 인격 때문에 많은 사람들의 존경을 받았다.

●—

캐나다 역사가 나를 인도했던 방향은 대체로 어떤 확신을 향했는데, 그것은 기독교의 핵심이 구체적인 환경에서 실현된, 하지만 흔히는 대단히 다른 방법과 환경에서 구체화된 기독교적 현실을 의미했다. 나는 아직 그런 설익은 생각을 담아낼 어떤 신학도 갖지 못했다. 하지만 캐나다를 알게 됨으로써 이미 그 방향으로 움직이고 있던 본능이 강화되었다. 물론 그와 같은 신학이 도착하기까지는 오랜 시간이 걸렸다.

● — 08장

두 번째 외출

그 다음으로 던 처치Don Church와 루마니아가 나타났다. 나는 1965년 가을에 휘튼 칼리지 미식축구팀과 함께한 짧고 특별할 것 없던 기간 동안 던을 만났다. 몇 차례의 시합 결과가 상처만을 남긴 채 하향세를 기록하고 있을 때 그는 코치들 중 한 명이었고, 나는 그해 대회의 첫 경기 후에 팀에 들어갔다. 그 포지션을 고등학교 시절에 맡은 적이 있었고, 아직 스포츠 스타에 대한 환상에서 완전히 벗어나지 못했기 때문에, 나는 입부 원서에 서명하고 말았다. 휘튼 팀에서 보낸 첫 3주는 내가 시더래피즈의 학교 대표팀에서 보낸 2년 동안 경험했던 것보다 더 많은 패배를 경험했다. 1965년은 휘튼 축구부에게 불운한 해였다. 던 처치의 주된 임무는 트랙 코치였다. 1970년대에 그는 코치직을 계속하면서, 부분적으로는 다른 대회에 참석하기 위해, 부분적으로는 선교사들과 지역 목회자들을 돕기 위해 가끔씩

선수들을 데리고 해외로 나갔다. 던이 휘튼 칼리지 교수들을 초청해서 팀과 동행하도록 했을 뿐 아니라 후에는 그들만의 선교여행을 떠나게 하면서 이런 모험은 빠르게 확장되었다. 중앙아메리카가 첫 번째 현장이었지만 곧 그는 체코슬로바키아와 다른 동유럽 국가들과의 접촉을 확대해 갔다.

1980년대 초반에, 던의 인맥은 루마니아에 이르렀다. 그 나라 어딘가에서 그는 확장하던 침례교회 네트워크의 지도자들을 만났다. 그들은 던에게 신학 교육에서 자기들을 도와줄 수 있는지 물었다. 루마니아는 여전히 공산당 독재자 니콜라에 차우셰스쿠Nicholae Ceauşescu의 압제하에 어려움을 겪고 있었다. 그 나라의 수백 개 침례교회들이 목회자를 필요로 하고 있었지만, 정권은 오직 소수의 침례교도들만이 수도 부쿠레슈티에 있는 철저히 감시되는 한 신학교에서 목회 훈련을 받도록 허락했다. 일단 기본적인 섭외와 일정이 확정되면, 서방에서 온 선생들이 그 틈의 일부를 채울 수 있었다. 던이 시카고의 옛 친구들과 함께 계획한 일은 두 명의 휘튼 교수를 여행객으로 가장해 루마니아에 보내는 것이었다. 그곳에서 교수들은 지역 목회자들의 영접을 받고 그들을 위해 단기 세미나를 이끌었다. 엄격하게 통제된 공적 예배 외에 일체의 종교활동이 금지되었기 때문에, 신학 교육은 조용히 이루어져야 했다. 이 프로그램 초창기에는, 휘튼 교수들이 한 주택에 들어가서 (창문 밖은 쳐다보지도 않은 채) 2주 동안 토론과 수업을 진행하고 가능한 한 조심스럽게 떠났다. 그 여름을 위해 책과 자료들이 휘튼에서 수집되어 미국에 있는 루마니아선교회Romanian Missionary Society 대표자들에게 전달되면, 신비롭게도 오라데아, 이아시, 아라드, 그리고 강력한 침례교회들이 있는 루마니아 다른 도시들의 신학교에서 아무런 문제도 일으키지 않은 채 다시 나타났다.

던 처치의 역할은 항상 배후에서 접촉하고, 자금을 마련하고, 교수들을 모집하고, 세부 사항을 처리하는 것이었다. 그것은 전통적인 형태의 복음주의 선교 동원에서 하나의 작전이었다. 즉, 그가 일을 진행하며 조직이나 위원회도 없이 부족한 비용을 모금하면서 개인적인 책임은 커졌다. 하지만 가장 중요한 사실은 그 작전이 대단히 효과적이었다는 것이다. 루마니아인들은 그러한 교육과 특히 서방의 관심에 대해 깊이 감사했다. 루마니아 학생들은 대단히 열정적이었다. 그들 속에는 소수의 매우 뛰어난 독학자들이 있었다. 그들은 외부에서 몰래 들여온 신학서적을 읽기 위해 열심히 성경 원어를 연구하고 영어(때로는 독일어)를 배웠으며, 미국에서는 거의 찾아볼 수 없는 수준의 신학 교육에 대한 열정을 보여주었다. 이 세미나가 루마니아인들에게 도움이 되었다면, 동시에 휘튼 교수들의 삶도 바꿔 놓았다. 우리의 경우, 그토록 열정적이며 위험을 무릅쓰고 참여하기를 원하는 학생들과 일했던 것은 하나의 계시였다.

●—

먼저 이와 같은 사역을 수행했던 교수들의 모집 활동 결과로 나도 1989년 7월과 1991년 7월 두 번에 걸쳐 그 미션에 참가했다. 오랫동안 유럽의 과거에 대한 책들의 열렬한 독자였던 한 역사학자에게 여행의 타이밍은 최고로 적절했다. 첫 번째 여행은 유럽 공산주의가 죽어 가던 시절에 이루어졌고, 두 번째 여행은 공산주의 통치를 벗어 버리면서 생긴 흥분이 사라지기 시작할 즈음에 이루어졌다.

1989년에 우리는 한 사람당 성경 한 권만 가져갈 수 있었다. 하지만 우리가 그 나라에 들어가는 목적을 신고하기 위해서는 그 이상의 것이 필요하지 않았다. 1991년에는 책과 관련 자료들을 담을 수 있는 여행용 가방의 크기가 제한되었다. 1989년에 침례교인들이 자신들의 사역을 수행하는 데 점점 더 용감해졌지만, 압제국가의 통제하는 손길은 도처에 있었다. 전화는 도청되고 통제되었으며, 집회는 중앙정보부와 무장 군인, 그리고 엄격한 국경수비대의 감시를 받았다(이 마지막 환경 때문에 휘튼 칼리지가 미국 담배회사를 돕는 희한한 일이 벌어졌다. 비공식적인 관례에 따라, 국경 수비대원들을 매수하는 효과적인 방법으로 담배 몇 갑을 주었기 때문이다). 1991년에도 침례교회들이 어려움 속에 분투하고 있었지만, 전혀 다른 종류의 분투를 하고 있었다. 밤마다 열린 강의에 열심히 참석했던 일부 평신도 학생들이 이제는 그들의 일터에서 열심히 일하고 있었다. 우리는 그들의 정직함 때문에 상당한 중책의 자리로 승진한 사람들에 대해 들었다. 1989년에 우리가 방문했던 몇몇 교회들이 루마니아의 전통 '캐럴'을 고대 금관악기(기억이 옳다면, 피스톤 밸브가 없는 프렌치호른 같은) 반주에 맞춰 불렀다. 1991년 음악의 특징은 손에 든 마이크, 전자키보드, 그리고 영어로 부르는 수입된 가스펠송이 되었다. 1989년에 우리는 국경 경찰이 특히 마약, 포르노, 성경을 찾는다고 들었다. 1991년에는 예전에 이렇게 금지되었던 물품들을 어디에서나 이용할 수 있는 것처럼 보였다.

1989년, 나는 신학자이자 C. S. 루이스 작품의 전문가인 제리 루트Jerry Root와 함께 갔다. 상황이 다소 완화되고 있다는 증거로, 제리의 아내 클로디아Claudia도 따라갈 수 있었다. 세미나나 강의를 준비하기 위해서는 항상 여러 단계의 소통 과정을 거쳐야 했는데, 현지에 도착했을 때 여름 행사를 위한 휘튼과의 대화가 매우 부실했음이 드러났다. 하지만 오라데아에서 우리가 머물렀던 집의 주인들은 임기응변에 능했고, 그래서 우리는 즐거운 시간을 보낼 수 있었다.

제리와 나는 한 통역자의 도움을 받으며 '선지자 학교',School of the Prophets 곧 일 년 내내 한 주에 서너 차례 오후 5시부터 9시까지 진행된 기초 신학 훈련을 위해 모인 평신도와 미래의 목회자들에게 각각 일곱 번씩 강의를 했다. 이 강의에 30여 명이 참석했다. 당시 C. S. 루이스와 악의 문제에 대해 박사학위 논문을 쓰고 있던 제리는 그리스도인에게 있어 철학적 통찰의 중요성, 신의 존재에 대한 고전적인 주장들, 그리고 일반적인 반기독교 주장에 대한 변증적 전략에 대해 말했다. 나의 주제는 기독교의 역사를 공부하는 이유와 서구 교회사의 주된 사건들을 포함했다. 동방정교회가 오랫동안 루마니아인들의 실패한 종교default religion였기 때문에, 나는 정교회의 역사에 대해서 할 수 있는 한 많은 것을 제공하려고 애썼다(서글프게도 그렇게 많이 제공하지는 못했다).

강의 노트나 다른 학습 자료들을 가져올 수 없었기 때문에, 나는 교회사의 중요한 날짜들을 알려 주는 개요로서 작은 카드에 휘갈겨 쓴 몇 개의 숫자—70, 325, 381, 800, 1054, 1517—만 손에 들고 왔다. 휘튼에서 한 학기 분량의 수업과 교회에서 성인 교육을 위해 동일한 접근 방법을 시도했을 때, 이런 '전환점'turning points을 정식 강의로 발전시키는 것이 충분히 성공적이라고 입증되었다. 그 노력의 결과가 수년 후에 한 권의 교과서인 『터닝 포인트: 기독교에 획기적인 변화를 가져온 12가지 전환점』*Turning Points: Decisive Moments in the History of Christianity*로 탄생했는데, 지금까지 3판이 나왔다. 이 책은 니콜라에 차우셰스쿠와 철저한 국경 수비대의 도움이 없었다면 결코 빛을 보지 못했을 것이다.

제리, 클로디아, 그리고 나는 각자 오라데아 침례교인들이 후에 적절한 규모의 신학 교육을 확립할 수 있을 때 교사로서 가르치기 위해 열심히 준비하고 있던 우수한 학생들과 많은 시간을 보냈다. 제리는 대부분의 시간을 한 청년과 보냈는데, 그는 이미 한 교회에서 목회하고 있으면서 동시에 다른 정규 직업을 가지고 있었다. 나의 주요 파트너는 한 의사였다. 그의 날카로운 질문은 부분적으로 교회사와 관련된 것이었지만, 그는 과거를 공부하는 것이 어떻게 현재의 교회에게 유익을 줄 수 있는지 알고 싶어 했다. 그에게 가장 중요한 것은 하나님의 인도하심과, 어떻게 신자들이 일상생활에서 하나님의 손길을 확인할 수 있는가에 관한 질문이었다. 제리의 친구는 뛰어난 젊은 침례교인 가운데 한 명이었는데, 차우셰스쿠의 몰락 이후에 한 영국 대학교에서 박사학위를 받고 인정받는 신학자가 되었다.

이번 여행이 자신의 두 번째 루마니아 방문이었던 제리는 우리가 교회에 갔을 때 벌어질 일에 대해 이미 준비가 되어 있었지만 나는 전혀 그렇지 못했다. 소통상의 문제로 누가 언제 어디서 우리를 만날지에 대한 혼란이 있었다. 그럼에도 오라데아에 도착한 지 24시간도 지나기 전에, 우리는 제1(헝가리)침례교회의 주일 저녁예배에서 600여 명의 예배자들에게 '인사'를 했고, 성경 본문에 대해 간략히 설명도 했다. 그리고 나는 저녁예배를 위해 제2(루마니아)침례교회를 가득 채운 약 3,000명의 사람들에게도 같은 일을 했다. 다음 금요일, 제2침례교회의 정기 주중예배에서 제리는 설교했고 나는 인사말을 전했다(대략 2,500명 정도가 참석한 것 같다). 그 다음 주일에, 제리와 나는 두 개의 외딴 마을의 좀 더 작은 교회에서 열린 세 차례 예배에서 설교하거나 인사말을 전했다.

그들의 예배는 대단히 감동적이었다. 회중과 성가대가 부르는 찬송은 강렬했다. 가끔은 서까래에까지 매달려 있던 청중들은 성경 봉독에 대단히 집중했다. 심지어 아이들도 두 시간 가까이 지속된 예배 동안 꾸준히 집중했다. 예배 시간 전후로 우리는 엄청나고 우정 어린 관심의 중심이었다. 일부는 틀림없이 영어를 시도해 보고 싶은 마음과, 어떤 경우에는 단지 미국인을 가까이에서 보고 싶은 욕심 때문이었다. 하지만 어떤 경우는 세상에서 하나님의 방법들에 대해 진지한 대화를 나누어 보고 싶었던 것이다.

강의를 마친 밤마다 우리는 제2침례교회 성도들의 개인 주택이나 아파트에 초대되었다. 그들은 교회에서 여러 종류의 직분을 맡고 있었다. 흔히 늦은 밤까지 지속된 이런 모임은 루마니아인에게 외국인과의 모든 대화를 보고하도록 요구했던 법을 무시한 것이었기 때문에, 우리를 초대한 가정에게는 적잖이 위험한 일이었다. 우리는 교회와 영적인 관심에 대해 이야기를 나누었다. 하지만 대화는 실제적인 것(그들은 암으로 죽어 가는 어머니를 위해 가게에서 무알콜음료를 구입할 수 있는지를 물었다)과 정치적인 것(또한 그들은 왜 독재자들이 권력을 악랄하게 장악하면서 이데올로기에 집착하는지 의아해했다)으로 방향이 바뀌기도 했다. 그런 후 늦은 밤에 어둡고 조용한 거리를 통과해서 우리를 차에 태워 인근의 휴양지로 데려다 주었는데, 그곳의 온천은 우리가 이 나라에 온 표면적인 이유를 제공해 주었다.

미국으로 돌아오는 길에 나는 스위스에 이틀 동안 머물며 긴장을 풀 수 있었다. 스위스에서 나는 콘스탄츠를 방문했는데, 1415년에 그곳에서 열린 유명한 공의회가 저명한 개혁자 얀 후스Jan Hus에게 사형을 선고했다. 루마니아에서 보낸 지난 2주 동안 우리가 목격했던 억압과 일반적인 빈곤은, 스위스의 어느 곳에서나 너무나 분명하게 드러났던 통제된 질서와 극적으로 대조를 이루었다.

명백한 이유들 때문에, 루트 부부와 나는 그 중요한 해의 나머지 기간 동안 전개된 정치드라마에 매료되었다. 1989년 7월, 우리는 베이징의 천안문 광장에서 시위자들이 진압된 직후 동유럽에 도착했고, 발트 공화국들이 주권을 선언했으며, 폴란드 자유노조Solidarity가 선거에서 최초로 완벽한 승리를 거두었다. 우리가 부다페스트를 통과해 루마니아로 갔을 때, 새로 문을 연 맥도날드로 사람들이 몰려드는 것을 보았고, 그 여름 후반에 빌리 그레이엄의 도착을 목사들이 선전하는 것도 목격했다. 우리가 미국으로 돌아오고 얼마 되지 않아, 헝가리가 국경을 동독 방문객들에게 개방했고 그들이 아무런 방해도 받지 않고 서방으로 떠날 수 있도록 허락했다. 1989년 가을, 라이프치히에서 평화를 위한 기도회에 수천 명이, 다음에는 수만 명이 모였다. 미하일 고르바초프Mikhail Gorbachev는 저항하는 동독 사람들을 향해 무력 사용을 거부했고, 베를린 장벽이 무너졌다. 민주적으로 선출된 정부가 폴란드, 체코슬로바키아, 헝가리에서 권력을 잡았다. 1989년 12월, 대중적으로 인기가 높았던 한 헝가리 개혁주의 목사의 추방령으로 촉발된 루마니아 소도시 티미쇼아라의 저항이 대규모 시위, 차우셰스쿠의 몰락, 독재자와 그의 아내에 대한 신속한 처형으로 이어졌다.

●—

2년 후인 1991년에 신약학자 로버트 야브로우Robert Yarbrough와 함께 루마니아를 다시 방문했을 때, 정치적인 드라마는 훨씬 줄어들었다. 우리는 헝가리를 통과해서 우리가 렌트한 차로 다니던 고속도로가 유고슬라비아의 민족 분쟁 때문에 심하게 정체되는 것을 걱정했다. 하지만 대개의 경우, 세계의 낯선 구석에 온다는 느낌은 2년 전과 비교할 때 확실히 줄어들었다.

클루지나포카에서 우리는 2주 동안 세 개의 다른 그룹에게 강의했고, 로버트가 그 전해에 여행에서 만났던 어느 가정이 대단히 친절하게 우리를 대접했다. 그 집의 주인은 스웨터를 생산하는 자영업자로서, 그는 옥스퍼드에서 열린 '사업가로서의 그리스도인'이라는 주제의 한 대회에 참석해야 했기 때문에 두 주가 끝나기 전에 떠나야 했다. 영국의회의 한 의원이 우리를 대접했던 그 사람의 비자가 확실히 발급되도록 동유럽의 두 수도에서 전력을 다했기 때문에, 그는 자신이 꼭 가야 한다고 생각했다. 그것은 그가 루마니아 밖으로 나갔던 첫 번째 여행이었고, 우리의 지난 방문 이후 상황이 얼마나 변했는지에 대한 한 가지 증거였다.

3일 동안 우리는 비전문 그리스도인 예술가 모임에서 '기독교와 문화'에 대해 강연했다. 로버트는 성경의 자료들을 사용해서 아름다움과 추함에 대한 성경적 이해에 대해 말했고, 나는 예술에 대한 상이한 태도들에 특별히 주목하면서 교회사를 간략히 다루었다. 참석자들 중 단지 두세 명이 개신교 교회와 관련이 있었는데, 나머지 대부분은 배경 면에서 정교회 출신(비록 일부는 그 교회와 거리를 두고 있었지만)이었고, 일부는 로마가톨릭 신자들이었다.

로버트와 우리가 렌트한 차가 한 미국 여성 방문객과 그녀가 아이를 입양하려는 루마니아 가족 사이의 엄청나게 복잡한 협상을 돕기 위해 징발되었기 때문에, 이 강의들과 우리가 클루지에 있었던 모든 시간은 복잡해졌다. 도시에서 약간 떨어진 그 루마니아 가정에서 진행된 협상이 난항을 거듭했기 때문에, 다른 차를 이용할 수 없을 때 로버트가 기꺼이 운전을 해준 것이 아무런 기본 규칙도 없어 보인 입양 절차를 마무리하는 데 매우 중요한 역할을 했다. 그녀를 도우려고 애를 썼던 루마니아 침례교인들과 함께 그 미국인 여성도 운송 수단과 다른 물질적인 지원이 부족했다. 하지만 이전의 시간과는 전혀 다르게, 이제 그들은 자유롭게 입양을 시도하고 있었다.

우리의 두 번째 모임에는 휘튼 교수들이 지난 여름에 만났던 상급반 침례교 학생들도 참가했다. 이 세미나는 거의 6일 동안 하루 종일 진행되었다. 로버트는 신약성경에서 구약성경의 사용에 대해 강의했고 나는 동방교회와 서방교회의 차이, 종교개혁의 전개, 그리고 현재 침례교의 활동을 위한 경건주의 역사의 교훈들에 초점을 맞추면서 기독교 역사를 간략히 다루었다. 수많은 루마니아인들이 여전히 훈련의 초기 단계에 있었지만, 다른 학생들은 로버트와 내가 미국에서 만났던 대학원생들만큼이나 영민했다.

비록 그들이 내가 1989년에 목격했던 것보다 더 많은 일과 기회로 피곤하고 분주했지만, 그것은 매우 생산적인 세미나였다.

세 번째 모임은 지난해 여름, 로버트와 헝가리 개혁교회 학생, 목회자, 교수들과의 작은 만남의 결과로 생겼다. 헝가리 개혁주의자들은 매우 광범위한 신학적 분파를 포괄하고 있었다. 우리를 초청했던 그룹은 그들 교회의 스펙트럼에서 보다 복음주의적인 입장을 대표하고 있었다. 우리의 일반적인 주제는 '칼뱅주의와 문화'였는데, 로버트가 성경적 자료를 다루었고 내가 역사적 선례와 교훈에 대해 토론했다.

이번에는 스위스를 통과해 돌아오면서 취리히의 그로스뮌스터에서 주일예배에 참석하는 굉장한 특권을 누렸다. 그 교회는 450년 전, 울리히 츠빙글리Ulrich Zwingli의 성경 주해가 스위스에서 종교개혁의 불을 지폈던 곳이다.

●—

두 차례의 루마니아 여행은 내가 '세계기독교'에 대한 관심 속으로 끌려 들어가던 때에 있었던 일이다. 지금은 말할 수 있지만 당시에는 아직 그 모두를 진지하게 취급하지 못했던 것을 내가 막 이해하기 시작했던 때이다. 첫 여행이 끝날 무렵, 나는 본능적이고 육체적인 감각으로 동방과 서방 사이의 거대한 차이를 감지했다. 나를 부쿠레슈티 공항으로 데려다준 아주 깐깐한 택시 운전사에게 뇌물을 주어야만 했었다(그는 루마니아 돈을 거절하고 불법이었던 미국 돈으로 요금을 내라고 고집을 피웠다). 나는 달러가 부족했지만, 남아 있던 아이젠하워 달러 주화 하나로 그를 속였다. 공항에서 전략적으로 활용된 카멜Camel 담배 한 갑 덕분에, 내 여행용 가방 바닥에 숨겨 두었던 루마니아 침례교 출판물들이, 내 짐을 검사했지만 눈감아 주었던 경비원들을 피해 갈 수 있었다. 비행기를 타러가는 길에 우리는 칼라슈니코프(구소련제 자동소총)를 들고 있던 군인들을 지나갔다. 비행기가 활주로 위에 오랫동안 서 있었기 때문에, 우리는 활주로 가장자리에 탱크들이 정렬해 있는 모습을 볼 수 있었다. 루마니아 타롬 항공Tarom Air의 숨 가쁜 비행이 마침내 나를 깨끗하고 효율적이며 질서 있고 준법적인 스위스에 내려놓았을 때, 나는 땅에 입을 맞추고 싶은 느낌이 들었다.

2년 후, 츠빙글리의 교회에서 예배 드리고, 어떤 아버지와 어머니가 그들의 아기를 침례탕으로 데려가는 모습을 지켜보고, 루마니아인들과 휘튼의 복음주의자들 모두에게 호평을 들을 만한 로마서 8장 설교를 들으며, 그로스뮌스터의 웅장한 오르간 반주에 맞춰 장엄한 찬송가 몇 곡을 함께 부른 것은 감동적인 경험이었다(성경이 명령하지 않았기 때문에 츠빙글리가 그 악기를 제거했지만 후에 원상태로 돌아왔다). 확실히 우리가 방문했던 루마니아 침례교회들이 사람으로 가득했던 것에 비해, 취리히 그로스뮌스터의 넓은 자리에 참석했던 사람의 수는 매우 적었다. 하지만 취리히에서 훌륭하게 드러난 유럽 기독교 문명의 유산을 경험할 때 누린 물리적·문화적·미학적·영적으로 완전한 기쁨은 그 백성의 명백한 세속화에도 불구하고 강렬했다.

그렇지만 티미쇼아라와 부쿠레슈티의 거리들이 최근에 정권 교체의 희생으로 피에 물들었듯이, 취리히의 거리들도 한때는 각 종파의 순교자들이 흘린 피로 물든 적이 있지 않았던가? 루마니아 침례교인들이 한 세기도 되지 않아 종교개혁 초창기의 개신교인들처럼 성경, 거룩한 절제, 문화를 형성하는 노력에 충실함을 드러내지 않았는가? 루마니아 침례교회는 교인이 듬성듬성 앉은 스위스 교회를 꾸짖는 것은 아니었을까? 분명히 나는 역사학자라기보다는 관광객으로 부쿠레슈티와 취리히 사이의 대조에 반응했다. 1525년의 스위스에 비해서 1990년의 루마니아에 대해 더 많이 생각했어야만 했을 때, 왜 나는 현재 상황에서 양자를 비교하는 일에 그토록 집착했을까?

두 차례의 방문에서 내가 관찰했던 큰 차이에 대해 깊이 숙고해 보았다. 이와 같은 생각은 언제 어디서나 기독교 신앙의 구현은 항상 그 시간과 장소의 특정한 환경들을 반영했다는 깨달음으로 이어졌다. 내가 들었던 취리히 설교가 오라데아에서도 선포될 수 있었다는 깨달음이 깊어지면서(물론 더 길었겠지만), 성경에 대한 복음주의적 신실함이 그들이 교회에 출석하면서 고등교육과 멋진 직업의 기회를 포기했던 루마니아 침례교인들과 비교할 때, 세속화된 편한 삶을 멀리하던 스위스 시민들에게는 매우 다른 것을 의미했다는 사실이 분명해졌다.

1991년, 루마니아에서 헝가리인들이 루마니아 침례교인들보다 훨씬 더 소외되었다는 현실이 우리에게는 충격이었다. 침례교인들은 서방과 광범위한 접촉을 누렸었다(심지어 차우셰스쿠 시절에도, 휘튼 교수들이 그들의 유일한 방문객은 아니었다). 침례교인들이 영국인 및 미국인과 형성했던 자유롭고 기업가적인 관계와 비교할 때, 헝가리인들의 제2외국어는 영어가 아닌 독일어였기 때문에 그들과 외부 세계와의 접촉은 보다 형식적이고 교회적인 경향이 있었다. 로버트 야브로우의 뛰어난 독일어 실력과 나의 일관성 없는 노력도 이런 상황에 최소한 한 가지 지속적인 인상을 남겼다. 그것은 독일어로 진행된 한 헝가리 개혁주의 목사와의 강렬한 대화로부터 왔다. 공식적인 공산주의, 깊이 각인된 정교회 문화, 오래된 인종적 긴장이 상당한 어려움을 초래하던 나라에서, 그들은 자신의 언어적·종교적 소수자의 지위를 토로했다. 그 같은 환경에서 하나님의 어떤 축복이 있었는지 우리가 물었을 때, 그의 대답은 기억할 만했다. "축복은 어려움 그 자체였습니다. 왜냐하면 어려움은 하나님이 날마다 우리를 만나시는 기회요, 그분의 이름을 찬양할 기회를 제공하기 때문입니다." 이와 같은 대답은 나의 조국에서는 말로는 경건하지만 완전히 틀에 박힌 것이었다. 클루지나포카에서, 그 말은 결코 관습적이지 않았다.

1991년의 여행 동안, 우리는 루마니아 침례교인들이 직면하고 있던 새로운 기회와 위기의 충만함에 충격을 받았다. 그들은 얼마 전까지 불가능했던 특별히 기독교적인 기관(정기간행물 발행소, 초등학교, 심지어 그들 자신의 대학교)을 세울 수 있었다. 그들은 이제 젊은이들에게 공식적인 신학 훈련을 시킬 수 있었다. 일부 상급 학생들은 잉글랜드, 웨일스, 그리고 미국에서 대학원 공부를 하기 위해 떠났다. 그들은 대부분의 미국인을 부끄럽게 만든 방식으로 영적인 문제에 열정적이었다. 일부 지도자들은 조국의 삶에 영적 영향을 더하려는 거대한 계획을 수립하고 있었다. 또한 많은 사람들이 조국의 '동방정교회적 특성'Orthodox character이라고 묘사한 것과 직접적으로 연관이 있었다. 우리는 단지 몇 세대만 루마니아에 존재해 온 복음주의자들이 고대까지 역사가 거슬러 올라가는 정교회로부터 최소한 몇 가지를 배워야 한다는 말을 자주 들었다. 또한 다른 침례교인들이 이런 견해를 공유하지 않고 계속해서 정교회적인 모든 것을 노골적으로 비성경적이라거나, 절망하여 공산주의자들과 협력하고 타협한 것으로 간주한다는 사실도 우리는 알게 되었다. 정교회 전통과 복음주의 전통의 가장 좋은 것을 조화시키는 방법에 대한 토론은 빠르게 팽창하는 신학적 성숙을 보여주었다.

하지만 새로운 종류의 위기도 급증했다. 이제 공산주의의 억압에서 해방된 후, 열정적인 복음주의자들 중 일부가 심사숙고 대신 분주함을, 성실함보다 거대한 건물을, 섬김보다 우월을, 신실함보다 수적으로 정의된 성공을 중시하는 서방의 방식을 무비판적으로 채용하려는 경향을 보였다. 이런 결론은 우리 자신의 것이 아니라, 우리와 이야기를 나눈 많은 사람들에게 들은 메시지였다. 차우셰스쿠가 더 이상 존재하지 않는 것 때문에 모든 사람이 하나님을 찬양했다. 하지만 많은 사람들은 그들이 새로 얻은 자유와 활력만큼 또한 많이 불안한 것 같았다.

한 가지 걱정은 우리가 만났던 지도자들이 탈진할 정도로 바쁘다는 것이었다. 그들은 휘튼 교수들을 포함해서 외국인 방문자들의 물결에 휩싸였다. 그들은 새로운 조직을 설립하고 재정을 충당하고 정리하기 위해 쉬지 않고 일했다. 그들은 자신들끼리 다투었다. 소수의 평신도들이 단순한 노력 봉사가 아닌 일에 훨씬 오랫동안 헌신하고 있었다. 소수의 사람들만이 최초로 진짜 돈을 벌 수 있는 기회를 이용하고 있었다. 다른 말로 하면, 억압적이고 반기독교적인 독재자의 제거는 진정한 축복이었지만, 그 뒤의 새로운 환경은 꼭 그런 것만은 아니었다.

당시에 내가 생각했던 것보다 훨씬 더 많이 생각했어야만 했던 것은 진정한 기독교적 신앙, 그리고 환경이 그 신앙에 미친 영향 사이의 관계였다. 어떻게 신자들이 그 문화를 움직이고 피하고 초월하며 반영하고 있었는가? 이제 나는 그때보다 훨씬 더 명확하게 이해할 수 있는데, 이런 질문은 기독교 신앙의 '적용'이 아니라 그것의 '핵심'과 관련이 있었다.

끝으로, 던 처치의 역할이 있었다. 휘튼 칼리지 동문회의 후원으로 마침내 제도화된 비교문화적 접촉을 촉진시킨 핵심 인물이 바로 던이었다. 그의 온화한 추진 아래, 이런 접촉들이 곧 동유럽의 범위를 넘어 다른 나라로 빠르게 확산되었다. 대학이 일반적인 행정 절차를 통해 교과과정을 국제화하고 미국 너머의 삶에 대해 학생들에게 교육하는 동안, 던은 일부 교수들 안에서 그것을 가능하게 하려고 지름길을 택해서 밀고 나갔다.

비교문화적 이해의 증진을 위해, 이렇게 솔직한 축구 코치가 세상을 향한 문을 열어 주었다. 필요를 감지하고 그것을 충족시키려고 노력할 때, 그의 긍정적인 태도와 적극적인 사고, 독특한 미국 복음주의 신앙이 그를 끌고 나갔다. 그가 보낸 교수들을 루마니아인들이 통솔할 수 있도록 기꺼이 허용함으로써, 그는 서구의 금전과 모델의 영향력을 상대화한 기독교적 협력의 모델을 만들고 있었다. 던 처치는 문화이론이나 선교신학에 대해 장황하게 떠들지 않으면서, 휘튼 칼리지와 세상의 다른 지역에 있는 그리스도인들을 위해 이런 위대한 섬김을 실천했다. 하지만 내가 참여하도록 던이 강하게 도전하던 때에도, 누군가 이론이나 신학을 찾고 있었다면 이미 협력할 준비가 되어 있었음을 다른 목소리들이 들려주고 있었다.

● — 09장

세 번째 외출

1986년 6월, 앤드루 월스가 조엘 카펜터와 풀러 신학교Fuller Theological Seminary의 윌버트 셍크Wilbert Shenk가 조직한 학술대회에서 강의하기 위해 휘튼에 도착했다. 그 학회에서 발표된 논문들은 후에 어드먼스 출판사에서 『질그릇: 미국 복음주의자들과 해외 선교』*Earthen Vessels: American Evangelicals and Foreign Missions*란 제목으로 출판되었다. 그것은 선교 역사 연구에 일방적인 찬미나 비난 대신 새로운 방향을 제시했다. 모임 전에 나는 조엘이 앤드루 월스에 대해 이야기하는 것을 들은 적이 있었다. 하지만 나는 그가 쓴 글이나 그에 대한 글을 하나도 읽은 적이 없었다. 월스는 휘튼에서 자신이 미국사에 대해 별로 아는 것이 없다고 사과한 후, 근대 선교운동의 미국적 차원에 대해 강의했다. 하지만 그런 수줍음은 그가 변혁적이라고 말했던 것의 영향만큼 특징적이었다. 1986년 학술대회에서부터 하나의 북극성이 나를 위해 떠올랐다.

●—

앤드루 월스는 잉글랜드 뉴밀턴의 스코틀랜드인 부모 사이에서 1928년에 태어났다.[1] 그는 1950년대 초반에 옥스퍼드에서 신학과 교회사를 공부했고, 케임브리지에 있는 복음주의적인 틴데일하우스Tyndale House에서 사서로 일했으며, 감리교 '지역(평신도) 설교자'로 임명되었다. 1957년에, 월스는 영국을 떠나 시에라리온의 포라베이 칼리지Fourah Bay College로 갔다. 그곳에서 그는 곧 한 가지 개인적 발견을 했는데, 그 영향이 전 세계에 울려 퍼졌다.

> 나는 내가 서른 살이 되던 해에 시에라리온에서 목회를 준비하는 사람들에게 가르치라는 임무, 특히 그들에게 교회사를 가르치라는 임무를 받고 서아프리카에 도착했다. 내 생각에 나는 매우 훌륭한 신학 교육을 받았다. 그리고 옥스퍼드에서 교부학 전공으로 대학원을 다녔다.……교회사는 오래된 교회들의 축적된 지혜로부터 '어린 교회들'에게 부여된 교훈으로 가득하다는 1950년대의 전통적인 지혜를 나도 공유했다. 2세기 기독교 문학을 구성하는 다양한 단편들에 대해 거드름을 피우며 행복하게 이야기하는 동안, 실제로 내가 2세기에 살고 있다는 깨달음이 어느 날 나를 강

> 타했던 충격을 지금도 기억한다. 2세기 기독교 공동체의 삶, 예배, 이해가 항상 내 주변을 서성거렸다. 왜 나는 잘난 척을 멈추고 당시에 벌어지고 있던 일에 주목하지 않았을까?[2]

포라베이에서 월스는 기독교의 최근 역사가 고대사(너무 오랫동안 반복되어 이미 충격을 줄 능력을 상실한)만큼 역동적이라는 사실을 발견하고 있었다.

시에라리온에서 몇 년을 더 보내고 나이지리아 은수카에서 종교학과 신설에 도움을 준 후, 월스는 1966년 스코틀랜드로 돌아와 애버딘 대학교University of Aberdeen에서 가르치게 되었다. 애버딘은 곧 당시에 제대로 정의되지 않았던 '세계기독교'를 연구할 수 있는 최고의 장소가 되었다. 그곳에는 월스 외에 해럴드 터너(아프리카 독립교회의 선구자적인 학생), 아드리안 헤이스팅스(아프리카 기독교에 대한 대표적인 역사서의 저자), 그리고 젊은 라민 사네(번역에 대한 패러다임 전환 이론과 경험적 연구의 해설자)가 함께 있었다.

교실 밖에서, 월스는 정기적으로 감리교회에서 설교했고 애버딘 사회에 깊은 관심을 가졌다. 1970년, 그는 노동당 후보로 영국의회에 진출하려 했으나 실패했다. 대신, 지역 예술과 예술가들을 위한 그의 노력이 보다 더 성공적이었다. 그러한 봉사 때문에 그가 휘튼에 도착했을 무렵 그는 대영제국훈장을 받았다.

1982년, 월스는 애버딘에 '비서구 기독교 연구소'Centre for the Study of Christianity in the Non-Western World가 설립될 때 핵심 역할을 담당했

다. 그곳에서 그는 박사과정생 몇 사람을 지도했는데, 그들은 후에 비교문화적 기독교 이해의 주도 인물이 되었다. 그들 중에는 가나 아크로퐁에 있는 '신학, 선교, 문화를 위한 아크로피-크리스톨러Akrofi-Christaller 연구소'의 설립자인 크와메 베디아코Kwame Bediako와 현대 세계기독교에 관심을 집중한 일급 학술지 『국제 선교 연구지』*International Bulletin of Missionary Research*의 오랜 편집자 조너선 봉크Jonathan Bonk가 포함되어 있었다. 세계기독교 연구 확산을 위한 월스의 노력으로 『아프리카 종교 저널』*Journal of Religion in Africa*과 『스코틀랜드 선교학 연구소 회보』*Bulletin of the Scottish Institute of Missionary Studies*가 창간되었다.

1985년에 두 차례의 심각한 심장발작에서 살아난 후, 영국 고등교육에서 경비 절감을 위한 노력의 일환으로 그는 연구소를 에든버러 대학교University of Edinburgh로 이전했고, 자신이 애버딘에서 시작했던 도서관과 고문서 보관소의 장서량을 계속 확장했다. 그렇지 않았으면 사라졌을, 세계 곳곳에서 수집한 장서들이 전 세계에서 기독교에 대한 지속적인 연구를 위해 여전히 중요하다. 그 연구소는 현재 브라이언 스탠리Brian Stanley의 유능한 지도 아래 있으면서 월스가 시작했던 작업을 지속하고 있다. 스탠리는 영국의 선교, 1910년 에든버러 선교대회, 그리고 영어권 개신교 복음주의자들의 최근 역사에 대해 책을 썼다. 에든버러에서 앤드루 월스의 학생 가운데 또 다른 뛰어난 학자들이 배출되었다. 그들 중 많은 이들이 세계 기독교 역사에서 중요한 작업을 수행했는데, 제후 핸슬스(에모리 대학교), 다이안 스틴턴(밴쿠버 리젠트 칼리지), 티모시 테넌트(애즈베리 신학교), 시릴 오코로차(나이지리아의 전임 성공회 대주교)가 대표적이다.

1996년에 월스는 그의 에든버러 지위에서 '은퇴'했지만 강의, 방문교수직, 광범위한 네트워크의 학생, 동료, 세계의 기독교 개종자들을 격려하기 위한 야심찬 스케줄을 시작했다. 이런 수고 덕분에 그는 서구의 최고 고등교육기관뿐 아니라, 남반구에 위치한 완전한 무명 단체들도 방문할 수 있었다. 그의 논문과 강의를 모은 두 권의 책이 오르비스 출판사Orbis Press에서 출간되어 그의 학문의 하이라이트를 보여주고 있다. 『기독교 역사에서 선교 운동: 신앙의 전달 연구』*The Missionary Movement in Christian History: Studies in the Transmission of Faith*와 『기독교 역사에서 비교문화적 과정: 신앙의 전달과 전용』*The Cross-Cultural Process in Christian History: Studies in the Transmission and Appropriation of Faith*은 일반적인 역사 주제들에 대한 예민한 분석과 개별 선교사 및 역사학자들에 대한 통찰력 있는 논문들이 수록되었다. 이 책들은 아프리카 기독교에 대한 획기적인 논문 때문에 특별한 가치가 있다. 그 논문들을 읽었거나 앤드루 월스의 강의를 직접 듣는 특권을 누린 사람 가운데 아무런 영향도 받지 않은 사람은 거의 없다.

● —

여러 사람들이 자신이 앤드루 월스에게 진 빚을 다른 식으로 설명할 수 있을 것이다. 하지만 나의 경우(한 사람의 그리스도인이자 역사학자로서), 세 가지 통찰이 중요했다. 첫째, 성경 기록뿐 아니라 기독교 공동체들의 기록도 기독교가 역사 속에서 항상 특수한 신앙과 보편적 신앙으로 동시에 활동했다는 사실을 보여준다. 다른 말로 하면, 기독교는 항상 특정한 시대, 지역, 문화에 적응했지만 그것이 나타나는 곳마다 인식할 수 있는 정도의 공통점을 갖고 있었다. 그 공통점들은 이스라엘의 하나님에 대한 예배, '그리스도의 궁극적인 중요성', 그의 백성들 사이에서 하나님의 활동에 대한 믿음, 시간과 공간을 초월하는 존재이신 하나님의 백성에 대한 인식, 성경에 대한 공통된 존중, 그리고 빵과 포도주와 물을 포함한 예식이다.[3]

월스는 유용한 한 쌍의 유비를 통해 특수성과 보편성의 결합을 설명했다. "교회사는 두 개의 반대되는 경향의 전쟁터였다. 그 이유는 두 경향이 복음서 자체에 자신들의 기원을 갖기 때문이다." 첫 번째 경향은 "오직 그리스도의 사역에 근거하여" 하나님이 그리스도 안에서 "우리를 있는 모습 그대로" 용납하신다는 근본적인 복음 진리다. 하지만 우리가 "있는 모습 그대로" 용납된다면, 그것은 우리가 "특정한 시간과 공간에, 우리 가족과 집단과 사회와 '문화'에 의해" 받아들인 조건도 포함해야 한다. 이러한 용납 때문에 기독교 역사는 항상 교회를 "토착화하고 그리스도인이자 동시에 그 사회의 일원으로 살면서……편하게 느낄 수 있는 공간으로 만들려는 욕망"을 기록한다.

하지만 동시에 또 다른 힘이 이런 토착화의 원리에 반작용을 하려고 (심지어 대립하려고) 한다. "그리스도 안에서 하나님은 사람들을 있는 모습 그대로만 취하시는 것이 아니다. 그분은 그들을 택해서 자신이 원하는 모습으로 변화시키신다." 월스는 이 두 번째 경향을 '순례자 원리'라고 부른다. 언제 어디서나 모든 사회는 개인만큼 회개와 방향의 조정이 필요하기 때문에, 그것은 지속적으로 신자들에게 그들이 "거할 처소가 없다"고, 그리스도에게 신실함으로써 신자들이 사회 내부에서 긴장을 일으킬 것이라고 상기시켜 준다. 하지만 이런 긴장은 "단지 새로운 문화를 있는 그대로 채용함으로써" 발생하는 것이 아니라 "그리스도의 문화를 향해 마음을 바꿈으로써" 발생한다.[4] 기독교의 모든 표현이 지역 문화 속의 토착화와 그 문화에 대한 강력한 비판을 대표한다고 이해하는 것은, 역사에서 신앙의 전개에 대해 대단히 중요한 사실을 파악하는 것이다.

두 번째 통찰은 기독교가 새로운 지역 안으로 비교문화적으로 이동함으로써 어떻게 기독교 신학에 자극을 주었는지에 대한 월스의 이해다. 이와 같은 통찰은 한없이 다양한 지역 상황을 포함한 기독교 전체 역사가 (극단적인 다양성에도 불구하고) 여전히 놀라운 일관성을 견지하고 있음을 보여주기 때문에 특별히 소중하다. 그의 통찰은 기독교가 새로운 지역으로 비교문화적으로 확산된 일은 항상 신선한 기독교 신학을 자극했으며, 이는 흔히 전체 기독교 교회에 새로운 양분을 공급하게 된다는 것이다. 그래서 최근의 세계기독교 역사를 파악하려는 노력 덕분에, 우리는 정말 새로운 것도 많지만 서구 세계 밖에서 발생한 근대적 발전들이 서구 기독교적인 경험 속에서 수 세기 동안 발생해 온 것을 여전히 반복하고 있다는 사실도 관찰할 수 있다.

한편으로, 기독교의 비교문화적 확산은 실천적이고 이론적인 새로운 질문을 촉발한다. 16세기와 17세기 초반에 중국, 인도, 북미로 떠난 예수회 선교사들은 하나님에 대한 성경적 이름들을 어떻게 번역할 것인지에 대해 고민이 많았다. 그 문화들에서 신성deity을 대표하는 기존의 단어를 사용할 것인가, 아니면 부적절한 혼합주의를 피하기 위해 새로운 단어를 만들어야 하는가? 20세기에 사하라 이남의 아프리카에서 활동했던 복음주의 선교사들은 왜 구약의 존경받는 족장들이 여러 아내를 거느렸는지에 대해 새로운 회심자들이 제기한 질문과 대면해야 했다. 그것은 대부분의 선교사들이 성경학교나 신학교에서 오랫동안 고민한 적이 없는 문제였다.

하지만 다른 한편으로, 신학적 패턴은 역사 속에서 반복된다. 예를 들어, 유럽인이 기독교로 개종한 것은 중대하고 '강력한 만남들'과 연관이 있었다. 8세기 초반에 성 보니파티우스Bonifatius가 토르의 참나무Oak of Thor를 도끼로 쓰러뜨렸을 때, 아무 나쁜 일도 일어나지 않았던 것이다! 비슷하게 아시아, 아프리카, 태평양 제도, 라틴아메리카에서 20세기 기독교 역사가 악한 영과 다른 영적 세력들을 압도하는 하나님의 즉각적인 현존의 수없는 예들과 관계가 있었던 것처럼 말이다. 새로운 기독교 신자들이 그들의 조상을 어떻게 생각해야 하는지에 대해 중국과 아프리카에서 제기된 당대의 질문은, 그리스와 로마 역사의 도덕적으로 고귀한 영웅들을 어떻게 여겨야 하는지에 대한 초기 기독교 논쟁과 비슷한 토론을 만들어 낸다.

보다 일반적으로 생각해 본다면, 성경의 종교가 고대 팔레스타인의 셈족 문화에서 벗어나면서 당시 지중해 지역을 지배했던 그리스-로마 문화와 효과적으로 소통하기 위해서는 항상 적응하거나 번역되어야 했다. 그와 같은 노력은 초기 기독교 신조들을 공부한 사람에게는 낯익은 종류의 문화적 적응과 관계가 있었다. 우리는 이스라엘을 언약으로 부르시고, 예수 그리스도 안에서 성육신하심으로써 인간에게 다가오신 적극적인 하나님이라는 성경 메시지에서 시작한다. 하지만 예수가 어떤 유형의 '인격'person인지, 그의 '본질'essence은 신적인지 인간적인지, 인류가 하나님의 아들과 동일한 '본성'nature을 공유한다는 것이 무슨 뜻인지 등에 대한 그리스-로마적 질문에 어떻게 대답할 수 있었을까? 그런 질문에 답하려는 보다 앞선 노력들이 교리(니케아 신경이나 그리스도의 인격에 관한 칼케돈 정의 속에 표현된 것처럼)를 낳았고, 그것은 전 세계 기독교 공동체들을 여전히 풍요롭게 하고 있다.

같은 방식으로 우리는 지금 공동체와 문화에서 발생하는

심각한 물음에 대한 목회적·신학적 대응으로부터 도처에 존재하는 모든 신자를 위한 풍성함을 기대할 수 있을 것이다. 이것은 사도 바울 같은 선교사들이 그리스인과 로마인에게 복음을 선포했을 때, 기독교 메시지를 통해 경험했던 것과 같은 상황이다. 그런 물음들은 매우 많다. 예를 들어, 오직 조상들과의 관계 속에서 개인의 존재 의미를 이해하는 공동체에 복음이 도착하기 전에 살았던 가족들의 구원 가능성은 어떻게 되는가? 지역 우상에게 드려진 음식들을 먹는 것이나 콜로세움의 '오락'에 참여하는 것에 관한 의문이 새로운 신자들에게 압력을 행사했던 것처럼, 전대미문의 사회적 이동과 엄청난 부의 불평등에 대한 인식이 압박을 가하는 세계화된 경제 속에서 기독교 신앙은 무엇을 의미하는가? 앤드루 월스는 그런 질문 모두에 대답하려 하지는 않는다. 하지만 그는 그것들이 얼마나 중요한지를 도발적으로 제시해 왔다.

앤드루 월스로부터 얻은 세 번째이자 개인적으로 내게 가장 강력했던 통찰은 '세계기독교'가 기독교 자체의 핵심 특성을 보여준다는 인식이다. 한마디로, 비교문화적 적응은 기독교가 번성하는 모든 곳에서 핵심이었다. 기독교 자체가 비교문화적 소통이라는 신적 선물을 통해 시작했으며 지속되고 있기 때문이다. 즉, 월스가 설명하듯이 성육신은 "말씀이 육신이 되며……말씀이 인간이 되었다"는 뜻이다. 기독교 신학은 "그리스도는 단지 인간의 단어장에 기입된 일종의 외래어가 아니다. 그는 온전히 번역되고, 언어의 기능 체계 속으로, 인격, 경험, 사회관계의 가장 온전한 범위 안으로 들어왔다"는 믿음에 기초한다. 인간이 신의 이러한 주도권에 적절히 반응할 때 그 결과는 회심, 곧 "개성, 지성, 감성, 관계의 기능 체계를 그리스도라는 새로운 의미와 표현을 향해 개방하는 것"이다. 기독교 역사를 이해하기 위한 함의들이 자연적으로 발생한다. "나사렛 예수 안에서 번역이라는 원초적 행위를 따른다는 것은, 회심이 일어날 때 그리스도가 전달되는 다른 사회의 사유 형태와 문화 속으로 끝없이 재번역되는 것이다."[5]

이런 식으로 앤드루 월스에 의해 사용되고 라민 사네의 작업 속에서 훨씬 더 광범위하게 발전되면서, '번역'translation이 단어, 개념, 가치의 비교문화적 소통을 묘사하는 하나의 광범위한 현실로 간주될 수 있었다.[6] 그것은 특정한 언어 사용에 수반되는 모든 문화적 특이성을 그대로 유지한 채, 복음을 실천하고 말하는 하나의 방식이 수용자의 언어를 사용할 때 수반되는 다른 방식의 삶, 다른 방식의 말하기, 다른 문화적 특이성 속으로 옮겨지는 것이다. 이렇게 넓은 의미로 이해된 '번역'은 기독교가 구약의 세계로부터 그리스와 로마문화로, 후에는 북유럽과 아메리카, 그리고 이제는 세상의 가장 먼 곳으로까지 확장하는 데 토대가 되었다.

하나님이 그리스도 안에서 우리 세상 속으로 번역되신다는 이해는 기독교 역사가 지속적으로 기독교 신앙 자체에 대한 새로운 깊이와 이해를 펼쳐 준다는 의미다. 월스의 말을 한 번 더 인용하면, "그리스도가 다양한 민족적 정체성을 형성하는 다양한 사유 형태와 생활 체계로 더 많이 번역될수록, 우리 모두는 공통된 기독교적 정체성 안에서 더 풍요롭게 될 것이다. 말씀이 육신이 되어 우리 가운데 거하셨다. 그리고 우리는 은혜와 진리로 충만한 '그의' 영광을 바라본다."[7]

신중함과 겸손함으로, 앤드루 월스는 기독교 신앙의 모든 표현이 문화적으로 특수하고 동시에 그 특수한 것 안에서 보편적인 것을 구체화하며, 비교문화적 소통이 신학의 불길에 불을 붙이는 불꽃이고 이런 비교문화적 과정이 성육신의 거울 자체라고 제안했다. 그의 통찰은 오늘날 세계 전체로 기독교 신앙이 확산되는 모습에 놀란 모든 사람에게 하나의 위대한 선물이 되었다.

●—

1986년 6월에 앤드루 월스가 휘튼에서 강의한 후, 내가 탐독하고 있던 그와 다른 역사학자들의 관련 자료와 함께, 그의 강연 주제였던 '선교운동의 미국적 차원'을 충분히 이해하기까지는 여러 해가 걸렸다. 하지만 일단 이해가 되자, 미국과 캐나다의 기독교 역사에 대한 나의 접근 방식이 완전히 바뀌었다. 내 생각에 그것은 훨씬 더 나은 변화였다. 동일한 과정에 의해, 내가 미국인 역사학자로서 오랫동안 연구해 왔던 것이 실제로 세계의 다른 지역에도 어떻게 적합할 수 있는지를 이해하게 되었다.

● — 10장

역사학을 돕는 선교학

앤드루 월스와 시작해—12장에서 다룰 또 다른 권위자들로 지평을 확대하면서—나는 세계기독교에 대한 고찰이 뜻밖의 유익이었음을 알게 되었다. 그것은 역사학적 작업 일반에 대한 새로운 관점이었다. 세계기독교에 대한 질문이 내 사고의 중추 속으로 스며드는 동안 책과 학생들, 대화와 개인 경험, 그리고 『이코노미스트』*Economist* 와 『뉴욕리뷰오브북스』*New York Review of Books* 와 성경 읽기를 통해 거의 30년에 걸쳐 새로운 통찰들이 빠르게 들어왔기 때문에, 이 시점부터 연대 순서에 대한 기억이 혼란스럽다. 하지만 '세계기독교'가 만들어 낸 차이를 내가 이해하기 시작했던 최초의 방법 중 하나는 글로 쓰인 역사의 본질 자체에 대해 생각하는 것이었다.

역사적 지식의 지위와 관련한 최초의 논쟁에 대해 알고 있는 신자로서, 나는 여러 해 동안 현대 논쟁들을 파악하려고 노력했다. 하지만 그런 노력에 집중하기 위해, 세계적이고 비교문화적인 현상으로서 기독교 역사에 대해 이해하는 것만큼 도움이 되는 것도 없었다. 그래서 1995년에 미국선교학회American Society of Missiologists에서 연설을 부탁받았을 때, 나는 앤드루 월스와 그의 친구들로부터 얻은 통찰이 근대 역사서술의 딜레마를 어떻게 다룰 수 있는지 보여줄 수 있다고 생각했다. 그때 발표했던 원고를 요약하고 최신 정보를 추가한 것이 이번 장이 되었다.[1]

●—

선교학적인 관점은 특별히 두 가지 문제에서 도움이 되었다. 첫째, 역사적 신중함은 동시에 신학적 작업과 경험적 노력으로 간주될 수 있었다. 둘째, 근대 역사서술의 딜레마는 최소한 부분적으로 선교학적인 관점을 따름으로써 해결될 수 있었다.

첫 번째 질문에 대해서, 선교학자들은 오직 신자만이 이해하는 기독교 진리의 한 기능으로서의 역사와 모든 인간에게 개방된 일반 사회과학으로 간주되는 역사 사이의 매우 중요한 관계에 열쇠를 제공했다. 하지만 어떻게 선교학이 이 두 가지를 함께 연결하는 데 그토록 중요할 수 있는지를 진술하기 위해서는 약간의 배경지식이 필요하다.

1930년대와 1940년대에 시작된 그리스도인 학자들에 의

한 진지하고 학문적인 역사서술이 지난 몇십 년 동안 홍수처럼 쏟아져 나왔다. 20세기 중반의 개척자들로는 영국 감리교인 허버트 버터필드,Herbert Butterfield 캐나다 고전문화학자 노리스 코크런,Norris Cochrane 가톨릭 중세사가 크리스토퍼 도슨,Christopher Dawson 저명한 종교개혁사가 해리스 하비슨,Harris Harbison 그리고 선교사가 케네스 스캇 라투레트Kenneth Scott Latourette를 들 수 있다. 보다 최근에 그 물결은 교회사의 거의 모든 시기에 대해 거의 모든 관점에서 글을 쓴 루터교, 성공회, 복음주의, 가톨릭, 그리고 많은 사람들과 더불어 더욱 불어났다.

이들 기독교 역사학자 대부분은 그들이 서구 대학 세계에 참여하도록 문을 열어 준 전략적 적응에 성공했다. 이 적응은 최소한 표준적인 학문 관행과 보조를 맞추면서, 섭리적 역사서술의 전통을 포기한 것이다. 이 적응은 기독교 역사학자들이 역사서술을 은총의 영역이라기보다 창조의 영역으로, 특별계시라기보다 일반계시의 현현으로 간주하게 만들었다. 다른 식으로 말하면, 기독교 역사학자들이 역사를 신학이 아니라 하나의 경험과학으로 취급함으로써 현대 교육기관에서 자리를 얻었다. 이런 선택은 그들이 일차적으로 자료 및 물적 증거를 통해 확인된 사실로부터 자신들의 역사적 설명을 구성했고, 자연스러운 인간관계란 측면에서 설명했다는 뜻이다. 그 목적을 위해 신앙이 있는 역사학자들은 모든 것을 포함하는 신학적 실재들이 상세한 역사 발전 속에서 어떻게 전개되는지를 직접 보여줄 수 있다고 가정하지 않았다.

일반적으로, 자신들의 이론적 토대를 명확히 정의하지 않은 채 역사학자들은 중도를 따랐다. 오늘날 교육기관에서 근무하는 대부분의 그리스도인 역사학자들은, 일반적인 역사 연구가 과거 사건에 대한 하나님의 생각을 성경의 영감받은 저자들이 했던 방식으로 보여줄 수 없다는 가정 아래 자신들의 작업을 수행해 왔다. 또한 그들은 역사서술의 일차 목적이 변증학이나 복음전도가 아니라고 생각한다. 하지만 다른 한편으로, 그들은 종교적인 믿음과 실천을 보다 기초적인 인간 조건들로 축소시키는 것도 거절했다. 즉, 학구적인 그리스도인 역사학자들은 섭리적 역사의 극단을 포기했고, 종교를 더 깊고 근본적인 실재를 표현하는 것으로 다루는 근대의 경향에도 반대했다.

학구적인 그리스도인 역사학자들을 위해 세계기독교 학자들이 독특한 종류의 도움을 제공했다. 선교학자들은 현재 다른 그리스도인 역사학자들에게 신학으로서의 역사학에 대한 요구와 과학으로서의 역사학의 과제 사이에서 어떻게 균형을 이루는지를 보여줄 수 있는 자리에 있다.

선교사들의 전기를 모아 놓은 한 훌륭한 책의 서문에 나온 글처럼, 신자들이 "예수 그리스도에 대한 믿음과 그것의 부재 사이의 경계를 초월하여 [타자에게] 영향을 끼치려고" 시도하는 상황에 선교학자들이 일차적으로 관심을 집중하기 때문에 그들이 그 자리에 있는 것이다.[2] 이런 상황은 거의 언제나 광범위한 문화적 결과를 수반한다. 일부는 당시에 인지되지만, 나머지는 선교사들이나 그 메시지를 전달받은 사람들도 전혀 예측하지 못한다. 더욱이 이런 상황은 흔히 개인과 사회의 미래와 관련해서 강력한 영적 충돌을 목격한다.

다시 말하자면, 선교적인 상황은 기독교의 의미와 실제적인 인간 경험에 대한 기록에 함께 관심을 기울이며 기술될 필요가 있다. 그와 같은 문제들에 대해 글을 쓰는 선교학자는 마치 하나님이 중요하지 않은 듯이 글을 쓰는 근대 역사서술의 경향을 막을 수 있는 그리스도인의 자리에 있다. 하지만 일반적으로 선교학자들은 어떤 비교문화적인 종교 선언 속에 작동하는 심오한 문화적 동력에도 민감하다. 그들은 그런 만남의 역사를 기록하기 위해 실제적인 인간 행동, 언어적 관행, 이념적 틀, 정치적 상부구조, 사회적 결과에 정확한 관심을 갖는 것이 필요함을 알고 있다. 교육기관의 기능적 무신론은 흔히 선교학자들이 신앙의 실재에 계속 집중할 수 없게 만든다. 파송하는 교회들의 기능적 영지주의는 자주 살아 있는 인간의 경험에 계속 관심을 갖지 못하게 만든다. 하지만 선교학자가 자신이 연구하는 것의 실제적인 동력에 주목할 수 있다면, 무신론과 영지주의를 저지할 수도 있어야 한다.

다른 그리스도인 역사학자들뿐 아니라, 선교학자들이 어떻게 신앙과 역사학의 세계가 온전하게 공존할 수 있는지를 보여주는 것은 어려울 수 있다. 하지만 그들의 연구(보이지 않는 영적 동력과 보이는 문화적 결과들이 그토록 긴밀하게 얽혀 존재하는 상황) 때문에, 선교학자들이 유리한 위치에 있는 것이다. 일반적으로 역사적이고 심지어 교회사적인 주제들과 씨름하는 다른 신자들이, 경험적 탐구의 한 기능으로서의 역사학과 신학적 추론의 한 기능으로서의 역사학을 구분하는 일에 훌륭한 선례를 남겼다. 우리는 왜 경험적 질문으로 과거에 접근하는 것이 가치 있는 기독교 소명이 될 수 있는지를 보여주는 과제를 이미 시작했다.[3] 우리가 썩 잘하지 못한 것은 과학으로서의 역사학과 신학으로서의 역사학의 영역이 어떻게 공존하거나 서로에게 유익을 줄 수 있는지를 보여주는 것이다. 아마도 그런 무능은 보다 앞선 시기의 기독교 역사학의 과도한 섭리주의에 대한 반작용으로 발생한 것 같다. 하지만 (신앙과 견해 사이에서, 과거에 대한 교조적 과장과 현재에 대한 혼란스러운 가능성 사이에서) 균형을 찾을 수 있다면, 아마도 그것을 찾는 이들은 바로 선교학자일 것이다. 그들이 신앙의 역사학, 문화의 역사학, 그리고 신앙과 문화의 상호작용에 대한 역사학으로서 개발해 온 감수성 때문에 그 길을 인도할 수 있을 것이다.

●—

두 번째 문제에 대해서는, 선교학적인 관점이 역사 이해 일반에 제공할 수 있는 것에 나는 점점 더 깊은 인상을 받았다. 여러 이유로, 이념적·민족적·직업적·사회적·경제적인 역사 지식에 대한 서구적인 사고는 약간 혼란스럽고 곤란한 상황에 처해 있다. 역사의 인식론적 위기에 대해 걱정하는 논문이 몇 년 전만큼 지배적이지는 않지만, 1960년대부터 서구 대학교를 휩쓸었던 급진적으로 불안한 이론들(대개는 어떻게 언어가 실재와 연관되는지)에 대한 하나의 반응으로서, 불확실성이 만연했다. 문제는 더욱 복잡해지고, 보다 새로운 관점이 옛것을 대체하지도 못했다. 오히려 급진적이고 새로운 제안들이 옛 관점의 잔재와 그 영토를 차지하기 위해 싸우는 중이다. 간단히 말해 그 결과는, 최소한 세 가지 일반 입장(전근대·근대·탈근대), 혹은 보다 정확하게 말하면 이념적, 과학적, 해체적 입장이 서로 우위를 차지하기 위해 싸우는 전쟁터다.

전근대적이고 이념적인 입장은 역사서술이 과거에 대한 연구가 시작되기 전에 진실로 알려졌던 명제들의 진리를 설명하기 위해 존재한다고 가정한다. 과거에는 이런 식의 접근이 가장 널리 실천된 역사학이었다. 한때 허버트 버터필드는 과거와의 이런 만남을 '휘그 역사'Whig History라고 불렀다. 그것은 역사란 과거의 모든 것이 얼마나 현재와 비슷한지, 그리고 지금 우리가 가장 좋아하는 사람들의 불가피한 출현을 얼마나 명확하게 보여주는지를 알려 주는 것이어야 한다는 뜻이다.[4] 모든 역사 사건을 생산수단의 통제권을 향한 투쟁으로 설명하는 마르크스주의자들은 이념이 연구를 압도한다고 자주 비판을 받는다. 하지만 이런 일반적인 접근은 마르크스주의 집단의 범주를 훨씬 넘어서 맹위를 떨치고 있다. 가장 영향력 있는 초기 기독교 역사가인 에우세비오스Eusebios와 오로시우스Orosius는 어떻게 하나님께서 교회의 보편적 확산을 위해 유대-기독교와 로마 역사의 결합을 예정하셨는지 보여주려고 글을 썼기 때문에, 일차적으로 특정한 이념의 신봉자들이었다. 전근대적인 역사 개념은 중세에 그리스도인들 사이에서 우세했다. 그것은 현재까지도 경쟁하는 기독교 교파(가톨릭 대 개신교, 개신교 내부 종파) 사이의 상투적인 수단이다. 왜 나의 신학적 입장이나 교회 집단은 옳고 적대자들은 틀린지를 보여주기 위해 역사 자료를 탐구하는 것이 전공이기 때문에, 아마도 이것은 가장 널리 실천된 형태의 기독교 역사학일 것이다.

다른 측면에서, 전근대 역사학은 민족주의적 열망의 가장 강력한 동맹자다. 낭만주의의 영향하에, 개별 유럽 민족*Völker* 혹은 독특한 정신*Geister*을 발견하려는 노력의 일환으로 이념적 역사학이 19세기에 번성했다. 이러한 접근은 미국 역사학자들의 자아개념self-conception을 위해서도 중요했다. 청교도들은 미국의 황량한 광야에서 하나님 나라의 출현을 추적했고, 19세기 미국 역사학자들은 이상적으로 자유롭고 민주적인 사회의 출현을 묘사했다. 20세기 초반에 전문 역사학자 첫 세대는 "민주주의가 역사학의 유일한 주제다"라고 선언했고, 보다 최근의 새로운 목소리는 미국 역사를 자본주의와 유물론적 인종차별의 해방을 위한 요람으로 이해했다. 이러한 견해는 역사학자가 예를 찾기 위해 과거를 샅샅이 뒤지기 전에 이미 진실이라고 알고 있던 것의 지배를 받을 정도로 이념적이었다.

이와 같은 접근을 다루는 또 다른 방법은 그것을 부족 역사tribal history라고 부르는 것이며, 복음주의 역사학자 그랜트 웨커는 이렇게 묘사했다. "이것은 훌륭한 증거, 신뢰할 만한 근거, 건전한 결과라고 간주되는 것의 사적, 혹은 당파적, 혹은 지엽적, 혹은 민족적(다른 말로 하면 비공공적) 기준에 매료된 학문이다. 부족 역사는 엄격한 의미에서, 사실적 부정확성으로 인한 어려움을 겪지 않는다. 오히려 문제는 항상 정반대다. 즉, 세부 사항에 대한 관심은 대단하지만, 그 모든 것은 오직 내부자들만이 신뢰하는 설명 체계로 연결된다."[5]

비록 전근대적 혹은 이념적 역사학의 옹호자들이 오늘날 교육기관에는 별로 없지만, 지성인이 그렇지 않은 사람보다 이런 식의 역사학으로 경도되는 경향이 결코 적지 않다. 전근대적인 입장의 열쇠는 본능적이고 비반성적인 당파성이다. 전근대 역사학은 엄청난 규모의 조사를 수행할 것이다. 하지만 그 조사에는 한 가지 목적이 있고, 조사가 시작되기도 전에 그 목적이 확정된다.

역으로, 근대적이고 과학적인 접근은 과거에 대한 진정한 지식이 자연과학의 엄격하게 경험적인 개념에서 직접 모델을 가져온 검증주의 절차를 통해 습득되어야 한다고 주장한다. 이 같은 입장은 한때 그것이 향유했던 지배력을 더 이상 발휘하지 못하지만, 그럼에도 아직까지 상당한 영향력을 학자나 일반 대중 사이에서 보유하고 있다. 지난 세대에 링컨의 전기를 쓴 앨버트 베버리지Albert J. Beveridge는 "정당하게 정리된 사실들이 자기 스스로 해석한다"고 주장했다. 혹은 그의 동시대인인 모제스 타일러Moses Tyler가

과학적 역사학자로서 자신과 동료들이 "역사의 완벽한 진리를 서술할 수 있다"고 주장했을 때, 그들은 이런 접근에 대한 자신감을 표현한 것이었다.[6]

대부분의 현직 역사학자는 말할 것도 없이, 과학철학자와 과학사가들도 이미 오래전에 이 입장, 최소한 그것의 극단적인 행태를 포기했다. 하지만 그 잔재는 아직도 남아 있다. 과학적 방법이라는 순진한 개념을 아직도 붙들고 있는 역사학자들 사이에서 그렇다. 그것은 일반 대중 사이에서 유행하는 역사에 대한 대중적인 개념을 먹고 산다. 흔히 유치한 가르침 덕분에, 일부 학생들은 역사가 단지 특정한 기준에 따라 임의로 선택하고 배열한 의미 없는 권력자 무리를 의미한다는 인상만 받았다.

세 번째 입장, 곧 탈근대적이고 해체주의적인 입장은 어떻게 모든 역사서술이 항상 정치적이었는지를 보여주는 데 관심을 집중했던 통찰력 있는 사상가들로부터 기원했다. 그들은 19세기 유럽에서 최초의 위대한 전문 역사학자들의 작품을 정독했다. 그것에서는 유럽인 안에서 발흥하는 민족의식의 고양을 위해 그 지도자들이 얼마나 명확하게 글을 썼는지가 드러난다. 우리 시대에도 정치적인 고려(그 말의 넓은 의미에서)가 역사서술에 끼치는 영향력이 분명한 것처럼 말이다. 많은 논쟁을 촉발했던 한 가지 예는 서구에서 냉전에 대해 글을 쓰려고 했던 노력이었다. 좌파 역사학자들은 증거를 추적해서 냉전의 일차적 책임을 미국에게 부여했다. 우파 역사학자들은 증거를 추적해서 그 책임을 소련에게 돌렸다. 동성애 역사에 대해서도 비슷한 노력이 있었다. 동성애 지지자들은 그런 관행이 과거에 널리 용납되었다고 주장하는 반면, 전통 가치의 옹호자들은 역사 속에서 지속적인 반대를 발견한다.

이렇게 광범위한 맥락에서, 정치적인 의도는 교회사가들의 작품을 특징짓는다. 예를 들어, 제2차 바티칸 공의회 전에 종교개혁에 대해 쓴 로마가톨릭 역사서의 엄격한 논조(그것은 다른 그리스도인 그룹을 평가할 때, 가톨릭교도에게 엄청난 자비를 베풀도록 요구했다)와 제2차 바티칸 공의회 후에 쓴 종교개혁에 대한 훨씬 더 친절한 역사서 사이에는 엄청난 간격이 존재한다. 심지어 고문서 도서관에 코를 파묻고 사는 역사학자들도 단지 사실을 열거할 때보다 자신들이 역사적 설명을 구성할 때 더 많은 것들이 작동한다는 사실을 알 수 있다.

세 명의 저명한 학자들인 조이스 애플비,Joyce Appleby 린 헌트,Lynn Hunt 마거릿 제이콥Margaret Jacob이 쓴 훌륭한 책, 『역사에 대한 진실을 말하다』*Telling the Truth about History*는 이런 새로운 도전에 대해 읽어 볼 만한 내용을 제공한다.

> 제2차 세계대전 이후 수십 년 동안, 예전의 지성적 절대주의가 권좌를 잃었다. 즉, 민족주의에 봉사했던 과학, 과학적 역사, 그리고 역사가 그들이다. 전후 세대는 지식사회학, 다양한 사람들에 대한 기록, 집단이나 성적 정체성에 근거한 역사를 건설했다.……전후 세대는 전에는 모든 사려 깊은 사람들에 의해 합리

적인 것으로 인정되었던 고정된 범주에 의문을 제기했고, 인간됨의 구조 자체 속에 내재된 것으로 전제되었던 사회적 행동을 부자연스럽게 만들었다. 그 세대처럼 우리도 일상적으로, 심지어 화가 나서 묻는다. 누구의 역사인가? 누구의 과학이란 말인가? 그런 사상과 이야기들이 누구를 위한 것인가? 도전은 바로 보편성에 대한 모든 주장에 관한 것이다.[7]

내가 기독교의 세계적 확산을 연구하는 역사학자들의 책을 읽기 시작한 후, 이 도전은 이전보다 덜 위협적으로 보였다. 기독교 신자들이 사는 부족에 대해서 선교학자는 전근대, 근대, 탈근대적 측면과 동시에 작업할 수 있는 최고의 자리에 있는 사람들이다.

선교학자는 파송하는 교회 및 받아들이는 문화와 공감할 때, 전근대적인 것과 공명을 이룬다. 여기에서는 (근대든 탈근대든) 교육기관을 통해 만든 개념이 별로 소용이 없다. 선교학자는 보통 하나님에 대한 직접적인 지식(성령이라는 용어로 표현되든 성례나 다른 것으로 표현되든)이 가능할 뿐 아니라, 사실 삶의 핵심이라고 믿는다. 전근대적 세계관의 이런 측면을 공유하는 선교학자는 그 지식을 다른 사람들 안에서 발견할 때, 확실히 그것에 대해 쓸 수 있는 위치에 있다.

하지만 선교학자는 객관성의 기준 때문에 어떻게 가톨릭 연구자들과 개신교 연구자들이 서로의 통찰로부터 유익을 얻을 수 있는지, 그리고 그리스도인이 아닌 많은 사람들의 학문적인 통찰로부터 함께 유익을 얻을 수 있는지 이해하기 때문에, 그들은 또한 근대적이다. 그와 같은 선물을 근대적이고 과학적인 역사 연구의 공헌으로 인식하는 선교학자는 확실히 그들 자신이 근대인으로서 글을 쓰는 위치에 있는 것이다.

물론 선교학자는 다른 문화를 비교문화적인 민감성으로 연구하기 때문에, 탈근대성의 통찰로부터 유익을 얻을 준비도 되어 있다. 서로 다른 문화 속에서 복음의 상이한 성육신에 그들의 집중된 관심은 지식의 상대성에 대한 탈근대적 인식을 강화시킨다. 탈근대 역사학에서 유효한 통찰을 발견하는 선교학자는 확실히 고양된 실제적인 지식으로 자신이 보는 것에 대해 쓸 수 있는 위치에 있다.

선교학자는 일차적으로 전근대인, 근대인, 혹은 탈근대인이라고 정의되지 않는다. 그들은 계속해서 다른 무엇보다 신앙이 있는 그리스도인으로 정의된다. 그와 같은 궁극적인 신분이 그들을 이념의 피비린내 나는 욕망, 과학적 가식의 건조함, 그리고 해체적 유아론solipsism의 침묵으로부터 지켜 준다.

그것은 내가 비교문화적 기독교사 시간에 학생들에게 부여하는 하나의 야심찬 과제다. 하지만 그들은 이미 지리적으로 유럽과 북미에 대한 집착을 넘어서는 뛰어난 믿음의 역사학자들이다. 또한 그들은 기독교 역사가 어떻게 특정 문화의 가장 다양한 표현까지 포괄할 수 있는지를 보여주기 시작했다. 그 결과, 나는 그들이 역사적 방법으로 그 길을 보여줄 수 있으리라는 거대한 희망을 갖게 되었다. 그 희망은 궁극적으로 성육신하신 하나님으로서 비교문화적 소통의 궁극 행동을 수행하신 분에 대한 충성을 그들이 매우 다양한 문화적 관점에서 연구하고 있다는 사실에 놓여 있다.

● — 11장

수업과 강의실

신선한 독서, 팽창하는 호기심, 역사학적 사색, 그리고 미국 밖에서의 몇 차례 짧은 경험은 실제로 한 학기 분량의 강의를 준비하는 작업과 별개의 문제였다. 나는 휘튼 칼리지, 노트르담 대학교, 밴쿠버 리젠트 칼리지에서 '최근 세계기독교의 역사' 같은 불가능할 정도로 엄청난 과목을 가르친 적이 있다. 자연히 학생 구성원은 장소마다 달랐다. 내 경험에, 휘튼 학생들은 해외 단기 선교여행에 더 많이 참여하는 경향이 있었고 대학에 오기 전에 외국에서 살아 본 적이 있었다. 노트르담 학생들은 외국에서 온 지역교구 사제들을 더 잘 아는 경향이 있었다. 리젠트 학생들은 상당한 시간을 중국, 대만, 싱가포르, 홍콩에서 보낸 적이 많았다. 하지만 세 대학 모두에서, 학생들은 그런 수업의 제한된 목적에 편안해하는 것 같았다. 우리는 세계의 기독교 인구 분포에서 최근의 거대한 변화를 주목할 수 있었다. 그래서 우리는 그 이름을 제대로 발음할 수도 없고, 위치도 참고서에서 (후에는 위키피디아에서) 반복적으로 확인해야만 했던 지역들과 사람들에 대한 역사를 살펴볼 수 있었다. 학생들은 특정한 장소와 문제에 초점을 맞춘 연구를 수행했고, 함께 수업을 통해 제기된 사고를 확장시키는 질문들에 대해 생각할 수 있었다. 비록 수업에서는 모든 것이 예비적이고 심지어 피상적인 수준에서 수행될 수밖에 없었지만, 그 결과는 최소한 나의 경우 더 이상 계몽적이고 교훈적이며 즐거울 수 없을 정도였다.

정년이 보장된 교수는 그렇지 않은 교수에 비해 몇 가지 특권을 가지고 있다. 그중 하나는 강의 준비에 대한 어떤 구체적 설명이 필요 없는 과목을 맡는 것이다. 내 경우, 세계기독교 수업이 바로 그런 특권이었다.

●—

옛 파일을 새 시스템으로 전환해 주는 컴퓨터 소프트웨어 덕분에 1998년 10월 24일에 기록한 메모를 읽을 수 있었다. 그 메모는 내가 교과과정 승인을 책임진 휘튼 칼리지 위원회에 제안하던 한 과정을 묘사하고 있었다. 상급 학부생들과 휘튼 칼리지 신학석사과정 학생들을 위해 개설된 과목이 바로 '19세기 이후 세계의 기독교'였다. 당시에 휘튼의 역사학과와 신학과, 교육정책 위원회, 특히 나 자신에게 우리가 그런 과정을 시도해야 하는 이유를 납득시키는 데 꽤 많은 노력이 필요했다. 돌이켜 보니 필요는 더없이 명백했다.

1980년대와 1990년대를 지나면서 나는 정기적으로 사도 시대부터 현재까지의 기독교 역사를 조사하는 한 학기(4학점)짜리 과목을 가르쳤다. 수업은 초대교회(5세기까지), 중세, 종교개혁(1648년까지), 근현대에 각각 3.5주씩을 할애했다. 보통 나는 교과서 한 권, 한 묶음의 일차자료, 각 주제에 대한 하나의 중요한 연구서(아우구스티누스에 대한 피터 브라운의 전기나 존 웨슬리에 대한 헨리 랙의 전기)를 지정했다. 흐릿한 기억 속에, 그 과목을 가르쳤던 마지막 두 학기는 우리가 앤드루 월스의 논문 한두 편을 읽었던 것 같다. 학생들은 자신이 직접 선택한 한 가지 주제에 대한 연구논문을 준비하고 기말시험을 치러야 했다.

그것은 만족스러운 강좌였다. 특히 그날 토론할 시대의 기도문을 읽고 그 시대의 찬송가 한두 곡을 부르면서 수업을 시작하는 것은 강사의 단조로운 목소리에 신선한 강장제를 제공했기 때문에 더욱 그랬다. 학생들은 논문 주제로 나에게 매우 흥미로운 화제, 인물, 질문을 선택했기 때문에 특별히 유익했다. 학생들의 작업이 수업에 신선한 자극을 더해 주었고, 내가 대학원생들과 여러 해 동안 이런 주제를 가르치면서 얻은 전문지식은 (최소한 내 생각에) 진정 누가 선생이고 누가 학생이었는지를 명확히 해주었다.

이 새로운 과목과 씨름하고 있을 때, 나는 유능한 학생조교들의 도움도 받았다. 휘튼에서 나의 첫 조교들이었던 학부생 로버트 래키,Robert Lackie 석사과정생 매튜 플로딩Matthew Floding과 존 스택하우스John Stackhouse는 너무나 창조적이고 유능했다. 그래서 그들은 후임 조교들에게 불가능할 정도로 높은 기준을 세웠기 때문에, 그런 도움은 나름의 교훈적 모순도 안고 있었다.

세계기독교를 향한 모험은 학생-교사의 역학관계를 급진적으로 바꾸었고, 다른 종류의 학생 지원student support을 요구했다. 이 도전과 연루된 그 무엇보다도 학생들의 지원이 절대적으로 필요했다. 역사학과가 변화를 요구하는 합리적인 이유로 썼듯이, "우리의 현재 과목은 특히 기독교 역사 자체의 중요한 측면으로 날마다 점점 더 널리 인식되고 있는 기독교의 세계적 확장과 관련해서 실패하고 있다." 그 이유는 당시의 지배적인 배치 속에서 "기독교의 확장은 유감스럽게도 기껏해야 수업 과정의 1/4밖에 되지 않는 한 토막의 사건으로 취급된다. 그것은 기독교 역사에 대한 온전한 연구를 위해서는 전적으로 부적절한 것이다"라고 설명했다.

●—

나는 새로운 과정을 2000년 봄에 처음으로 개설했다. 강의계획서는 사도행전 11:19-20을 인용하면서 멋지게 시작되었다. 이 구절은 앤드루 월스가 가장 일찍이 생긴 교회의 비교문화적 민감성을 보여주기 위해 선택했던 것이었다.

> 그 때에 스데반의 일로 일어난 환난으로 말미암아 흩어진 자들이 베니게와 구브로와 안디옥까지 이르러 유대인에게만 말씀을 전하는데 그 중에 구브로와 구레네 몇 사람이 안디옥에 이르러 헬라인에게도 말하여 주 예수를 전파하니.

월스는 단순하게 질문했었다. 왜 본문은 '주 예수 그리스도'가 아니라 '주 예수'라고 말하는가? 그의 대답은 이러했다. 안디옥의 헬라인들에게 '그리스도'(즉, 메시아)는 그렇게 새로운 환경에서는 그 의미가 이해될 수 없었던 외국어인 히브리어 단어였다. 그들에게 그것은 토착 용어가 아니었다.

계획서의 설명은 강사가 실제 경우보다 더 많이 알고 있는 것 같은 인상을 주었다. "이 과목은 19세기 이후 세계 기독교의 역사를 연구한다. 그 이전 교회의 선교적 확장의 일부 배경도 포함하지만, 강조점은 지난 2세기 동안 서구종교에서 세계종교로의 기독교 변화에 있다. 이 과목의 대부분은 유럽과 북미 밖의 기독교 근대 역사를 다룬다. 데이비드 바렛David Barrett의 『세계기독교 백과사전』*World Christian Encyclopedia*이 전체를 포괄하는 기본 참고서다."

이 과목을 처음 개설하면서 나도 학생들만큼 많은 이해가 필요했기 때문에, 나는 학생들에게 관련 서적 한 권에 대한 서평 보고서를 제출하라고 요구했다(그래서 나는 후에 여러 편의 서평을 읽을 수 있었고 큰 유익이 되었다). 더 많은 도움이 추가 과제들로부터 왔다. 비서구 지역의 기독교 역사에 대한 간략한 개요(두 학생이 러시아를 선택했다)와 그 나라에서 기독교 근대사의 특정 측면에 대한 연구논문 한 편이었다.

물론 나는 학생들보다 한발 앞서서 생각해야 했다. 사실 이날까지 내가 강의에서 '나 자신의 것'이라고 과시하는 내용의 일부는 그 수업과 그 후의 과제에서 학생들이 준비했던 작업으로부터 직접 온 것이다. 내 강의 노트가 어디에서 기원했는지를 기억하는 한, 나는 이 선구자들도 인정하려고 노력한다. 기억의 문제는 학생들이 특히 놀라운 논문을 썼거나 내가 완전히 무지한 문제를 탐구했다는 차원이 아니다. 내가 '나의 것'이라고 지금 간주하는 것의 일부는 학생들의 작업과 상관없이 갖게 되지 않았다고 나는 확신한다.

하나의 실제적인 문제로서, 2000년에 이런 과제들의 본질은 학생이 강의의 상당부분에 대한 책임을 지도록 허락한 것이다. 우리는 늦겨울과 이른 봄에 걸쳐 매주 두 차례씩, 곧 화요일과 목요일에 총 28번을 만났다. 중간고사 기간이 끝난 후 한 주 동안은 두 차례 외부 강사의 강의를 들었고, 5주차나 6주차에는 그동안 학생들이 읽고 조사한 것을 수업시간에 발표하도록 했다. 그래서 내가 강의를 준비한 횟수는 채 20번이 안되었다. 심지어 그렇게 축소된 횟수를 내가 다 채울 수 있을지도 잘 몰랐다.

2000년 이후 짧은 기간 동안 발생한 변화들은 얼마나 빠르게 '세계기독교'가 학문 연구의 한 주요 분야가 되었을 뿐 아니라, 연구와 해석, 논쟁과 토론을 위한 특이하게 활발한 영역이 되었는가를 보여준다. 내 입장에서 최초의 시도는 보다 전통적인 방법을 따랐다. 한두 해 동안 학생들의 연구 결과를 빌려 오고, 『국제 선교 연구지』를 열심히 읽고, 몇 권의 책을 독파한 후, 나는 별다른 노력 없이 내 공책, 컴퓨터 파일, 그리고 흩어져 있는 종이들에 한 학기의 수업으로 축적할 수 있는 것보다 훨씬 더 많은 것이 쌓여 있음을 발견했다. 나는 한 학기 수업에 필요한 자료를 충분히 확보하는 문제로 밤을 새워 가며 걱정하던 것에서, 수박 겉 핥기 식으로라도 그 자료들을 살펴볼 시간이 없는 것에 대한 걱정으로 바뀌었다.

학생들의 서평과 연구를 위해 추천해 줄 참고문헌 자료에도 동일한 적용이 되었다. 학생들이 참고서적을 요청했던 첫 두해 동안, 흔한 나의 대답은 도서관 표준검색창을 가리키는 것뿐이었다. 하지만 곧 나는 일부 학생들에게 내가 소장하거나 알고 있는 책들로 도움을 줄 수 있었다. 머지않아, 빠르게 확장하는 문헌들을 포괄적으로 파악하고 있는 척할 필요 없이, 나는 세계 거의 모든 지역에서 기독교의 발전에 대해 훌륭하고 책임 있게 주장된 연구들을 알려줌으로써 점점 더 많은 학생들을 도와줄 수 있게 되었다.

한 가지 단순한 비교를 통해 우리는 20세기까지 신앙의 심장부였던 지역 외부에 존재하는 기독교에 대한 진지한 연구가 최근에 얼마나 크게 유행하는지를 알 수 있었다. 학생들이 참고문헌에 대한 도움을 청했던 2000년에, 놀랍게도 문제는 내가 아니라 제대로 된 책이 없었던 것으로 드러났다. 오늘날 이 문제는 훨씬 덜 일반적이다. 2000년에 나는 학생들이 프로젝트를 수행하는 데 도움을 주기 위해 내가 알던 책을 열 권이라도 추천할 수 있을지 확신할 수 없었다. 물론 내가 읽은 책은 훨씬 더 적었다. 반대로 2013년 여름에 리젠트 칼리지에서 '최근 세계의 기독교 역사, 1900-2013년'이라는 과목을 가르쳤을 때, 130개 이상을 담은 훨씬 더 풍성한 참고문헌 목록을 비교적 쉽게 구성할 수 있었다. 42개는 일반 혹은 주제별 연구서였고, 7개는 중국과 인도를 포함한 아시아에 관한 연구서였다. 19개는 중국에 관한 것이었고, 10개는 인도에 관한 것이었다. 그리고 24개는 아프리카에 관한 것, 12개는 라틴아메리카에 관한 것, 12개는 세계와 유럽 및 미국과의 연관성에 관한 것이었고 10개는 참고서였다. 물론 나는 그 모든 자료를 철저하게 읽지는 못했지만, 최소한 그것들에 대해 알고 있었고, 많은 경우 자세히 내용을 살펴볼 수 있었거나 실제로 처음부터 끝까지 다 읽었다. 그리고 그 중간의 여러 해 동안은 북미 기독교 역사에 대해 가르치고 글을 쓰는 내 일상의 일에 집중하며 보냈다. 그 목록은 2000년도에 내가 제공할 수 있었던 것보다 많았지만, 심지어 이렇게 확대된 참고문헌은 학생, 학자, 일반 독자들을 위해 현재 사용할 수 있는 책임 있게 출판된 자료들의 광대한 양에 비하면 그야말로 '새 발의 피'였다.

●—

세계적인 기독교 현존의 엄청난 범위를 소개하기 위해 다양한 길을 택할 수 있겠다. 나의 경우, 학생들이 그 길을 표시해 주었다.

하지만 그들이 나에게 무엇을 가르쳤는가? 이 책의 마지막 장에서 나는 기독교 신앙의 세계적 현존에 대해 "내가 배웠다고 생각하는 것"을 학생들에게 배운 것과 종합함으로써 요약할 것이다. 하지만 이 시점에서 그 교훈이 얼마나 의미 있는지를 보여주기 위해, 2000년 봄의 첫 수업에 등록했던 학생들의 몇 가지 통찰을 언급한다(2001년이나 2002년에 그 수업을 들었던 학생들로부터도 한두 가지 항목을 첨가할 수 있을 것이다).

최근 태국에서 단기 선교를 마쳤던 한 학생이 매우 상세하게 연구된 논문을 제출했다.[1] 그곳은 내가 아는 것이 거의 없던 세계의 일부였다. 논문은 대부분이 불교인이자 다수족인 타이인 사이에서 기독교에 대한 강력한 저항과 함께, 산간부족 사이에서 기독교 신앙의 대단히 광범위한 확산에 대해 보고했다. 후에 나는 20세기에 발생한 기독교로의 대규모 개종은 다른 세계종교들보다는 원시신앙들로부터 왔다는 앤드루 월스의 글을 읽었다.

대단히 복음주의적인 휘튼의 한 학생은 최근에 프랑스에서 공부를 마치고 돌아왔다. 그녀는 그 경험을 가톨릭 역사에 대한 통찰로 연결시켰다.[2] 대부분 프랑스 자료들로부터 그녀는 추기경 샤를 라비주리Charles Lavigerie가 이끌었던 백의 전교회White Fathers에 대해 썼다. 라비주리는 동료들과 함께 우간다 남부 부간다에서 가톨릭 선교를 개척했다. 내 기억에 그녀는 현재의 우간다에서 19세기 후반 동안 개신교-가톨릭 긴장이 결코 없었던 것은 아니지만, 당시에 유럽과 북미에서 지속되었던 것보다 더 적고 덜 체계적인 교착상태에 있었다는 사실에 주목한 최초의 학생이었다.

또 다른 학생이 르완다에 대해 특별히 기억할 만한 논문을 썼다.[3] 그는 수업 내내 빠르게 확산되는 은사주의적·오순절적 형태의 신앙에 대한 설명에 전율했던 활동적인 젊은 전도자였다. 하지만 왜 르완다의 회심이 1994년의 르완다 종족학살을 막지 못했는지 그는 나이를 뛰어넘는 진지함으로 물었다. 이 질문은 기독교적 회심과 기독교적 가치로 형성된 문명 사이의 차이를 구별하라는 채찍질로 내게 남아 있다.

다른 학생은 카메룬에서의 기독교 역사를 간략하게 정리했다. 영국, 프랑스, 독일, 미국 선교사들이 그 이야기에서 담당한 역할에 특별히 주목하면서 말이다.[4] 그는 토착 형태의 신앙에 주목했는데, 그것은 어느 정도 선교사들에 의해 형성되었고 명백히 토착적인 특성을 갖고 발전했다. 이 논문으로 나는 라민 사네의 '번역'에 대한 토론으로 달려갈 발판을 얻었는데, 나도 그 후 머지않아 이 문제를 다루었다.

돌이켜 보니, 나는 이 과목을 가르치면서 알게 된 넓이만큼 학생들의 작업에서 도출된 통찰의 깊이에도 감동을 받았다. 하지만 그 넓이도 언급할 만했다. 미국에 머물러 있는 한 대학교수를 위해 학생들이 특별한 전망을 열어 주었다는 것을 내가 깨닫는 데 그리 오랜 시간이 걸리지 않았다. 사실 머지않아 나는 위대한 조니 캐쉬Johnny Cash의 노래를 도용할 준비가 되었던 것이다.

나는 표준적인 학문의 길을 따라 내 일을 하고 있었네.
내 고생의 문제를 다룰 위원회가 생겼을 때 들은 말,
"마이크, 자네의 학문에 맛을 더해 줄 먹잇감을 찾고 있다면, 시험 삼아 이것은 어떤가."
그래서 나는 제안서를 보냈고, 곧 놀랐지.

나는 그 꼬임이 결코 재밌지 않다는 것을 깨달았네.
내가 조니를 따라 노래할 수 있다는 사실을 곧 알았기 때문에.

나는 어디에나 있었다, 사람아.
나는 어디에나 있었다, 사람아.
황량한 사막을 가로질러, 사람아.
나는 산의 공기를 마셨다, 사람아.
내가 함께했던 여행으로, 사람아.
나는 어디에나 있었다.

나는 갔다 왔지.

알바니아, 아르메니아, 알제리아, 오스트레일리아,
방글라데시, 말라위,
터키, 팔레스타인, 페루,
코소보, 멕시코,
루마니아, 오스트리아, 에티오피아, 탄자니아,
태국, 마쇼날란드, 베추아날란드, 뉴질랜드에.
나 좀 도와주오.

나는 갔다 왔지.

케냐, 러시아, 르완다, 부간다,
짐바브웨, 칠레, 브라질,
한국, 중국, 코스타리카,
과테말라, 베네수엘라, 남아프리카공화국,
타이, 아제르바이잔,
솔로몬 제도, 버진 제도,
베트남, 타이완, 일본,
아마존의 야노마미족,
놀랍다.

나는 모든 곳에 갔다 왔지.

흥미롭게도 이렇게 활기 없는 모조 작품에서 언급한 모든 나라와 관련해, 나는 여전히 그 나라들의 기독교 발전에 대해 알려 준 한 학생의 논문을 가지고 있다. 내 판단으로 그것은 학생들의 작품 중 가장 우수한 것을 보관하고 얻은 것이다.

● — 12장

전문가들

유능하고 호기심 많은 학생들의 도움을 받으면서 '최근 세계의 기독교 역사'란 제목의 강의를 진행한 덕분에, 나는 비서구 세계에 대한 거의 무한한 양의 사실 자료를 알게 되었다. 그 자료가 단지 상관없는 사실들의 집합이 되지 않기 위해서는, 풍부한 정보들의 균형을 유지하기 위해서는 일관된 해석이 필요했다. 감사하게도, 엄청난 양의 일관성이 내가 북미에서 눈을 돌리기 전에 이미 오랫동안 '세계기독교'를 설명하는 데 자신의 시간을 바쳤던 학자들로부터 준비되어 있었다는 것은 고무적인 일이었다. 앤드루 월스는 유능한 동역자들의 도움을 받았다. 그들이 제공한 통찰이 여러 형태와 방향에서 왔다. 한 가지 추가적인 '축복'(다른 대안이 없는 복음주의적 표현)은 이런 많은 전문가들을 개인적으로 알게 된 기회가 있었다는 것이다. 이번 장은 단지 자료의 폭격이 아니라, 책임 있는 일반화를 제공할 수 있도록 도움을 준 사람들에게 진 빚을 간략히 서술한다.

●—

최초의 강력한 자극은 윌리엄 레지널드 워드William Reginald Ward의 연구였다. 그는 자신의 학문 생활 대부분을 더럼 대학교University of Durham에서 보냈다. 워드는 17세기와 18세기 복음주의 대각성 연구의 방향을 결정적으로 재설정했던 몇 권의 책을 출판하기 전에도 18세기 영국의 세금제도, 옥스퍼드 대학교, 영국 감리교에 대한 뛰어난 역사학자였다.[1] 워드는 이전에 그 누구도 연구하지 않았던 대각성을 연구했다. 그는 그것이 중부 유럽에서, 심지어 멀리 떨어진 폴란드 슐레지엔의 한 어린이 기도 부흥회로 시작된 것이며, 그 후에 점진적으로 유럽 대륙 전체와 영국으로, 그리고 대서양을 건너 아메리카 식민지로 확산된 것으로 보아야 한다고 주장했다. 대단한 자신감으로 워드는 존과 찰스 웨슬리, 조지 윗필드, 조나단 에드워즈, 그리고 영여권의 잘 알려진 다른 부흥사들에 대해 연구하고 싶은 사람은, 영국과 미국 대부분의 학자들이 잘 모르는 야콥 뵈메,Jakob Böhme 고트프리트 아놀드,Gottfried Arnold 피에르 포이레,Pierre Poiret 게르하르트 테르슈테겐,Gerhard Teerstegen 그리고 다른 유럽인들로부터 시작해야 한다고 주장했다. 대단히 박식한 연구서들에서(대단히 암시적인 산문체로), 워드는 1600년대 중반부터 1700년대 후반까지의 개신교 갱신

운동은 종교적 권위뿐 아니라 정치적 권위에 대한 저항으로 구별된다는 주장을 훌륭하게 전개했다. 그는 이런 운동들이 특징적으로 비슷한 생각을 갖고 있으며, 각성한 신자들의 소그룹 모임에서 분명히 드러나는 경험적이고 개인적인 종교를 옹호했다고 확신 있게 주장했다.

세계기독교에 대한 더 나은 이해를 위해, 워드는 더 멀리 바라보도록 훌륭한 자극을 제공해 주었다. 심지어 내가 잘 안다고 생각했던 근대 복음주의 역사 같은 주제를 위해서도 워드는 경계를 넘어서 바라보는 것, 영어로 된 자료 이상을 읽는 것, 중앙에 있다고 생각하는 이들만큼 주변에 있다고 간주되는 그룹을 진지하게 다루는 것, 그리고 활기찬 기독교 운동이 국경선 내에 결코 한정될 수 없음을 이해하는 것이 얼마나 중요한지를 보여주었다. 그 자신의 연구 결과의 확장인 워드의 가르침은 지리적으로뿐만 아니라 개념적으로 여행함으로써 얻어진 것이다.

●—

보스턴 대학교Boston University의 다나 로버트Dana Robert는 내가 워드로부터 받은 긍정적인 가르침을 확장시켰다. 1990년대 중반 선교학자들과 대화하던 시절에, 나는 선교이론의 역사적 발전에서 여성의 위치에 대한 그녀의 논문 초고 일부를 읽는 특권을 누렸다.[2] 그 논문에 적용된 선교학적 관점이 곧 내 자신의 작업을 명확히 하는 빛을 밝혀 주었다. 그녀가 서구 자료들 속에서 행한 연구와 세계기독교에 대한 세심한 결론을 연결하기 위해 건설했던 다리가, 후에 내 자신의 사고 속에서 비슷한 전환을 이루도록 도움을 주었다.

여성과 선교이론에 대한 로버트의 원고를 읽기 직전, 나는 북미 기독교에 대한 일반적인 역사서를 한 권 출판했다. 그곳에서 나는 국가적 규범보다는 기독교적 규범이 이야기를 구성하도록 하려고 노력했다. 그녀의 원고가 그렇게 쉽게 성취한 것처럼 보이는 것이 내게는 너무도 어려웠다. 즉, 협소하게 민족적 혹은 이념적이라기보다 폭넓게 기독교적인 관점에서 충분히 비교적이고 포괄적인 이야기를 쓰는 것 말이다. 그녀의 선교학적 관점이 대단히 흥미로웠는데, 단지 새로운 자료가 아니라 역사학자의 과제에 대한 새로운 관점으로 길을 알려 주었다. 그 관점은 세계적이었다. 또한 그것은 근대 미국 학문 풍토에 뿌리를 둔 저자의 편견을 인정했지만, 선교사들을 받아들인 문화를 소중히 다룸으로써 그런 편견에 대항했다. 여성에게 초점을 맞추면서 로버트는 어떻게 교단들의 공적 행동과 대변인들의 가장 가시적인 선언을 기독교의 모든 발전과 동일시하지 않는 기독교 역사가 기록될 수 있는지를 보여주었다. 요약하자면, 그녀의 작품은 기독교적이란 자의식 속에 쓰인 역사의 관점뿐 아니라 문화적이란 자의식으로 쓰인 역사의 관점도 제공해 주었다. 그러한 역사는 근본적으로 기독교적인 관심과 상관없는 민족적 혹은 다른 요인에 배타적으로 의존하지 않을 것이다. 그것은 보통 사람들의 일반적인 삶을 중요하게 다루겠지만 국가의 제도와 공적 행위도 무시하지 않을 것이다.

그 후에 곧 로버트는 20세기 동안 기독교의 극적인 재구성에 대한, 내가 알고 있는 최고의 간략한 정리를 발표했다. 『국제 선교 연구지』에 실린 「남쪽으로의 방향 전환: 1945년 이후 세계기독교」*Shifting Southward: Global Christianity Since 1945*란 제목의 논문에서, 그녀는 왜 "20세기 후반 기독교의 형태와 구조가 서구 기독교의 제도적 혹은 신학적 틀 속에 담길 수 없었는지"를 설명했다. 또한 그녀는 자신의 작업과 점점 더 증가하는 다른 학자들의 수고가 놀라울 정도로 명확하게 만든 것을 탁월하게 요약했다. "전형적인 20세기 후반의 그리스도인은 더 이상 유럽 남성이 아니라, 라틴아메리카나 아프리카 여성이다." 그녀의 간명한 분석은 서구의 눈에 1960년대와 1970년대 동안 세상의 모습이 낙담될 정도로 혼란스러웠다는 것을 인정했다. 비서구 교회들에서 일부 목소리가 선교적 모라토리엄을 요청하고 있었고, 세계교회협의회WCC가 복음 선포는 명백히 간과한 채 사회적 주장만 맹목적으로 추구했으며, 가톨릭교회는 산아제한에 대한 교황의 회칙 『인간의 생명에 관하여』*Humanae Vitae*에 대한 반응들로 몹시 걱정하고 있었다. 하지만 그녀는 이런 혼란에 대한 서구의 집착을 넘어 기독교가 세계의 많은 비서구 지역에서 무시무시한 속도로 확장되는 중이라고 지적했다. 회심자 및 새로운 기독교 공동체의 폭발이 광범위하고 무질서하며 다양하고 때로는 무정부적이지만, 그럼에도 혼란과 감소만큼 희

망과 가능성도 분명한 새로운 현실을 창조했다.[3]

몇 년 후, 로버트는 『기독교 선교: 기독교는 어떻게 세계종교가 되었는가?』*Christian Mission: How Christianity Became a World Religion*라는 제목의 작지만 탁월한 책을 출판했다. 현재 나는 그 책을 학생들에게 정기적인 독서과제로 읽히고 있다. 그녀의 능숙한 내러티브는 기독교 역사의 주요 기간을 선교적 노력에 대한 반성으로 묘사한다. 책에 묘사한 사건들은 어떻게 겉보기에 별로 중요하지 않고 멀리 떨어진 곳에서 벌어진 사건들의 중요성이 기독교가 전 세계로 확장되면서 증가했는지를 보여준다. 그런 예 중에서 가장 매혹적인 것은 버나드 미제키Bernard Mizeki와 관련된 것이다. 그는 모잠비크에서 태어나 남아프리카공화국 케이프타운에서 젊은 날에 회심했고, 그 후에는 마쇼날란드(현재 짐바브웨)에서 몇 년간 성공회 선교사로 일했다. 미제키는 1896년 6월 18일 이른 시간에, 영국 식민주의자들과 그들에 반대하는 토착민들 사이의 복잡한 갈등에 휘말린 쇼나Shona 부족민에 의해 살해되었다. 세계의 한구석에서 벌어져 서구 사람들이 인식하지 못한 거의 알려지지 않은 사건이었다. 오늘날, 수만 명의 짐바브웨 성공회인들은 매년 6월 18일이나 그 무렵에 미제키를 기념해서 순례 성찬식을 갖는다. 이제는 세계 주류 기독교의 일원으로서 순례자들은 한 선구자를 통한 하나님의 역사를 기념하고 있다.

보스턴 대학교에서 다나 로버트는 전 세계에서 찾아온 일군의 박사과정 학생들을 교육시켜 왔다. 그들 자신이 아프리카, 아시아, 아메리카의 여러 지역에서 기독교 신앙의 의미를 탐구하고 있다. 그녀의 교훈은 어떻게 선교의 역사가 기독교의 역사를 집중적으로 규정하는지를 대단히 강력하게 보여주었다.

●—

미국 성경의 역사의 한 놀라운 특징을 설명하고자 할 때, 나는 라민 사네의 저서를 처음 접했다. 1860년부터 1925년까지 미국 주요 개신교 교단 너머 성경의 존재에 대한 글을 준비하면서, 나는 한 가지 믿을 수 없는 이야기를 발견했다. 70년도 되지 않는 그 사이에 미국에서는 흠정역,King James Version 개정역,Revised Version 미국표준역American Standard Version 외에 136개의 다른 판본의 영어성경이 출판되었다. 더 놀라운 것은 같은 기간 동안 영어가 아닌 다른 언어로 출판된 성경이 최소한 279개는 되었다. 그중에는 100개의 독일어판 성경, 35개의 스페인어 성경, 10개의 덴마크어와 다코타어 성경, 각각 4개의 핀란드어, 길버트제도어, 폴란드어, 줄루어 성경 등이 있었다.[4]

이렇게 엄청난 양의 성경번역과 출판을 파악하는 과정에서, 나는 최고의 자원이 선교학 진영에서 나왔다는 사실을 알게 되었다. 앤드루 월스의 통찰과 함께, 라민 사네도 어떻게 기독교의 역사 전체에서 지방·토착어로 성경을 번역한 것이 믿음의 확산뿐 아니라 문화 형성을 위해서도 예상치 못하게 광범위한 영향을 끼쳤는지에 대한 설득력 있는 설명을 제공했다. 여기에 내가 수십 년 전부터 알고 있던 선교적 설명과 같이, 선교사들이 번역할 때 한 일이 아니라 그들 자신의 언어로 성경을 받은 사람들 사이에서 발생한 일에 집중한 역사 기록이 하나 있다. 사네의 주장처럼 토착 성경의 습득은 "문화적 이해, 자국어에 대한 자부심, 사회적 각성, 종교적 갱신, 비교문화적 대화"를 동반했다.[5] 나에게 그와 같은 설명은 혁명적이었다. 월스와 다른 몇 사람과 함께 사네는 내가 그 쟁점을 선교학적 문제로 접근한다면, 곧 내가 성경의 토착어 번역을 촉진한 환경, 소수자 집단이 자신의 목적을 위해 주류 성경을 이용하는 이유, 기독교 집단이 자신의 언어로 성경을 갖게 되었을 때의 문화적 결과에 집중한다면, 미국에서 성경과 소수자들의 신앙에 대한 연구가 좀 더 생산적이 될 것이라고 알려 주었다.

다른 말로 하면, 나는 사네가 1989년에 쓴 패러다임을 바꾸는 책, 『메시지 번역하기: 문화에 대한 선교적 영향』*Translating the Message: The Missionary Impact on Culture*에서 설명했던 이론과 역사를 통해 기독교가 발생한 곳마다 그 역사를 계몽시킬 수 있다는 사실을 발견하고 있었다. 그렇게 광범위한 연구에서, 사네의 주장은 번역이 수행했던 이중적인 위엄을 설명해 주었다. "첫째는 어떤 문화도 기독교 경륜dispensation에서 배제되지 않고, 서구의 문화 기준에 의해 궁극적이거나 유일하게 판단되지 않는 포용적 원칙이다. 둘째는 자아도취에 대한 견제 수단으로서 변화라는 윤리적 원칙이다." 즉, 성경번역의 역사는 온전하게 삶을 끌어안고 어디서나 삶의 모든 측면에 도전하는 기독교의 이중적 특성을 강조한다. 사네의 표현처럼 "이런 두 개의 사상[포용적 원칙과 윤리적 원칙]은 선교사들이 하나님의 보편적 진리라고 이해했던 것에 뿌리를 두고 있다. 그것은 문화적 동질성이라는 획일화된 틀보다 토착어라는 매체를 통해 이 사실을 실천할 필요 및 의무와 함께 예수 그리스도를 통해 계시되었다."[6] 게다가, 번역자들은 그 결과를 제대로 이해하지 못했겠지만, 번역은 흔히 서구의 제국주의 의도를 지닌 비교문화적 목적하에 진행되었다. 이런 번역들이 흔히 "식민주의에 대한 토착적 저항의 출현"을 강화했기 때문에, 신학적 발전뿐 아니라 정치적·사회적 역사에도 거대한 영향을 끼쳤다.[7]

라민 사네는 감비아에서 무슬림으로 성장했는데, 그곳에서 기독교로 개종했다. 후에 그는 네 대륙에서 학문 훈련을 받았고, 바티칸의 조언자가 되었으며, 애버딘에서 가르친 후 예일 대학교로 갔다. 그곳에서 그는 세계기독교뿐 아니라 이슬람학과 아프리카학을 오랫동안 가르치고 있다. 『주변에서 부름받다: 한 아프리카인의 고향 방문』*Summoned from the Margin: Homecoming of an African*을 포함한 주요 저서들은 믿음의 세계적 특성을 공유하는 모든 기독교 공동체의 중요성을 강조했다. 사네의 견해로 보자면 그러한 이해는 하나님 나라에 대한 비교문화적·다원주의적 비전을 지향하는 일종의 선교 문서로 해석된 신약성경과 함께 시작되었다. 그의 말로 하면 예수와 제자들의 가르침은 "영토성territoriality이 더 이상 신앙의 필수조건은 아니다"라는 사실을 보여주었다.[8]

선교적 실천에 대한 사네의 접근은 내가 고압적이고 흔히 파괴적인 서구 제국주의에 대해 선교사들이 담당했던 책임을 공정하게 다루려고 애썼을 때, 특별한 도움을 주었다. 사네는 "선교회들이 서구에 의해 조직되고 자금을 지원받고 지도받았다"는 사실에 대해 논쟁하지 않았다. 그런 이유 때문에 선교는 기도하는 식민주의colonialism at prayer로 쉽게 이해되었다. 하지만 그는 유럽 제국에 충성했던 기독교 이상으로 사건을 이해하는 '수정주의 역사'를 강조한다. 특별히 효과적인 한 비교에서, 사네는 세실 로즈Cecil Rhodes의 아프리카 제국 건설과 데이비드 리빙스턴David Livingstone의 아프리카 지지를 대조시켰다. 로즈가 제국의 목적에 아프리카 노동자들을 복종시킨 반면, 리빙스턴은 그의 노력에 대한 유럽의 끊이지 않는 비판에도 불구하고 노동자 편을 들었다. 몇 년 후, 리빙스턴과 그의 헌신을 공유했던 선교사들의 유산이 케네스 카운다,Kenneth Kaunda 조슈아 엥코모,Joshua Nkomo 카무주 반다Kamuzu Banda 그리고 아프리카 민족자결의 여러 전령을 만들어 냈다. 그들은 남북 로디지아, 그리고 로즈와 그의 동료들이 세운 보호국들을 마침내 변화시킨 사람들이었다. "로즈는 백인의 지배 아래서 흑인 억압의 유산을 남겼다. 반면 리빙스턴은 억제할 수 없는 아프리카적 열망을 유산으로 남겼다."[9]

모호한 신화 창조를 위한 일시적인 유행의 주제가 결코 아니라, 사네 같은 학자들이 쓴 선교의 역사는 그것의 세계사적 의미에 대한 관심을 요구하는 것으로 드러났다.

학생들과 나 자신을 위한 다른 종류의 도움이 필립 젠킨스로부터 도래했다. 젠킨스는 펜실베이니아 주립대학교Pennsylvania State University에서 오랫동안 가르쳤고, 최근에 베일러 대학교Baylor University로 옮겼다. 그가 2002년에 옥스퍼드 대학교 출판부에서 낸 책 『신의 미래: 세계기독교의 도래』*The Next Christendom: The Coming of Global Christianity*는 일반 독자들을 위한 날카로운 경종이었다. 젠킨스의 짧지만 명쾌하고 수많은 사실로 가득 찬 책의 위대한 장점은, 비서구 혹은 남반구 기독교에 대한 새로운 문헌들을 종합하고 21세기를 위해 용감한 전망을 시도한 것이다. 그는 대중들이 바로 앉아서 주목하도록 만들기 위해, 한동안 선교학자들이 그들 영역 내에서 말하던 것을 사용했다. 젠킨스의 책임은 기독교의 역사를 다음처럼 동시대 현실의 관점에서 재조정하는 것이었다.

- 로마가톨릭교회의 공식 기록에 의하면, 1999년에 1,800만 명의 로마가톨릭 신자들이 세례를 받았다. 이 중 800만은 중앙 및 남아메리카에서, 300만은 아프리카에서 일어났으며, 아프리카 세례의 37퍼센트가 성인 세례였다.
- 대부분의 주요 개신교 전통의 경우, 가장 큰 개별 교파들은 오늘날 미국이나 유럽 밖에 위치하고 있다.
- 2000년, 세계에서 가장 인구가 많은 10대 국가 중에서 단지 3

개국만(미국, 러시아, 일본) '선진국'에 위치하고 있다. 에이즈와 관련된 도덕 문제를 포함하는 보수적인 인구통계학적 전망을 사용한다면, 2050년까지 세계에서 가장 인구가 많은 13개 국가 중에서 12개가 아시아, 아프리카, 그리고 라틴아메리카에 있을 것임에 틀림없다(유일한 예외는 미국).

이렇게 논쟁의 여지가 없는 증거를 강조함으로써, 젠킨스는 대중적이고 솔직하며 직설적인 진술을 했다. 즉, 세계 기독교 중력의 중심이 남쪽으로 이동했다. 이것은 거의 틀림없이 가속도가 붙어 지속될 것이다. 비록 유럽 기독교는 쇠퇴하고 북미 기독교만이 유일하게 문화적 정체성을 유지하고 있지만, 아프리카, 라틴아메리카, 아시아 같이 계속 확장하는 지역들에서 기독교는 역동적이고 혁명적이며 삶을 변화시킨다. 비록 자주 거칠고 정보가 부족하며 규율도 없지만, 제삼세계의 많은 부분에서 기독교와 무슬림 확장의 중심이 빠르게 서로를 향해 접근하면서, 무슬림-기독교 갈등은 21세기 내내 양과 강도 면에서 거의 확실하게 증폭될 것이다.

또한 젠킨스는 세계적인 뉴스거리에 대한 미국과 유럽의 편협성에 대해 유용한 교정 수단도 제시한다. 그는 도발적인 구절에서 "인종적 혹은 종교적 동기의 살인이 유럽이나 미국에서 발생하면 그 사건은 광범위한 영적 탐색을 야기하지만, 나이지리아, 인도네시아, 혹은 수단에서 그들의 신앙 때문에 수천 명이 살해를 당해도 그 이야기는 아무런 영향도 주지 않는다. 어떤 생명이 다른 생명보다 더 가치가 있다는 것이다"[10]라고 말한다.

기독교의 확장(그리고 함축적으로 이슬람의 확장)이 새로운 그리스도인들(혹은 무슬림들)이 그것을 묘사하는 방식으로 간주될 만하다는 젠킨스의 주장은 그 책의 방대한 정보만큼이나 유용하다. 물론 그는 추방된 사람들 사이에서 사회적 응집력의 필요가 기독교 공동체의 매력을 설명할 수 있고, 도시로의 대규모 이주가 하나님에 대한 오순절적 체험에 의해 제공된 내적 자기절제의 매력을 설명할 수 있으며, 근대적 의료보험이 없는 수많은 개인을 위한 신유의 약속이 일부 기독교 운동의 매력을 설명할 수 있다는 것도 알고 있다. 하지만 젠킨스는 비서구인들에게 그들이 정말로 원하는 것을 알려 준다고 주제넘게 생각하는 서구의 오만을 극복하기 위해 정말 열심히 노력한다. 비서구 세계에서 기독교의 확장을 설명할 때 적절한 정치적·사회적·문화적 요인이 무엇이든, 젠킨스는 "한 가지 매우 명백한 설명은 개인들이 제시된 메시지를 믿게 되었고, 이것이 그들의 주변 세계를 설명하는 최고의 수단임을 발견했다는 것이다"라고 주장한다. 비슷하게 그는 "사람들이 초자연적인 영역, 그리고 그것과 가시적인 세계와의 관계를 믿기 때문에 합류하거나 회심한다"고 주장한다. 사실 젠킨스는 남반구 세계의 기독교 교회의 엄청난 다양성 속에서 하나의 공통된 특징은 "하나님이 직접 일상생활에 개입하신다는 중요한 사상"이라고 주장한다.[11]

●—

최근 기독교 역사에서 발생한 거대한 변화를 해석하려고 노력하면서, 나는 곧 많은 젊은 학자들도 발견했다. 떠오르는 통찰의 흐름 중에서도 대표자는, 시에라리온 태생이자 에든버러에서 앤드루 월스의 학생 가운데 한 명이었으며 풀러 신학교에서 오랫동안 가르친 후 에모리 대학교Emory University로 옮긴 제후 핸슬스Jehu Hanciles다. 젊은 학자들은, 생전에는 거의 주목을 받지 못했지만 (그들의 지역이 기독교 확장의 중요한 지역으로 출현했기 때문에) 이제는 매우 크게 보이는 역사 인물들에 대한 세심하게 연구된 논문이 급증하는 데 점점 더 많이 기여하고 있다. 핸슬스는 그의 책장에 헨리 벤Henry Venn의 선교 전략에 대한 인상적인 작품을 추가했다. 헨리 벤은 19세기 성공회선교회Anglican Church Missionary Society의 지도자로, 선교회의 중심 목표를 '안락사'(혹은 자기제거)라고 정의했다. 또한 핸슬스는 나이지리아 태생의 번역가, 설교자, 교회개척자, 복음전도자이자 벤의 도움으로 아프리카 최초의 성공회 감독이 된 새뮤얼 아자이 크라우더Samuel Ajayi Crowther에 대해서도 섬세하게 글을 썼다.[12]

하지만 핸슬스는 전후 시대 기독교 발전의 가장 강력한 엔진 가운데 하나에 대한 종합적인 연구를 제공함으로써 더 나아갔다. 『기독교 세계를 넘어: 세계화, 아프리카 이민, 그리고 서구의 변형』*Beyond Christendom: Globalization, African Migration and the Transformation of the West*은 어떻게 사람들의 이동을 이해하는 것이 아프리카에서 기독교 역사를 파악하는 데 중요한지를 보여준다. 하지만 단지 아프리카만이 아니다. 근대의 세계화된 세계에서 점차적으로, 이민이 모든 곳에서 기독교의 역사를 정의한다. 이제 선교 사역은 "서구에서 나머지 세계로"가 아니라 "모든 곳에서 모든 곳으로"를 의미한다. 인구 이동의 일반적인 효과에 대한 핸슬스의 관심은 전통적인 서구 기독교와 세계의 새로운 장소에 존재하는 기독교 모두에 대해 기존의 생각을 뒤집는다. 다른 말로 하면, 새롭게 떠오르는 기독교 세계의 실제 환경에 세심하게 주목하는 것이 기독교와 근대 세계에 대해 더 많은 것을 알려 준다고 설명한다.

●—

최근 기독교 역사의 권위 있는 해석자들을 연구하면서 나는 단지 정보를 찾을 때 발견했던 것만큼 많은 생각을 자극하는 목소리도 발굴했다. 다음의 장들에서 나는 이런 빚들을 더 상세히 다룰 것이다. 하지만 여기서 두 명의 저자를 언급하는 것이 중요하다. 그들은 내가 도움을 구하고 있을 때 만난 이들이다. 역사적 범주뿐 아니라 문화적·신학적 통찰 면에서 풍부한 글을 쓰면서, 새뮤얼 휴 모펫 Samuel Hugh Moffett은 개인적인 권면의 말뿐 아니라 아시아에서 기독교의 오랜 역사에 대한 장엄한 연구도 제공해 주었다.[13] 데이비드 리빙스턴은 어떻게 선교사의 연구와 민속학적 보고가 과학의 역사에 영구적인 자국을 남기는지를 이해할 수 있도록 도와주었다.[14] 그리고 여전히 다른 사람들도(일부는 17장에서 언급된다) 같은 일을 하고 있다. 이런 권위자들은 알고 싶어 하는 우리 같은 사람들에게 기독교의 과거를 신선하고 거의 혁명적인 방식으로 제시해 주었다.

13장

숫자로 보기

데이비드 바렛의 『세계기독교 백과사전』 2판이 2000년 후반기에 출판되었다. 그때는 내가 처음으로 세계기독교 연구를 가르친 직후였다. 수업을 준비하면서 나는 특별히, 그 책의 국가별 조사와 기독교 역사에서 중요한 사건에 대한 풍성한 연대기(예수의 첫 제자들부터 현재까지, 그리고 추정을 통해 미래까지) 때문에, 1982년에 나온 초판을 자주 참조했다. 영국 태생의 바렛은 항공기술자로 일한 후, 아프리카에서 성공회 선교사로 섬겼다. 그는 그곳에서 제2차 세계대전 후에 경이롭게 성장하던 독립교회들에 공감하며 글을 썼던 최초의 서구인 중 한 사람이었다. 그 후 아프리카와 미국에서 일하면서, 1982년판 백과사전을 위한 일차자료들을 제공해 줄 통신원을 세계 도처에서 모집했다. 초판이 제공했던 것만큼의 엄청난 양의 자료가 거의 2,000페이지가 넘는 2판에서도 제시된다. 이번에는 토드 존슨Todd Johnson과 조지 쿠리언George Kurian의 도움이 있었다. 구소련 붕괴와 다른 정치적 격변 이전에 나온 1982년판은 223개국에 대한 조사를 담고 있었다. 새로운 판은 확장되어 238개국을 포함하게 되었다. 295달러라는 고가에도 불구하고, 2판은 거저나 마찬가지였다.

하지만 머지않아 다른 세심한 수치 계산자들이 포괄적인 세계 그림을 도표로 만들려는 노력에 기여했다. 여기에는 2011년 바렛이 세상을 떠날 때까지 그와 함께, 그 후에는 다른 조력자들과 함께 존슨의 감독을 받은 『국제 선교 연구지』 1월호의 연례 통계조사, 가장 최근에 제이슨 맨드릭Jason Mandryk이 편집했고 세계 모든 나라에 대해 그리고 중국과 인도 같은 거대한 나라들을 위해서는 개별 지역에 대해 조심스럽게 정리된 정보를 담은 기도 안내서 『세계 기도 정보』*Operation World*[1] 그리고 2009년에 존슨과 케네스 로스Kenneth Ross가 편집한 중요한 지도가 포함된다.[2]

이와 같은 자료들은 기독교 세계에서 최근에 발생한 극적인 변화를 개관하기 위한 수단을 제공한다. 나는 현대 기독교 역사에 대한 과목을 시작하거나 교회 청중들과 대화를 시작할 때, 다음과 같은 강조점들을 남용했는지도 모른다. 하지만 그런 정보에 놀라지 않는 사람에게도, 이 수치들이 보여주는 지각변동은 경이롭다.

- 지난 주일에, 이른바 '기독교 유럽'의 모든 곳에서보다 더 많은 수의 신자들이 중국 교회에 있었을 것이다. 1970년까지만 해

도 중국에는 합법적으로 문을 연 교회가 없었다.

- 지난 주일에, 영국과 미국에서 성공회 예배에 참석한 신자들을 합친 수보다 더 많은 성공회 신자들이 케냐, 남아공, 탄자니아, 우간다에서 예배에 참석했다. 나이지리아 교회에서 성공회 신자의 수는 다른 아프리카 국가 성공회 신자의 수보다 몇 배가 많다.
- 지난 주일에, 미국에 있는 두 개의 거대한 오순절 교단인 하나님의 성회Assemblies of God와 하나님의 교회 그리스도파Church of God in Christ 교인을 합친 수보다 더 많은 오순절 하나님의 성회Pentecostal Assemblies of God 교인들이 브라질 교회에 있었다.
- 지난 주일에, 기독교개혁교회, 복음주의자유교회, 미국장로교회 같은 주요 북미 교파 모든 교회에 참석했던 것보다 더 많은 사람들이 서울의 '여의도순복음교회'에 참석했다.
- 지난 주일에, 영국과 프랑스에서 가장 많은 사람들이 참석한 교회는 대부분 흑인 교회들이었다. 그리고 전 유럽에서 가장 큰 교회는 우크라이나 키예프에 있는 '열방을 향한 복된 하나님 나라의 대사 교회'이며, 이 교회에서 나이지리아 태생의 선데이 아델라자Sunday Adelaja 목사가 목회하고 있다.
- 로마가톨릭 안에서도 새로운 세계화 현상이 분명해지고 있다. 오늘날 가장 큰 예수회 조직이 존재하는 나라는 인도다. 다른 어떤 나라보다 필리핀에서 더 많은 가톨릭 신자들이 열심히 성당에 간다. 그리고 2013년 초부터 가톨릭의 새로운 수장은 아

르헨티나 출신의 교황이다. 그는 신학적인 측면에서는 전통적이지만, 가난한 자들과 소외된 자들에 대한 열정 어린 헌신을 보여주고 있으며, 복음주의 개신교인들과도 좋은 관계를 맺고 있다.

- 오늘날 대략 2,000명의 기독교 선교사가 영국에서 비교문화적으로 사역하고 있는데(미국에서는 몇 배 더 많다), 대부분은 이민자 공동체, 그리고 일부는 일반 국민들을 대상으로 사역한다. 약 2만 명의 한국인 선교사들과 1만 명의 나이지리아 선교사들이 자기 나라 밖에서 활발히 활동하고 있다. 비교 가능한 미국의 수치는 대략 10만 명 정도이지만, 그중 많은 이들이 단기 선교사다. 추가적으로, 만일 '선교사'가 다른 문화와 다른 언어 속에서 살고 있는 신자라고 정의된다면, 자신들의 고향 밖에서 사역하는 많은 중국인과 인도인 사역자도 해외에서 사역하는 미국 출신 선교사만큼 많이 존재할 것이다.

내가 2000년판 『세계기독교 백과사전』의 장점과 약점으로 보았던 것을 알고 싶은 독자들은 당시에 썼던 서평을 읽을 수 있을 것이다.[3] 하지만 더 중요한 것은 데이비드 바렛, 토드 존슨, 제이슨 맨드릭, 그리고 다른 세심한 연구자들이 지난 세기 동안 세계기독교의 발전에 관해 제공한 축적된 인상이다. 수치 자체는 불분명하고 위협적이며 당혹스러울 수 있다. 하지만 집중된 지역 역사, 특별한 기독교 운동에 대한 보고, 전기적 혹은 자전적 설명과 결합되면 그 수치는 건강한 공명판 효과를 창출한다. 수업시간에, 나는 왜 그런 수치를 참조하는 것이 도움이 될 수 있는지를 충분히 강조했었는지 확신할 수는 없다. 그 이유는 그것들이 대단히 중요한 변화를 알려 주기 때문이다. 비록 그 변화들의 의미에 살을 붙이기 위해 지역적이고 특별하며 개인적인 증인을 발견하는 것이 필요하지만 말이다. 하지만 특별히 전국적인 선거의 결과와 득표차에 넋이 나간 채 자란 사람들을 위해, 그 연구자들은 내 생각을 완전히 바꾸어 놓기에 충분한 자료들을 수집했다.

그러한 수치를 바라볼 때 한계를 인식하는 것이 중요하다. 가장 중요한 것을 리 에릭 슈미트Leigh Eric Schmidt가 훌륭하게 서술했다. 그는 "기독교에 대해 계산하는 것 대부분은 계산될 수 없는 것이다"라고 말했다.[4] 거대하고 포괄적인 계산은 항상 어느 정도의 부정확성을 담보할 수밖에 없다. 더욱이 '기독교적', '실천적 기독교', '교회 회원', 혹은 바렛의 범주 중 하나처럼 '대사명 그리스도인'Great Commission Christian의 의미를 확인하기 위해 연구자는 정의definitions를 항상 신중하게 검토해야 한다. 그럼에도 일단 모든 적절한 자격이 충족되면, 전체적인 통계는 여전히 많은 것을 보여준다.

●—

2000년판 『세계기독교 백과사전』은 충격적인 정보로 가득하다. 다음 몇 문단들이 그 책의 페이지를 채우고 있으며, 『세계 기도 정보』와 『세계 기독교 지도』에도 나오는 풍성함의 힌트를 약간 제공한다. 하지만 『세계기독교 백과사전』의 경우 그 수치들은 1990년대 중반에 대한 계산을 반영하며, 그 시대 이후 엄청난 속도로 상황이 한쪽으로 기울어져 왔다는 사실을 기억하는 것이 중요하다. 이 수치들이 내가 학생들에게 묘사하려고 노력했던 거대한 변화를 내게도 충분히 납득시켰기 때문에, 여기에 포함시킨다.

한 가지 예로 전 세계 성공회의 경우, 『세계기독교 백과사전』은 많은 아프리카 국가들 내에서 거대한 수치를 보고하지만(나이지리아 1,750만 명, 우간다 740만 명, 케냐 270만 명, 탄자니아 230만 명), 또한 동일한 국가들 내에서(나이지리아 제외) 훨씬 더 많은 수의 로마가톨릭 신자들에 대해 보고한다. 『세계기독교 백과사전』은 한국에 있는 39개의 분리된 장로교 교단, 섬 전체 인구의 절반 이상이 등록하고 있는 피지의 감리교회, 700만 명의 회원을 거느린 남아공의 시온기독교회에 대한 상세한 묘사도 제공한다. 또 각각 최소한 200만 명 이상의 회원을 가진 7개의 비가톨릭 교단(2,200만 명이 소속된 하나님의 성회를 포함해)뿐 아니라, 1억 4,400만 시민들과 연결된 가톨릭교회를 보유한 브라질의 상황도 묘사한다.

교단들의 지리적 확장에 관심을 가진 사람들을 위해서 『세계기독교 백과사전』은 다양한 기독교 전통(또한 여호와의 증인 및 모르몬교처럼 기독교 관련 전통)이 확실하게 뿌리내린 국가들의 목록을 제공한다. 전체 238개국 중 로마가톨릭교회는 235개국에서 발견되고, 여호와의 증인은 212개국에서, 제칠일안식일예수재림교회는 199개국에서, 침례교나 케직 사경회에서 기원한 오순절파는 178개국에서, 침례교는 163개국에서, 성공회는 162개국에서, 장로교나 개혁교회는 141개국에서, 루터파는 122개국에서, 성결 운동 전통의 오순절파는 118개국에서, 감리교는 108개국에서, 모르몬교는 102개국에서 발견된다.

오래된 기독교 국가에게 약간 유리한 방식으로 『세계기독교 백과사전』이 보여주는 비교학적 열정의 또 하나의 결과물은, 교단에 소속된 그리스도인 백만 명당 해외에서 사역하는 기독교 사역자의 비율이다. 비록 그리스도인의 수가 미약한 나라들은 그런 비교에서 높은 자리로 쉽게 올라갈 수 있겠지만, 최근에 기독교화된 국가들과 함께 전통적으로 가톨릭인 몇몇 유럽 국가가 높은 순위에 올라 있는 것은 매우 교훈적이다. 『세계기독교 백과사전』이 이런 조사를 통해 높은 순위에 위치시키는 9개 나라는 아일랜드(교회에 소속된 그리스도인 백만 명당 2,772명의 해외 사역자), 몰타(2,693명), 사모아(1,774명), 생피에르미클롱(1,565명), 팔레스타인(1,328명), 페로 제도(1,263명), 싱가포르(1,241명), 벨기에(1,197명), 아메리칸사모아(1,086명)다. 그 다음으로 네덜란드가 10위(992명), 스페인이 13위(823명), 뉴질랜드가 14위(820명), 캐나다가 15위(815명)를 차지한다. 미국(619명), 스위스(528명), 노르웨이(428명)를 포함해 오랜 역사를 지닌 선교사 파송 국가들이 뒤를 따른다.

『세계기독교 백과사전』 2판에서 편집자들은 세계의 인종

집단, 언어, 도시, 혹은 지역/국가 사이에서 발견되는 그리스도인의 수와 유형을 보여준다. 흥미로운 정보가 이런 섹션들 모두에서, 특히 최소한 10퍼센트의 그리스도인 인구를 보유하고 있는 114개의 중국 도시와 61개의 인도 도시들을 기록한 도시 조사를 통해(이 결과는 1990년대 중반의 것임을 기억하라) 드러난다. 그리스도인 총수 면에서, 아이자울(인도 미조람 주에 있는 도시)과 코히마(인도 나갈랜드 주에 있는 도시)는 각각 미국이나 영국의 어떤 도시보다 높은 90퍼센트와 85퍼센트를 기록하고 있다.

●—

1900년 이후 전 세계의 변화를 보여주는 대략적인 요약을 위해 이번 장은 내가 정기적으로 수업시간에 제시하는 도표로 마무리하고자 한다. 표 1은 2000년도판 『세계기독교 백과사전』에서 가져온 것이다. 1900년부터 2000년까지 유럽, 라틴아메리카, 북아메리카, 오세아니아에서 교회에 소속된 그리스도인의 수가 일반 인구의 비율과 동일하게 상승했다. 반대로 아프리카에서 교회에 소속된 그리스도인의 수는 일반 인구보다 5배 빠른 속도로 성장했고, 아시아에서는 4배가 빨랐다.

역시 『세계기독교 백과사전』에서 가져온 표 2는 다음과 같이 정의된 범주를 열거한다.

표 1. 교회에 소속된 그리스도인의 수

	그리스도인의 수			총인구(백만 명)	
	1900년도	2000년도	증가율	2000년도	증가율(추정)
아프리카	8.8	335.1	3800%	784.5	700%
아시아	20.8	307.3	1500%	3,697	400%
유럽	368.2	536.8	150%	728.9	180%
라틴아메리카	60	440	700%	519.1	800%
북아메리카	59.6	203.7	350%	309.6	400%
오세아니아	4.3	21.4	500%	30.4	500%

- 복음주의자: 자신을 복음주의자라고 부르는 개신교인, 혹은 복음주의 교회, 회중, 교단에 속한 모든 사람들. 종교에 대한 개인적 헌신을 특징으로 한다.
- 은사주의자: 성령충만을 경험한 비오순절파 교단에 속한 세례교인들과 오순절파, 은사주의파, 신은사주의적 갱신파의 제2의 물결.
- 대사명 그리스도인: 그리스도의 대사명의 의미를 알고, 자신의 삶과 사역에서 그 사명의 개인적인 도전을 받아들이고 순종하려고 노력하며, 그리스도의 몸인 교회가 그 사명을 실천하도록 영향을 끼치고 싶어 하는 사람들.

표 2. 복음주의자 · 은사주의자 · 대사명 그리스도인의 수

	1900년도			2000년도(백만 명)		
	복음주의자	은사주의자	대사명 그리스도인	복음주의자	은사주의자	대사명 그리스도인
아프리카	1.6	0.9	3.1	69.6	126.0	90.8
아시아	1.3	0	10.5	31.5	134.9	191.9
유럽	32.4	0	49.8	21.5	37.6	192.5
라틴아메리카	0.8	0	2.4	40.3	141.4	52.3
북아메리카	33.5	0	11.6	43.2	79.6	105.3
오세아니아	2.2	0	0.5	4.4	4.3	9.1

이런 각각의 범주들과 관련해 동일하게 경이로운 확장이 아프리카와 아시아에서 출현하고 있다.

표 3과 표 4는 2013년 『국제 선교 연구지』 1월호에서 인용한 것이다.[5] 그것들은 얼마나 빠르게 기독교 인구가 지속적으로 아프리카(1990년대 이후 1억 7,000만 명이 추가되었다)와 아시아(6,000만 명이 늘었다)에서 성장했는지를 강조한다. 또한 가톨릭교회가 세계에서 확인할 수 있는 그리스도인의 절반을 차지하고 있다고 알려 준다. 표 4는 왜 '남반구' 기독교에 대해 말하는 것이 관습처럼 되었는지를 보여준다. 2013년에 아프리카, 아시아, 라틴아메리카에 소속된 그리스도인의 비율은(64퍼센트) 1900년에 유럽

표 3. 2013년 현재 세계기독교 그림

	1900년도	2013년도	2025년도 예상(백만 명)
세계 인구	1,620	7,130	8,002
무슬림 인구	200	1,635	1,972
비종교인	3	684	701
힌두교 인구	203	982	1,104
총 그리스도인 인구	558	2,354	2,707
교회 소속 회원	522	2,245	
교회 출석자	469	1,555	
복음주의자	72	306	
오순절-은사주의자	1	628	
대사명 그리스도인	78	702	
로마가톨릭	267	1,202	
개신교/성공회	134	531	
동방정교회	116	280	
독립교인/기타	9	417	

과 미국에서 발견된 비율은(82퍼센트) 아직 아니다. 하지만 전자의 비율이 후자만큼 될 (그리고 아마도 능가할) 시간이 멀지 않다.

이 도표들의 수치는 메가폰과 비슷하다. 그것이 지난 세기 동안 발생했던 세계기독교 내부의 중요한 변화를 모두 설명할 수

표 4. 지역 교회에 소속된 그리스도인의 수

	1900년도	2013년도(백만 명)	증감율 추이
아프리카	8.7	509.6	1.7% ▶ 22.7%
아시아	20.8	365.1	4% ▶ 16.3%
유럽	365.3	562.3	70.4% ▶ 25%
라틴아메리카	60	555.6	11.6% ▶ 24.7%
북아메리카	59.6	227.6	11.5% ▶ 10.1%
오세아니아	4.3	24.8	0.8% ▶ 1.1%

는 없다. 하지만 의심의 그늘을 넘어 이러한 변화가 실제로 일어났음을 보여준다.

● — 14장

남쪽 바라보기: 안내

세계기독교 내부에서 발생한 최근의 극적인 변화를 조명하는 통계들 중, 하나의 수치가 많은 개신교인에게, 특히 나의 배경이 되는 복음주의 개신교인에게 중요하다. 그것은 라틴아메리카의 거대한 숫자다. 즉, 1900년에 확인된 6,000만 명의 그리스도인들이 2013년에 5억 5,000만 명으로 증가했다. 그것은 세계 그리스도인 인구의 12퍼센트 미만에서 거의 25퍼센트까지 성장한 것이다. 나처럼 자라난 복음주의자들에게 주어진 어려움은 이런 숫자들이 어떻게 질적인 의미에서 진정한 신자들을 대표하는가 하는 문제다.

시더래피즈에서 우리는 정기적으로 아르헨티나, 에콰도르, 그리고 라틴아메리카의 다른 지역에서 온 선교사들을 맞이했다. 그들은 그 지역의 깊이 각인된 가톨릭 문화를 만났을 때 경험했던 엄청난 어려움들을 서술했다. 빈번하게 우리는 혹독한 박해와 개신교 신앙을 위해 가톨릭교회를 떠난 가난에 찌든 인디언 교회들의 이야기, 더불어서 수십 년이 지난 뒤에도 내 마음 속에 생생히 남아 있는 콜롬비아의 끔찍한 이야기를 들었다. 게다가 한 개신교 관찰자는 심각한 혼합주의가 라틴아메리카의 기독교를 특징짓는다는 결론을 내릴 수밖에 없었다. 형식적인 가톨릭 신앙은 유럽과 접촉하기 전의 다신론적이고 정령신앙적인 특징을 상당부분 여전히 보유하고 있는 대중종교 위에 단지 덧칠된 것처럼 보였다. 그렇다면, 엄청난 수의 가톨릭 신자들이 그리스도인으로 간주되어야 하는가?

내가 유럽에서 아메리카 대륙으로 기독교의 전반적인 이동을 연구하기 시작했을 때, 그 문제는 이야기에서 해석으로 이동했다. 라틴아메리카 종교는 구세계 기독교 체제의 마지막 표현을 대표했다. 그곳에서 교회와 국가는 독점적인 사회질서를 창출하기 위해 협력했다. 이런 체제 아래서, 20세기 초의 '저항자들'(개신교인들)은 거의 모든 나라가 공식적으로 가톨릭이거나 개신교였던 16-17세기 유럽에서 '저항자들'이 받았던 대접을 받았다. 그와 같은 이전 상황에서, 가톨릭 영토의 개신교인과 개신교 영토의 가톨릭 신자는 주변인으로 소외되어 권리를 상실하고 추방되었으며 더 심한 대접도 받았다. 관용의 이념들로부터 받은 인도주의적 영향이 라틴아메리카에 뒤늦게 도착했다. 복음주의적 관점에서, 국가와 교회의 분리, 종교 전통들과의 평화로운 경쟁, 기독교와 토착종교들 간의 분명한 구분은 모든 곳에서 발견되어야 하는 규범이라고 생각하기 쉬웠다. 그래서 라틴아메리카에 감정이입하며 접근하기가 어려웠던 것이다.

그런데 내가 현재의 발전들에 대한 글을 읽기 시작했을 때, 훨씬 더 많은 복잡성이 추가되었다. 지난 20여 년 동안, 라틴아메리카 가톨릭교회 내에 보수적 전통주의, 진보적 해방주의, 계속 존재하는 토착종교들, 일부 성경중심적·은사주의적 개혁, 심각한 수준의 비참여적 무관심, 일부 지역에서 점증하는 반성직주의적 세속주의가 존재한다는 것이 명백해졌다. 브라질, 중앙아메리카, 칠레, 그리고 다른 곳에서 오순절 유형의 개신교 운동들이 전대미문의 대약진을 이룬 것이다. 그런 운동에 대해 처음 읽었을 때의 내 반응은 복합적이었다. 혼합주의적인 가톨릭교회의 영향력에 대한 대안을 발견하는 것이 위로가 되었지만, 개신교적 번영신학이 우세한 것 때문에 마음이 불편했다. 중앙아메리카의 새로운 개신교인들 중 몇 사람이(특히 과테말라의 리오스 몬트와 부하들) 전후 시대 세계에서 가장 폭력적인 독재자 명단에 이름을 올렸다는 사실을 발견하고는 내 마음이 훨씬 더 불편해졌다.

이 모든 혼란 가운데 나에게 가장 심각한 것은 현 교황 프란치스코 1세다. 한 개인 안에서 우리는 전통적인 가톨릭 교리, 가난한 자들을 위한 진보적 주장, 이전 세대 라틴아메리카 고위 성직자들이 권력을 유지하기 위해 협조했던 자본주의를 기꺼이 비판하려는 의지의 결합을 발견한다. 더욱이 아르헨티나의 주교 호르헤 마리오 베르고글리오Jorge Mario Bergoglio로서 그는, 복음주의 기도모임과 성경공부, 그리스도 중심적 설교에 대한 그의 후원을 높이 평가했던 복음주의 개신교인들과 좋은 관계를 맺고 있었다.

물론 내가 세계기독교에 대한 나의 첫 번째 수업을 진행했을 때, 교황 프란치스코 1세는 아직 전면에 나타나지 않았다. 하지만 일반적으로 유럽과 북미에서 기독교의 발전을 분석하도록 훈련받은 한 사람의 복음주의 개신교 역사학자에게, 새로운 교황의 특성은 내가 현대 세계 기독교회사에서 직면했던 퍼즐들을 더욱 조각냈다. 그런 혼란의 교육학적인 결과는 내가 준비한 강의계획서였다. 거기에서 라틴아메리카는 학기말에 다루었는데, 아프리카, 중국, 인도, 오세아니아보다 훨씬 더 피상적으로 다루었다.

하지만 감사하게도, 강의를 위해 노력하던 초창기 시절에 나를 도와줄 손길이 가까이 있었고, 지금까지 지적 · 인간적 · 영적으로 커다란 격려의 원천으로 남아 있다.

●—

그 손길은 '기독교 민족을 위한 도움'Help for Christian Nationals의 설립자이자 디렉터인 존 조첸John Jauchen을 통해 왔다. 수십 년 동안 이 조직은 세계 여러 나라에서 교회개척자, 복음전도자, 셀그룹 지도자, 가족상담자, 평신도 교육자를 후원해 왔다.

우리는 거의 50년 전에 휘튼 칼리지 농구부에서 우정을 시작했다. 신입생인 그는 키가 크고 말랐지만, 얌전하지 않았으며 농구를 나만큼 잘하지 못했다. 우리가 2학년이었을 때, 존은 좀 더 컸고 좀 더 말랐으며 여전히 얌전하지 않았지만 분명히 농구는 나보다 잘했다. 우리는 1년 동안 기숙사에서 같은 방을 쓰면서 농구부와 함께 많은 여행을 했고, 그 후 우리 각자의 길을 갔다.

대학 졸업 후 여러 해 동안 나는 이따금씩 그를 만나, 그가 메리 조이너(내가 알기로 그녀는 아이오와의 훌륭한 집안 출신이었다)와 결혼했으며, 자녀들이 태어났고, '해외십자군 스포츠대사'Overseas Crusades' Sports Ambassadors와 함께 농구를 했으며, 그 후에는 콜롬비아에서 선교 사역을 시작했다고 들었다. 나는 1982년부터 '기독교 민족을 위한 도움'이 시작된 것을 알고 기뻤다. 다른 어떤 이유보다 그가 나의 오래된 소중한 친구였기 때문에 그랬다. 후에 앤드루 월스를 읽기 시작하고 동시대 기독교 운동들이 취하고 있던 다른 형태에 대해 생각하기 시작했을 때, 나는 옛 동료가 나의 새로운 선생이 될 수 있다는 사실을 깨달았다.

그의 가르침은 내가 막 시작한 세계기독교 수업에 존이 강사로 방문했을 때 이루어졌다. 처음에 그의 참여는 내가 한 학기를 감당할 수 있도록 도울 목적으로 마련된 여러 방편 중 하나였지만, 그의 강의가 시작되자마자 그 자체로 그 학기의 하이라이트가 되었다. 존에게 강의를 부탁했을 때 나의 기대는 그가 그의 개인적인 이야기를 수업에서 들려줄 뿐 아니라, 비슷한 선교 사명을 고려하고 있던 학생들을 위해 실제적인 지침을 제공해 주는 것이었다. 이런 목적은 충분히 충족되었을 뿐 아니라 뜻밖의 선물도 함께 주어졌다. 즉, 라틴아메리카의 다양한 지역에서(그리고 그가 여러 차례 방문했던 필리핀) 평범한 그리스도인 존재의 궤도와 맥락, 진보와 갈등, 그리고 일상적인 특성에 대한 깊이 숙고된 통찰들이 풍성했던 것이다. 다른 말로 하면, 존은 내가 개략적인 관점에서 다루었던 것과 똑같은 질문과 역사적인 상황의 많은 것에 대해 기초 수준의 개관을 제공했다.

강의에서 존은 세계 여러 지역에서 수많은 그리스도인 사역자들을 위한 교육 및 기타 지원을 포함한 그의 선교회 목적을 소개했다. 그런 후에 그는 더 많은 시간을 일반적인 틀 속에서 자신의 특별한 소명을 설명하는 데 할애했다. 그의 소명은 일반 신자들이나 새로 회심한 사람들, 혹은 새로 부흥을 경험한 사역자들을 위한 단기 세미나를 기획하고 지도하는 일과 관계가 있다. 단기 세미나는 설교나 성경공부를 준비하기 위해 성경을 어떻게 사용하는지에 관한 기초 교육을 제공한다. 세미나는 약간의 등록비를 받고 학생들이 자신의 학습용 성경책을 받는 것으로 끝나는데, 가끔은 그것이 참가자가 개인적으로 소유하게 된 첫 번째 성경인 경우도 있다. 존은 이런 세미나를 여러 라틴아메리카 국가들뿐 아니라 인도와 필리핀에서도 실시했다. 그리고 항상 지역 그리스도인 지도자들과 협력하여 진행되었다.

그러한 내용은 존에게 수업을 부탁했을 때 예상했던 것이었다. 내가 예측하지 못했던 것은 그가 개별 국가 내에서 기독교의 최근 역사에 대해 제공한 잘 정리된 역사적 개요들이었다. 주로 존은 학생들의 특별한 주목을 끌기 위해 필리핀과 니카라과를 선택했지만, 결론은 새로운 개신교 그룹들이 출현하고 있으며, 지배적인 가톨릭 인구와의 긴장이 일부 남아 있고, 지방의 구성원들이 발전 과정에 주된 영향을 끼치는 세계의 여러 지역에 대한 상세하고 직접적인 보고였다. 필리핀에서 발생한 돌발 상황은 교회 지도자들이 공산주의 반란군의 공격을 받는 것과, 그 나라와 아시아의 경제성장과의 상관관계 등이었다. 니카라과에서는 허리케인, 독재, 내전 등이 돌발 상황에 속했다.

존은 내가 다루려고 애썼던 문제들을 유능하게 언급했다. 즉, 제2차 세계대전의 종전으로 자극받은 경제적이고 선교적인 모험, 제2차 바티칸 공의회의 세계적 영향, 1974년 로잔 세계복음화 국제대회로 대표되는 복음주의자 동원, 1980년대 후반의 공산주의 붕괴 등을 말이다. 또한 그는 학생들에게 서구의 선교적 노력이 1954년에 에콰도르 정글에서 와오라니 부족에게 살해된 다섯 젊은 선교사들의 희생적인 섬김에 대한 보도를 통해 대단한 자극을 받았다고 상기시켜 주었다. 이 희생에 관한 것은 휘튼에서 특히 의미 있는 언급이었다. 그들 중 세 사람이 휘튼 칼리지 출신이었으며, 캠퍼스 내에는 여러 곳에 그들의 기념 장소가 있다.

하지만 대개의 경우 그는 자신이 경제학자들이 중산층과 하류층이라고 부르는 곳 출신의 남녀 젊은이들 사이에서 목격했던 기독교적 활력에 집중했다. 그는 필리핀과 니카라과에서의 주된 발전을 간략히 설명한 후 그것에 대해 평가했다.

주된 관심은 그가 개신교 유형 집단들 내부에서 목격했던 급속한 증가를 설명하는 것이었다. 한 가지 예비적인 고찰은 그것의 엄청난 다양성이었다. 즉, 교회들과 셀그룹들이 여러 다양한 방법으로 발생했다. 어떤 것은 장기 선교사들의 사역으로부터, 어떤 것은 나라 밖에서 온 보다 새로운 오순절 선교사들에 의해 점화되었다. 그리고 훨씬 더 많은 것이 그 단어의 이중적 의미(자연적 능력과 성령의 권능)에서 은사주의적이었던 특이한 범주의 지역 지도자들로부터 시작했다. 존은 그런 다음에 여러 상황에서 목격했던 공통 요소를 설명했다. '우상숭배'란 관점에서 감지된, 역사상의 로마가톨릭교회를 향한 강력한 반작용이 있었다. 그리스도의 구원 사역에 초점을 맞추는 정직한 신학은 도처에 있었다. 강력한 지역 지도자들은 교회를 구성하고 인도할 기회를 통해 제공된 권한을 만끽한다. 열정적인 예배, 기사와 이적(특히 육체적인 치유), 세상에서 삶에 대한 적극적인 긍정(흔히 번영신학으로), 그리고 새로운 많은 기독교 지도자들과 함께 점증하는 셀그룹이 존재한다.

마지막으로 존은 개신교 그룹의 급성장과 관련해서, 자신이 발견한 주된 원인을 강조했다. 많은 경우 전통적인 가톨릭 구조들이 경제적 스트레스, 도시 과밀현상, 그리고 특히 가족해체로 이끄는 세계화의 압력에 제대로 대처하지 못하는 모습에 대한 반작용처럼 보였다. 이런 진공상태에서 복음주의 셀그룹들이 영적이고 공동체적인 후원을 위해 새로운 종류의 가족을 제공했다. 책임감을 요구하는 종교에 참여하는 것은 흔히 다른 영역에서 사회적 향상에 대한 열망을 자극했다. 더 높은 시각에서 기도, 복음설교, 권면, 복음전도, 공동체 후원이 직접적으로 부흥, 개혁, 갱신을 위한 이유를 제공했다.

자신의 경험에서 얻은 특별한 예를 통해 일반화에 활력을 불어넣은 존의 능력은 우리 모두를 흥분의 도가니로 몰아넣었다. 존은 콜롬비아에 있는 한 중견 목회자가 그의 삶에 끼친 위대한 영향에 대해 묘사하면서 강의를 시작했다. 그 목사는 교회 밖에서 있지만 교회 건물 안으로 들어오길 주저했던 관심 있는 사람들과 접촉할 수 있는 새롭고 건전한 시스템을 제공하기 위해 자기 집의 가구들을 팔았다. 기독교적 증거를 위해 자신의 목숨을 바쳤던 필리핀 목사 친구에 대한 그의 이야기도 동일하게 감동적이었다. 게릴라들은 그의 살해된 몸을 버릴 때, 그 몸에 반기독교적 슬로건을 새겼다.

다음 사건은 몇 년 후에 일어났다. 하지만 그것은 성경적인 설교에 관한 세미나에 참석한 사람들의 열정을 반영해 주었다. 2010년 2월 27일 저녁에 거대한 지진이 강타했을 때, 존은 한 동료 선교사와 함께 모임을 이끌면서 칠레의 산티아고에 있었다. 존과 그의 친구는 호텔에서 무사했지만, 그들의 다음 상황이 어떻게 될지 알 수 없었다. 다음 날 아침 일찍, 세미나에 참석했던 학생들이 와서 그들에게 왜 세미나 마지막 날, 곧 참석자들이 그들 자신의 성경책을 받게 되는 바로 그날에 늦게 오는지를 물었다. 이 학생들은 지진이 더 깊은 성경적 신앙에 대한 열정을 좌절시키도록 내버려 두지 않았던 것이다.

그와 같은 사건들의 매혹적인 특성 때문에, 존이 복음주의적이고 오순절적인 기독교의 확장에서 주된 경향으로 목격한 것을 설명할 때 학생들은 주의 깊게 들었다. 그는 선진국 출신 선교사에게 아직도 많은 기회가 있다는 사실뿐 아니라, 지역 교회의 지도력이 지방 사람들의 손에 확실하게 있다는 사실도 학생들이 깨닫기를 원했다. 그가 만났던 교회개척자들, 성경교사들, 목회자들은 열정적이었고 하루 종일 일했다. 대부분 제대로 훈련받지 못했고 도구도 거의 갖지 못했으며, 흔히 보상도 제대로 받지 못해 물질적으로는 가난했지만 영적으로는 부자였다. 그들은 그가 "전통적 신앙 체제의 지속적 해체"라고 불렀던 것을 경험한 사회 환경에서 살았다. 그들은 복음전도와 교육을 위한 최신 기술의 혜택을 거의 누리지 못했다(비록 핸드폰은 어디서나 사용했지만). 그들은 때로는 가족 갈등이나 강렬한 종교적 헌신 때문에, 하지만 훨씬 더 자주는 절박한 경제적 필요 때문에 상당한 고통을 겪었다.

수업을 위해 존은 뒤로 물러서서, 활동적인 새 신자들의 거대한 물결이 직면하고 있는 도전을 평가했다. 니카라과에서 1970년대에 전체 인구의 1-2퍼센트를 차지했던 오순절 유형의 교회들이 21세기 초에는 전체 인구의 20퍼센트를 차지하게 되었다. 필리핀에서도 그들은 강렬하지만 덜 극적인 증가를 경험했다. 그리고 도전은 가톨릭 유산과의 지속적인 갈등, 거의 모든 개신교 그룹

내에서의 강력한 분열, 가난한 사람들뿐 아니라 지역 엘리트들과의 접촉의 어려움, 지도자들을 훈련시켜야 할 절박한 필요, 신앙의 피상적 표현을 넘어서야 할 필요, 도덕적 율법주의와 싸우고 선교 사역에 대한 관심을 증진시켜야 할 필요, 지속적으로 현존하는 경제적 필요를 충족시켜야 하는 절박한 요구, 세계 각지에서 새로운 현상을 만들고 있는 '전직' 복음주의자들의 엄청난 수와 함께 복음전도의 결과들을 보존해야 하는 점증하는 문제 등을 포함한다.

필리핀과 라틴아메리카의 가톨릭 유산에 대한 그의 고찰은 조심스럽고 미묘한 차이가 있었다. 그는 가톨릭 단체 내에서 사회적 갱신의 징표를 더 많이 보았지만, 신앙의 은사주의적이고 성경적인 표현에 대해 훨씬 더 강력한 관심을 발견했다. 또한 그는 변화의 빠른 속도에 대해서도 말했다. 즉, 얼마 전의 강도 높은 가톨릭-개신교 긴장부터 성경 훈련 세미나에 참석한 가톨릭 평신도 지도자들, 심지어 이따금 사제들의 참석까지 말이다.

존의 빈틈없는 논의는 강력하게 영적인 메시지에서 절정에 달했다. 특별한 환경과 특별한 결과를 연결하려고 하지 않았지만, 그럼에도 그는 성령이 역동적으로 근대적 환경을 관통하며 역사하신다고 결론을 내렸다. 사람들을 그리스도에게 인도하고 신실한 성결의 삶을 살도록 권능을 부여하면서 말이다. 비록 그는 '기독교 민족을 위한 도움'에 주목하는 것을 꺼렸지만, 성경 훈련 세미나가 참가자들을 위해 중요한 성경적 토대를 제공하는 것이 우리 모두에게 분명했다.

수업에서 전달할 수 있었던 한 예로 존은, 그가 자신의 선교회 친구들에게 2002년 2월에 보낸 편지 한 통을 인용하도록 허락해 주었다. 편지는 그가 페루 리마의 남쪽 끝을 방문하는 동안 현장에서 쓴 것이다. 그의 사역은 그 지역에서 오래전에 만났던 동역자 필 트레인Phil Train과 협력해서 진행되었다.

> 우리가 그 지역에서 가장 큰 교회 건물인 노아방주침례교회에 도착했을 때, 이미 185명이 이 작은 양철지붕 예배당을 가득 채우고 있었다. 목사들은 아침 일찍 도착했고, 흥분해서 시작할 준비를 했다. 그들은 하나님께서 이 행사를 위해 그들을 선택하셨다고 의심 없이 믿었다. 그들은 하나님께서 나를 미국에서 데려오셨다고 생각했다. 그리고 그들은 하나님께서 여기 계신다고 조용히 확신했다. 그것이 그들에게 가장 중요한 것이다. 비록 그들의 소유가 적고 리마 남부의 제한된 영토 밖에서는 그들을 아는 사람이 없지만, 그들이 오늘날 세계를 에워싸는 영원한 가족 안으로 태어났기 때문에 '특별한' 사람들이다. 이 3일 동안 우리의 목적은 그들이 예수 그리스도를 그들 자신의 교회와 이웃에게 보다 효과적으로 소개할 수 있도록 그들의 목회 기술을 향상시키는 것이다.
>
> 그들이 모인 교회는 이곳 리마 남부 끝에 있는 여러 '새로운 지역들'joven barrios 중 하나인 빌라 살바도르의 심장부에 있다. 누구도 얼마나 많은 사람들이 '남미 원뿔 지역'Southern cone에 살고 있

는지 확실히 모른다. 대부분 4백만에서 6백만 사이일 것이라고 말한다. 새로운 가족들이 일자리와 더 나은 삶을 찾아 매일 시골 지역에서 도착한다. 그들은 곧 도시 생활이 예상과 다르다는 것을 발견한다. 이 지역 대부분은 흐르는 물이 없고 위생시설도 없으며, 포장된 길도 없고 밤에는 그 길에서 어슬렁거리는 십대 조폭들이 지배한다. 빠르게, 새로운 이민자들은 환영받지 못하는 무단 거주자가 된다. 그들의 눈은 희망 없는 상황을 반영한다. 대부분은 하루 더 살기 위해 살뿐이다.

마지막 날, 한 겸손한 목사가 내게 로마서의 잘 알려진 구절을 담은 감사의 쪽지를 하나 건네주었다. "좋은 소식을 전하는 자의 발은 얼마나 아름다운가!" 그의 의도는 내가 온 것에 대해 격려하고 감사하는 것이었다. 하지만 이번 경우에 나는 그 구절이 나에 대한 것이 아님을 알았다! 나는 그 페루 남자의 먼지 낀 검은 구두를 보고, 그가 매일 만나는 사람들에게 그 구두가 얼마나 아름다운지를 알았다. 그것은 그토록 오랫동안 갈망했던 소망의 운송 수단이었다. 그 검은 구두는 내가 결코 걸어갈 수 없는 곳을 걸었다. 나는 페루 리마에 있는 빌라 살바도르에서 그렇게 매일 쉬지 않고 사역하는 그 목사와 다른 사람들에 대해 생각하지 않고는 결코 다시 사도 바울의 그 말씀을 읽지 못할 것이다.

존 조첸의 강의는 그가 가장 자주 방문했던 나라들에서 기독교의 발전에 대해 가능한 모든 질문에 답하지 않았다. 하지만 그것은 (아무리 예민하더라도) 학위논문과 일반논문이 전달할 수 없는 일상의 현실들로 우리 모두를 좀 더 가까이 데려갔다. 그의 강의는 간략한 연대와 학문적 집착에 생명과 목적, 그리고 영적 중력을 주입했다.

●— 15장

남쪽 바라보기: 학문적 통찰

존 조첸의 시의적절한 도움으로 라틴아메리카 기독교의 최근 역사를 더 넓은 이야기로 통합시키는, 나의 경우에 특별히 더 어려웠던 과제를 시작했다. 하지만 고맙게도 나는 곧 다른 각도에서 존의 개인적인 교훈을 보충해 준 다른 자원들을 발견할 수 있었다. 그런 도움의 일부는 작품은 이미 알았지만 세상과 관련해 생각하지는 못했던 한 저자로부터 왔고, 일부는 완전히 새로운 저자들로부터 왔다.

●—

전통적인 교회사 과목들을 가르치던 초기부터, 나는 사회학자 데이비드 마틴David Martin의 『세속화의 일반이론』*A General Theory of Secularization*

을 발견했다. 이 책은 1970년대 후반에 출판되었는데, 유럽과 북미의 과거에 대해 상당히 많은 것을 이해하고 있었다.[1] 수업시간에 반복해서 말했던 그의 통찰을 요약하면서, 나는 마틴의 훨씬 더 풍요로운 연구를 이렇게 단순화했다. 즉, 포괄적으로 기독교적인 한 사회의 형태는 기독교가 쇠퇴하기 시작할 때 세속화가 진행되는 방식에 강력하게 영향을 끼친다. 마틴의 풍성한 설명을 다시 한 번 단순화하면서, 나는 학생들에게 국가의 역사를 권위주의적인(혹은 헤게모니적인) 것에서 자유주의적인(혹은 느슨한) 것까지의 스펙트럼에 따라 배열하라고 주문했다.

권위주의의 극단에는 러시아 차르주의가 있었다. 여기서 모든 권력을 장악하고 싶어 하는 차르는 동방정교회를 그의 광범위한 지배 체제 일부로 운영했는데, 후에 전권을 장악한 공산주의 정부에 굴복했다. 이 정부는 자신의 광범위한 권위의 위험한 경쟁자인 정교회를 제거하려 했다.

그 다음으로 프랑스가 왔다. 절대왕정과의 동맹 속에 작동하는 강력한 가톨릭교회로부터, 교회와 전통의 잔존하는 권위에 반대하여 전면적이지만 보통은 비폭력적인 투쟁을 전개하는 강력한 반성직주의적 세속주의로 이동했다.

다음에는 독일어권 국가들이 있었다. 강력한 교회-국가 연합체였지만 가톨릭과 개신교 정권 안에서 분열된, 그리고 보다 세속적인 계몽주의 대표자들에게 많은 열린 공간을 허락했던 것에서, 지속적인 교회-국가 관계에 있지만 기독교에게는 별로 유용하지 않은 사상과 제도의 영향력 있는 범주를 따라 개신교와 가톨릭의 이해를 조율하는 것으로 이동했다.

그 다음은 영국이다. 비교적 온건한 교회-국가 체제를 유지하지만 비국교도 개신교인들에게 상당한 자유를 남겨 준 것에서, 여전히 자신의 교회-국가 체제를 유지하고 자유교회 개신교인과 (종국에는) 가톨릭, 유대인, 그리고 다른 이들에게도 심각한 국가의 개입 없이 자신들이 할 수 있는 것을 하도록 공간을 제공한 대체로 세속적인 문화로 이동했다.

마지막으로 종교의 자유시장을 가진 미국이다. 교회와 기독교 기구들이 19세기부터 자발적으로 비공식적인 기독교 문명을 형성했지만, 훨씬 더 세속적인 미국에게 길을 내주고 말았다. 하지만 이 나라에서 자유시장 관행은 많은 종교 집단들이 법, 미디어, 오락, 정치생활의 세속화에 대해 별로 걱정하지 않으면서 영향력을 보유할 수 있도록 허용했다.

마틴은 서구 기독교 역사의 일반 범위를 이해할 수 있도록 큰 그림을 제공해 주었다. 그렇다면 왜 라틴아메리카는 안 되겠는가? 그의 펜이 멈출 무렵, 마틴은 라틴아메리카의 경제생활, 문화, 사회, 종교에서 최근의 강력한 변화를 설명하는 데 도움을 주는 뛰어난 책 두 권을 출판했다.[2]

데이비드 마틴 식의 사회학은 인간활동, 이해관계, 확신이 계량화되고 꼼꼼한 공식에 대입되는 종류의 과학적 사회학이 아니다. 그의 책은 에드워드 쉴즈,Edward Shils 로버트 벨라,Robert Bellah 로버트 우드나우,Robert Wuthnow 피터 버거Peter Berger의 책들 옆에 나란히 꽂혀 있다. 이들은 때로는 사실 자료를 많이 사용하지만, 항상 연구하는 주제에 대해 유연한 인간적 해석을 제공할 목적으로 사용하는 사회과학자들이다. 마틴은 잉글랜드에서 성장하면서 지역 감리교회에 출석했다. 그는 런던경제대학에서 오랫동안 가르치면서 종교사회학자로서 명성을 얻었고, 후에 안수받은 성공회 사제가 되었다. 현대 사회학자들과 달리 그는 자신의 영향력 있는 책과 논문 일부에 주저 없이 신학적인 해석을 도입했다.

라틴아메리카의 경우, 마틴의 도움은 광범위했다. 그의 도움으로 나는 대체로 오순절적인 개신교의 빠른 확장과 연관된 최근의 변화뿐 아니라, 오래 지속된 가톨릭의 과거도 이해할 수 있었다. 그 이전의 역사와 관련해서 그는 왜 라틴아메리카 가톨릭교회를 신학이나 교회생활의 표현이라기보다 일종의 문화체계로 보아야 하는지를 알려주었다. 그런 문화는 메시지보다 삶의 조직과 양식을 대표했다. 그래서 그것은 신앙보다 유기적인 개념 면에서 개신교와 달랐다. 마틴의 주장처럼 "가톨릭교회의 뿌리는 영토, 출생과 함께 주어진 회원권, 유기적 틀, 집단적 의무, 그리고 민족성에 놓여 있다. 그것은 평균적이고 종교적으로 느슨한 모습 위에 성스러운 덮개를 씌웠지만, 정의된 예리한 모서리가 없다는 뜻이다." 온갖 형태의 개신교회가 오랫동안 라틴아메리카에서 경험한 어려움은 "가톨릭교회가 정식 교육을 받지 않은 종교적 장사꾼 정신의 분열하는 역동과 편하게 지낼 수 없기 때문에 발생했다."[3]

마틴은 전통 가톨릭교회나 근대 라틴아메리카 오순절 운동을 보다 기초적인 구조적 실재로 환원시키지 않는다. 하지만 세속화에 대한 평가로 그는 어떻게 기독교적인 표현들이 다른 것보다 특정 사회 형태, 힘, 권위와 보다 쉽게 조화되는지를 보여줄 수 있었다.

그래서 라틴아메리카의 전후 역사에 대해 마틴은 경제적 세계화의 거대한 힘을 하나의 중요한 영향으로 간주한다. 그런 힘에 의해 풀려 버린 경제적 차이가 좌파와 우파 모두로부터 폭력적인 혁명 운동을 촉발했다. 하지만 마틴은 세계화가 여러 다른 힘들과 결합하여 자극되고 촉진되고 발전했는데, 그중에서도 오순절 기독교가 가장 중요한 것 가운데 하나였다고 주장했다.

여기에 마틴의 논리가 있다. 그것은 광범위한 이론 틀 안에서 존 조첸이 기본적으로 자신의 관찰을 통해 나에게 가르쳤던 것과 잘 조화를 이루었다. 즉, 라틴아메리카는 강력한 분열을 목격했다. 그것은 모든 곳에서 경제적이고 때로는 혁명적인 폭력과 연결되었으며, 흔히는 지진이나 허리케인 같은 자연재해로부터 발생했다. 이런 분열은 거대한 수의 사람들, 특히 가난하고 박탈당한 사람들을 역사적인 관행, 권위, 의무, 관습에서 분리시키는 결과를 가져왔다. 전통적인 가톨릭교회와 새로운 물결의 오순절 운동 모두 분열에 대한 반응으로, 그러나 충격적일 정도의 다른 방식들로 간주될 수 있다. "가톨릭교회는 많은 문화적 특징을 동화시켰다.……하지만 그것은 일종의 흡수회로absorbent system로서 그렇게 한 것이다. 반면 오순절 운동은 일군의 급증하는 친화력의 집합으로서, 같은 인식을 지닌 사람들로 구성된다."[4] 말하자면, 마틴은 오순절 운동이 새로운 상황에서 사람들의 개인적 선택의 결과로 번성하지만, 가톨릭교회는 교회 안에서 자란 사람들을 위한 자원으로 새로운 상황에 대응한다고 제안한다.

마틴은 한때 서구 기독교의 역사에 적용했던 논리를 이제 서구 밖의 기독교 역사에 적용했다. 그는 "이주민들에게 감동을 주고 그들의 파편화된 존재를 하나의 집단적 운동으로 전환시키는 것은, 그들의 환경에 상응하는 종교 이미지들이다"라고 결론을 내린다. 오순절 예배에서 하나님과의 직접적인 만남과 오순절적 회심이 흔히 일상생활에 부여하는 구조를 모두 언급함으로써 마틴은 "이주하는 수백만의 사람들이 자신에게 이미 규정된 범주와 지울 수 없는 딱지에서 벗어나 하나의 목적지를 제공하는 훈련을 통해 의미 있고 목적이 분명한, 위험하고 불안하지만 개방된 끝을 향해 움직인다는 것을 안다"고 설명한다.[5]

마틴의 설명에 의하면, 유럽은 경제적 근대화에 의해 불안해진 사람들의 수가 비교적 적기 때문에 작은 규모의 오순절 운동만이 목격된다. 북미에서는 대단히 다양한 개신교 활동들과 함께 오순절 운동이 왕성하게 전개되고 있다(그는 북미가 오순절 운동이 아닌 개신교의 주목할 만한 발전이 보이는 세계의 유일한 부분이라고 지적한다). 반대로 라틴아메리카에서는, 오랜 시절 지배적이었던 문화가 외면을 당하는 동안 오순절 형태의 기독교가 자발적으로 헌신하는 개인들을 위해 하나님의 즉각적인 현존과 강력한 안내를 제공하고 있다. '오순절 운동의 형태'에 대한 마틴의 강조도 통찰력이 있다. 전통적인 '장소'place로서의 교회와 반대되는 것으로서 그가 '선택'choice으로서의 교회라고 부르는 것이 여러 형태로 나타난다. 어떤 가시적 위계질서나 연결고리를 갖고 있지 않은 소규모 또는 가정을 기반으로 한 모임과 더불어, '하나님 나라의 보편적 교회'Universal Church of the Kingdom of God 같은 거대한 신생 교단들이 번성하는 브라질처럼 말이다.

마틴의 관찰, 특히 언젠가 존 스택하우스가 통찰력 있는 문장으로 설명했듯이 "그전에는 단지 희미하게 보였던 것에 명료함을 부여하는 특별하고 흔히 신선한 [그의] 관찰"은 라틴아메리카를 세계기독교의 그림 속에 담으려 할 때 매우 유용하다.[6] 중요하게도 그런 관찰에는 그가 사회학적으로 서술한 것을 신학적으로 이해할 수 있도록 만드는 특별히 기독교적인 비용이 포함된다. 예를 들어 새로 발생한 오순절 운동에서 성경을 완벽하게 자기 마음대로 사용하는 것처럼 보이는 현상에 대해, 마틴은 "독자들의 수만큼 많은 해석이 존재하고 성령이 제약을 받지 않는 곳에서" 우리는 개신교의 전통적인 약점 가운데 하나를 보는 것 같다고 동의한다. 하지만 그가 서술하듯이 "오늘날 세상에서 틈새와 필요가 너무 다양할 때, 오순절 운동은 지속적으로 적응하면서 작동한다."[7] 오순절 운동에 대한 그의 마지막 관찰 중, 우리는 다시 앤드루 월스, 라민 사네, 그리고 최근의 역사에 대한 다른 지도적 해석자들의 저서가 그토록 풍성하게 알려 주는 주된 주제로 돌아간다. 즉, 종말에 기독교는 단지 하나의 프로그램이 아니라 "변화와 변형에 대한 이야기"다.[8]

●—

2007년에 라틴아메리카의 기독교 역사에 대한 네 권의 책에 대해 서평을 써 달라고 부탁을 받은 것은 존 조첸과 데이비드 마틴에게서 배운 것을 종합할 수 있는 기회가 되었다. 각각의 책들은 그 자체로 흥미로웠지만, 나에게 훨씬 중요했던 것은 그 책들이 묘사했던 공통점이었다.[9] 그것들을 함께 다루려는 나의 노력이 옳았든 어떻든, 학생들은 이 지역이 강의계획서에 오를 때마다 뒤따르는 변주곡을 들을 수밖에 없었다.

서구 기독교 역사나 북미 종교사 학생으로 훈련된 우리는 남쪽으로 방향을 전환할 때 힘겨운 지적 적응을 해야 한다. 서반구 전역에서 원주민들의 종교생활이 어느 정도 자연숭배와 우주론의 유사성을 담고 있던 곳에 일단 유럽인들이 정착하자, 후에 미국과 캐나다가 된 곳의 발전과 멕시코와 그 남쪽 국가들이 된 곳의 발전이 날카롭게 분리되었다. 확실히, 유럽인들이 정착했던 모든 지역의 종교는 16세기 종교개혁과 반종교개혁의 갈등의 산물이었고, 그래서 서로 격렬하게 반대했던 특정 의제를 공유했다. 게다가 가톨릭 종교개혁 사상을 주창하는 지도자들이 뉴프랑스(현재 퀘벡) 식민지를 개척했다는 것은, 북미의 한구석이 몇 가지 특성 면에서 가톨릭 종교개혁의 다른 대표자들이 라틴아메리카에 세우고 싶었던 그것과 닮았다는 뜻이다. 하지만 다른 유사점과 함께, 17세기 프랑스의 가톨릭 종교는 스페인과 포르투갈의 가톨릭 식민지에 이식된 것보다 영국과 네덜란드의 개신교 식민지 종교에 훨씬 더 가깝도록 영성과 원주민에 대한 접근, 그리고 교회와 국가의 관계에 대한 태도를 촉진시켰다.

대체로 북미는 개신교적이고, 강하게 비국교도적 영향 아래 있으면서 자원 단체에 의존하게 되었다. 반면 라틴아메리카는 가톨릭적이고, 사회와 문화의 일치라는 이상을 향해 노력했던 대단히 총체적(종교적 확신이 정치적·사회적 행동을 지배한다는 신조.—옮긴이)integralist인 경향을 보였다. 북미 식민주의자들은 유럽 기독교를 이식하려 할 때 대체로 원주민들을 제거하거나 소외시켰다. 북미의 종교는 비교적 빠르게 개신교적 다양성을 받아들였고, 어떻게 평신도의 종교적 주도권이 시민사회의 중재 제도를 만들 수 있는지 보여주었다. 라틴아메리카는 근대 초기 동안 세상의 다른 어떤 곳보다 강력한 가톨릭적 동질성과 위에서 아래로 왕실과 교회에 의해 조직된 사회질서를 목격했다. 북미는 상당한 알력이 있었지만 교회와 국가의 분리를 향해 빠르게 이동했다. 반면 라틴아메리카에서는, 스페인과 포르투갈 군주들이 교회 조직의 전권을 획득한 초기 협정(파트로나투 또는 파드로아도) 때문에, 교회와 국가 사이의 연관성에 대해 훨씬 더 권위주의적인 전제들이 발전했다. 북미에서 일반적인 기독교 지도자는 문화 권력의 다른 중심부와 함께 정착지 공동체에서 제한된 권위를 행사하던 결혼한 목사들이었다. 라틴아메리카에서는 원주민과 혼혈 공동체에 대해 광범위한 권한을 행사하던 종단의 독신 지도자들이 문화 권력을 놓고 부왕viceroy 및 식민지 관리들과 경쟁했다. 아마도 가장 중요하게, 북미 종교사는 대략 같은 방향으로 움직이던 (보다 분명하게 영국령 북아메리카와 캐나다보다는 13개 식민지와 미국에서) 기독교의 힘과 정치적 자유주의의 힘에 의해 항상 표현되었다. 반면 라틴아메리카는 기독교와 정치적 자유주의 세력이 대개 정반대에 서 있었다.

신화적으로 통일된 라틴아메리카 종교 세계에 대해 일반화하는 것은 분명 위험하다. 엄청난 다양성을 부정하지는 않지만, 라틴아메리카 종교사는 북미 종교사와 강력한 대조를 보여준다. 이런 대조 중에서 가장 첨예한 것이 다음 두 개의 보충 방식으로 진술될 수 있다.

라틴아메리카 기독교는 '정신의 종교'로 이해되는 북미 기독교와 대조되는 '몸의 종교'처럼 보인다. 물론 라틴아메리카 신자들도 지성에 관심이 있고, 북미 신자들도 자신들의 신앙을 구체화했다. 하지만 라틴아메리카 전역에서 종교의 육체성이 두드러져 보인다. 유럽의 성례전적 의례들을 아메리카 원주민의 삶의 단계에 적용했던 16세기 선교사들로부터, 20세기 초 멕시코 크리스테로 전쟁(멕시코 혁명정부와 로마가톨릭 교도 사이의 내전.—옮긴이)에서 몰수된 교회 건물에서 목숨을 걸고 십자가상을 옮겨 왔던 가톨릭 신자들, 그리고 세상에서 봉사를 위한 준비로서 성체성사를 묵상하는 데 매일의 중요한 순간을 할애하는 수녀들까지 말이다. 반대로 북미 기독교 역사의 하이라이트는 설교(조나단 에드워즈를 생각해 보라), 영향력 있는 출판물(윌리엄 로이드 개리슨이나 『대유성 지구의 종말』 같은 책을 생각해 보라), 그리고 회심을 위한 호소의 승인이나 거절이다. 이런 대조는 결코 절대적이지는 않지만 사실이다.

공동체 생활의 제도적 전제로서의 종교와 시민사회를 형성하기 위해 선택된 도구로서의 종교 사이의 대조도 유사하다. 전통적인 라틴아메리카 종교에서 개인의 정체성은 틀림없이 노력을 요구한다. 하지만 그 노력은 전수된 것을 수용하는 것과 관련되어 있다. 북미에서는 개인의 정체성을 위해 그토록 자주 요구되었던 노력이 개방된 가능성의 포착을 의미했다. 라틴아메리카인들의 종교에서는 보통 권위를 확증하고 지역 공동체를 강화하기 위해 권력이 사용된다. 반면 북미 사람들의 종교에서는 권위에 저항하고 지역 공동체를 방어하기 위해 권력이 더 자주 사용된다. 라틴아메리카의 전통적인 가톨릭교회는 한때 공동체의 응집력을 강화시켰던 종교였다. 오늘날에도 여전히 그것은 전통 공동체들이 외부에서 들어오는 분열 세력에 대항하도록 자극할 수 있다. 북미 개신교의 특별한 형태는 공동체 내에서 분열을 조성하거나 스스로 선택한 공동체가 다른 사람들이 선택한 공동체와 싸우도록 자극하는 종교였다. 양자 모두에서 개인에게 미치는 종교의 힘은 공동체에게 미치는 종교의 힘과 복잡하게 얽혀 있다. 하지만 그 관계는 다르다. 그리고 그 차이는 놀랍도록 대조적인 역사 속에 뿌리를 두고 있다.

●—

존 조첸와 데이비드 마틴으로부터 나는 전통적인 라틴 문화가 급속한 인구 증가와 경제 세계화의 격변에 직면했을 때 무슨 일이 벌어졌는지에 대해 배웠다. 존 조첸에 주목하고 데이비드 마틴를 읽으면서 나는 전통적인 가톨릭교회, 그 지역을 시끄럽게 하는 다른 세력들, 그리고 기독교 신앙의 전통 형태와 새로운 형태 모두와 관련된 이해관계를 더 잘 이해하게 되었다.

●— 16장

중국 관찰하기

아시아는 다른 종류의 도전이 되었다. 세계 인구의 절반을 차지하고 있으며, 매우 오래된 기독교 운동(인도의 도마교회)과 매우 새로운 기독교 운동(인도, 한국, 중국, 그리고 다른 곳에서의 신오순절 운동)이 나타난 지역, 서구 선교사들의 영향이 강하게 남아 있는 곳과 그런 영향이 존재한 적도 없는 곳이 공존하고, 우호적이거나 적대적이거나 중립적인 정치 환경이 뒤섞인 지역을 제대로 파악할 수 있을까? 내가 세계의 다른 지역에 대해 배웠던 상당부분이 그랬듯이, 문제 해결의 열쇠는 나의 선생들이었다. 그런 가르침이 가끔은 책과 논문을 통해, 가끔은 개인적인 관계를 통해 왔다. 하지만 가장 기억할 만한 것은, 독서와 친구들의 가르침이 결합되었을 때 발생했다.

인도의 경우, 내가 세계기독교에 관심을 갖게 되었다는 사실을 깨닫기도 전에 밥 프라이켄버그Bob Frykenberg를 만난 것은 일종의 특권이었다. 일단 그런 관심을 깨닫자 나는 스칸디나비아계 미국인 선교사의 아들이자 위스콘신 대학교의 교수인 그의 통찰력 가득한 저서뿐 아니라, 그가 가끔씩 개인적으로 안내해 준 것을 통해 엄청난 혜택을 누렸다.[1] 게다가 초기에 강의를 준비하면서 도움을 찾아 허둥대던 중에 만난 가장 매력적인 책 가운데 하나가 밥 프라이켄버그가 지도했던 학자의 것임을 알게 되었다. 그 학자는 수전 빌링턴 하퍼Susan Billington Harper였다. 그녀의 책 『마하트마의 그늘에서: 주교 대 아자리아, 그리고 영국령 인도에서 기독교의 산고』*In the Shadow of the Mahatma: Bishop V.S. Azariah and the Travails of Christianity in British India*는 20세기 전반 동안 세계에서 가장 매력적일 뿐 아니라 가장 중요한 기독교 지도자 한 명을 소개한다.

한국의 경우, 나는 다른 종류의 도움을 휘튼 칼리지 동료인 스티브 강Steve Kang으로부터 얻었다. 그는 이미 고든콘웰 신학교에서 가르치기 위해 떠났지만, 여러 차례 내 수업에서 근대 한국과 기독교의 역사를 훌륭하게 개관해 주는 특강을 해주었다. 그는 극동의 다른 지역에서 일어난 것과 그 역사가 대조를 이루는 한국만의 중요한 방식들을 지적해 주었기 때문에 특별히 도움이 되었다. 예를 들어, 일반적으로 선교사들의 후원 아래 성경이 한국어로 번역될 때, 기독교는 처음부터 서구 제국주의의 원치 않은 침략이 아니라, 긍정적이고 근대화를 촉진하며 반식민주의적인 세력으로 간주되었다는 것이다.

일본에서 다른 아시아 국가들과의 대조도 대단했다. 그 역사를 나는 몇몇 학생들, 특히 조 앤 니시모토Jo Ann Nishmoto와 주드 버즈올Judd Birdsall의 연구논문으로부터, 그리고 무엇보다 휘튼 역사학과 동료인 겐조 야마모토Genzo Yamamoto의 저서와 개인적인 대화를 통해 많이 배웠다. 16세기에 일본이 가톨릭교회과 만난 감격스러운 역사와 왜 기독교 신앙이 지속적으로 중요했지만 그 나라에서 특히 인기가 없는지를 설명해 준 복잡한 근대적 발전에 대해서 그들이 내게 가르쳐 주었다.

중국은 거대한 퍼즐이었다. 나는 1950년대부터 시더래피즈에서 열린 몇 차례의 선교대회를 뚜렷하게 기억하고 있다. 거기에서 나는 놓칠 수 없는 메시지를 들었다. 아마도 인민공화국에서 추방된 한 노련한 선교사가 전했던 것 같고, 아니면 단지 그 지역에서 날아온 보고였던 것 같다. 하지만 그 메시지는 크고 분명했다. 중국이 "복음을 잃었다."

하지만 중국이 세계경제 안으로 다시 돌아오고 내가 전 세계의 기독교에 대해 생각하기 시작했던 1980년대 후반, 그곳에서 복음은 없어지지 않은 것처럼 보였다. 삼자애국운동(공식적으로 등록된 교회들)을 향한 정부의 느슨해진 태도, '지하교회'의 폭발적인 성장, 서구에서 온 방문학자들이 제시한 기독교적 주제에 대한 강의에 참석하려는 중국 학자들의 예상치 못한 열심 등에 관한 보고가 무성했다. 별로 관심이 없던 사람들의 경우에도 중국은 마치 수수께끼 같았다. 이것을 역사적으로 어떻게 설명할 것인가? 아마도 마오쩌둥의 통치 직후 중국 기독교 역사에 대한 최고의 간결한 설명은 라민 사네의 말일 것이다. "홍수가 물러가니 바위가 드러났다."[2]

감사하게도, 근대 중국의 발전으로 초래된 당혹스러운 질문들을 통과하면서 나와 많은 사람들을 인도해 준 권위자가 아주 가까운 곳에 있었다. 대니얼 베이스Daniel Bays는 미국 복음주의 연구소ISAE와 연관된 역사학자 네트워크의 두 대들보인 그랜트 웨커와 이디스 블룸하퍼와의 개인적인 친분을 통해 이 네트워크 안으로 끌려왔다. ISAE는 유동적이고 비형식적인 조직이었기 때문에, 중년의 중국학자가 북미 기독교 연구자들을 위해 운영되는 모임과 대회에 참석했을 때, 아무도 그에게 신경을 쓰지 않았다. 대니얼은 잘 적응했을 뿐 아니라 ISAE의 미국 역사에 대한 가장 창조적인 연구 중 하나에 중요한 기여를 했다. 그랜트 웨커와 함께 그는 해외 선교 사역이 미국 내부의 발전에 끼친 영향을 탐구하는 프로젝트를 지도했다.[3] 무엇보다 중요한 것은, 그가 많은 지인과 동료들에게 미국에서 멀리 떨어져 있는 문제들에 대해 훨씬 더 많이 배울 수 있는 원천이 되었다는 사실이다.

그래서 캔자스 대학교University of Kansas 역사학과를 거쳐 칼빈 칼리지에서 조엘 카펜터의 동료로서 그는, 기독교 전체 역사에서 가장 매력적인 장면들에 대해 일종의 느슨하게 조직된 여행 세미나를 제공했다. 대니얼과 그의 아내 잰Jan이 홍콩이나 중국 내지를 방문하고 돌아왔을 때, 그들은 현지 종교에 대한 사려 깊고 직접적인 설명들을 가지고 왔다. 잰의 광범위한 음악적 재능을 통해 형성된 많은 놀라운 접촉은 미국과 중국 학생들 모두에 의해 보고된 경험과 함께 이야기의 질감을 더했다. 성급한 언론인들의 숨 가쁜 보고를 평가할 때 신중해야 한다고 대니얼이 주장했던 것이 특히 도움이 되었다. 그렇다. 기독교 신자의 수는 빠르게 증가하고 있었다. 하지만 일부 방문객들의 주장처럼 그렇게 빠른 것은 아니었다. 그렇다. 박해는 중국 일부 지역에서 매우 실제적인 것으로 남아 있었다. 하지만 다른 지역에서는 완전히 부재했다. 그렇다. 서구와의 갱신된 접촉이 실제적인 영향을 끼쳤다. 하지만 그것은 중국인 신자들이 자신들을 위해 개척한 길만큼 영향력이 있었던 것은 아니다. 우리가 대니얼과 잰에게 쏟아부은 질문에 그들은 신중히, 많은 정보와 함께, 그리고 대단히 세심하게 대답했다. 그들로부터 우리는 중국의 지역 문화, 전면적인 통제에 대한 정부의 집요한 관심, 경제적 자유와 종교적 가능성 사이의 복잡한 상관관계, 21세기 초반에 분명하게 나타난 기독교 신앙의 다양성 같은 독특한 특징에 대해서도 많이 배웠다.

또한 대니얼은 미국에 남아 있지만 여전히 믿을 만한 설명을 찾고 있던 우리 같은 사람들을 위해, 읽을 만한 가치가 있는 것과 그렇지 않은 것은 무엇인지에 대해서도 권위 있는 안내를 해주었다. 이러한 조언 덕분에 나는 언론에서 엄청나게 선전한 몇 권의 책에서 벗어나 라이언 던치,Ryan Dunch 필립 위커리,Philip Wickeri 앨빈 오스틴,Alvin Austin 시 리안Xi Lian 그리고 다른 학자들이 쓴 훨씬 더 신뢰할 만한 책을 소개받았다.

시간이 흘러, 이 걸어 다니는 백과사전이 자신의 글을 썼고 특별히 유용한 자료들을 편집했다는 사실이 떠올랐다. 그의 여러 초기 저서와 논문들로부터, 그 다음으로는 『중국의 새로운 기독교 역사』*New History of Christianity in China*의 눈부신 페이지들로부터, 나는 내가 지금 세계의 그 지역에 대해 가르치고 강의하고 글을 쓰고자 하는 모든 것을 알려 주는 풍성한 통찰을 얻었다.

그 통찰에는 7세기의 중동 출신 네스토리우스파 선교사들까지 거슬러 올라가는 고대 중국의 기독교 역사가 자신의 과거, 미래, 그리고 과거와 현재의 상관관계에 대해 깊이 고민하던 중국 사회에게 특별한 울림을 주었다는 인식도 포함되었다. 일찍부터 대니얼은 20세기 초반에 발생했지만 선교사들에 집중함으로써 서구의 눈에는 감추어졌던, 중국을 이끈 자생적인 운동들의 중요성도 지적했다. 그런 운동은 공산당의 전면적인 박해 시절에 믿음의 생존과 심지어 확장에 열쇠가 된 것으로 판명되었다. 또한 그는 왜 종교에 대한 정부의 공식 입장이 모든 사회조직에 대한 취급과 평행을 이루었는지도 설명해 주었다. 즉, 중앙권력의 절대적인 통제가 유지될 수 있는 한, (교회를 포함한) 단체들은 상당한 정도의 자유로운 입지를 누릴 수 있었다. 하지만 그 권력이 명백하게 위협을 받을 때(파룬궁의 경우처럼), 권력자들은 거의 틀림없이 그것을 분쇄할 것이다.

이와 같은 가르침 때문에 나는 몇 년 전에 발생한 한 가지 흥미로운 사건을 이해할 수 있었다. 1990년대 후반의 언젠가, 휘튼 칼리지는 미국의 기독교적 표현에 대한 일일 강연을 위해 방문한 일군의 중국인 사업가와 정부 지도자들을 맞이한 적이 있었다. 내 임무는 종교운동의 역사를 간략히 설명하는 것이었다. 나는 어떻게 교회가 미국혁명 이후 미국에서 발달한 자유롭고 기업가적이며 민주적인 문화에 적응했는지를 강조함으로써 강의를 진행했다. 청중들의 질문 시간이 되었을 때 한 방문자가 물었다. "하지만 미국에서는 누가 종교생활을 책임지나요?" 나는 어떤 특정한 사람이 그렇게 하지는 않는다고, 종교는 대체로 따르는 추종자들을 유지하거나 끌어오는 지도자에 의해 아래로부터 지도된다고 대답했다. 다음 질문이 이어졌다. "하지만, 정말로, 누가 책임을 집니까?" 이미 말했던 것을 반복하는 대신, 나는 전문 통역자에게 '시민사회'(자율적으로 통제하는 조직 문화)란 개념이 중국어로 번역될 수 있는지를 물었다. 그는 중국어에는 이 같은 말이 없다고 대답했다. 대니얼 베이스가 위에서부터 아래로 지시되는, 모든 것을 포괄하는 사회질서의 필요성에 대한 중국의 오래된 집착을 설명해 줄 때까지, 그런 대화는 단지 기이한 호기심처럼 보였을 뿐이다.

●—

대니얼과 그의 글, 그리고 그가 알려 준 권위 있는 자료들 덕분에, 나는 이제 중국을 다루는 수업시간을 간절히 기다리고 있다. 그렇게 매력적인 자료들을 조금밖에 다룰 수 없다는 것이 오히려 안타까울 뿐이다.

많은 양의 중요한 사건들이 공정하고 지속적인 평가를 요구하고 있다. 예를 들어 초기 네스토리우스파 선교, 심지어 마테오 리치Matteo Ricci 같은 위대한 학자 교사들의 지도하에 16세기 후반부터 18세기 초반까지 지속된 광범위한 가톨릭 선교 활동에 대해 어떤 평가를 해야 할 것인가? 이런 이야기 모두는 기독교가 기독교 세계를 넘어 특정한 상황에서 얼마나 훌륭하게 적응했는지, 뿐만 아니라 공식적으로 정부나 사회의 지원이 존재하지 않았을 때 기독교 선교가 얼마나 어려운지를 보여주었다.

19세기는 극적인 발전으로 가득하다. 광저우에서 사역한 로버트 모리슨Robert Morrison이나 허드슨 테일러Hudson Taylor가 설립한 중국내지선교회China Inland Mission에서 일한 평범한 개신교인들의 선구적 노력뿐 아니라 가톨릭 선교사들의 갱신된 노력은, 무역에만 관심이 있던 서구인들이 간과한 중국 사회의 여러 측면에 대해 상당한 공감을 보였다. 19세기 말에 제임스 레게James Legge와 티머시 리처드Timothy Richard 같은 선교사들은 한발 더 나아가서 중국 고전 문학 연구에 몰두하고, 토착 중국어로 기독교를 설명했다. 이런 기록의 다른 쪽을 보면, 1839-1842년의 아편전쟁은 영국 동인도회사가 아편 거래를 위해 중국의 문을 열려고 무력을 사용할 때 많은 선교사들이 그 회사에 협력했던 모습을 발견한다. 그들의 침략 공모는 오늘까지 서구 '제국주의적 종교'의 위협에 대한 경고로서 일부 중국인에게 남아 있다. 수백만 명의 목숨을 앗아 간 19세기 중반의 비극적인 태평천국 운동(1851-1864년)은 아무리 오해되었다고 해도 중국 사회에서 기독교의 위치를 훨씬 더 복잡하게 만들 만큼 기독교 가르침과 밀접한 연관을 맺고 있었다. 레게와 리처드가 중국의 문화적 가치와 비제국주의적 기독교의 본질적인 양립 가능성을 보여주고 있던 바로 그때, 의화단 운동(1900년)이 서구에서 온 모든 것에 대한 저항을 촉발시켰다. 유럽과 북미의 기독교 진영은 의화단의 공격으로 희생된 선교사들에 대해 눈물을 흘렸지만, 훨씬 더 많은 고통을 당했던 사람들은 바로 중국인 신자들이었다.

의화단 운동으로 시작된 20세기는 지역 그리스도인들과 선교사들이 항상 열심히 참여했던 일련의 지속적이고 격동적인 사건을 경험했다. 세례받은 그리스도인이었던 쑨원이 지도했던 신해혁명(1911년)과 중화민국의 설립, 선교사를 포함하여 서구의 영향들을 공격했던 1919년과 1922년의 대중적 저항, 선교사들의 주도로 촉발되고 중요한 부분에 있어서 중국의 기독교계통 학교 전체의 도움을 받았던 고등교육의 발전, 1930년대에 불거졌고 1930년대 후반 일본의 침략에 대항하기 위해 모든 중국인이 결집했을 때 주춤했다가 1949년에 공산주의자들이 승리할 때까지 폭발했던 장제스 휘하의 민족주의자들과 마오쩌둥 휘하의 공산주의자들 사이의 쓰라린 갈등, 그리고 교회를 포함한 서구적 영향의 모든 흔적을 겨냥했던 대약진운동(1958-1960년)과 문화대혁명

(1966-1976년) 같은 마오 정권의 폭력적인 전개.

이렇게 다양한 수준의 갈등을 목격한 잔인한 세기를 통과하면서, 대부분의 서구 관찰자의 초점은 선교사들에 머물러 있었다. 그래서 1950년대 초반 공산주의 정권이 그들을 추방했을 때, 북미와 유럽의 논평이 내가 시더래피즈에서 들었던 단어들로 넘쳐 났던 것은 매우 자연스럽다. 1976년 마오쩌둥의 죽음으로 강경책이 완화된 후에야, 외부인들은 지난 1세기 동안 발전해 온 중요한 기독교 이야기를 이해하기 시작했다. 그 이야기는 자신들의 목적을 위해, 자신들의 자원으로, 그 신앙이 하나의 독특한 중국적 종교가 되도록 만들었던 유능한 중국인들에 관한 것이었다.

역사적으로 생각해 보면(그리고 대니얼 베이스 같은 학자들이 수행한 세심한 연구 덕분에), 최근의 기독교 역사를 하나의 충격적인 역설로 개관하는 것이 가능하다. 이와 같은 그림에서 마오쩌둥은 그가 시도했던 것 때문이 아니라 그의 행동을 통해 뜻밖에 일어났던 일 때문에, 근대 기독교 역사에서 가장 중요한 인물 중 하나로 간주된다. 그는 공산주의 정권이 마오주의로 대체하려 했던 '옛것들'the olds의 하나로 유교 문화를 공격했다. 그렇게 함으로써 그는 유교 체계의 지배를 약화시켰고, 세상을 이해하는 대안적인 방식에 대해 중국인들이 생각할 수 있도록 만들었다. 그런 다음 모든 서구 선교사를 추방함으로써, 중국에서 기독교의 이미지를 단지 서구 종교운동의 부속물로 망가뜨렸다. 공산당의 통제하에 모양을 갖춘 삼자애국운동과 그것 밖에 존재하는 등록되지 않은 교회 모두가, 다른 사람들이 그들에 대해 뭐라고 말하든 분명히 중국적인 것이었다. 하지만 마오 정권의 재앙은(수백만 명이 투옥되고 굶어 죽고 살해되고 추방되었다) 그가 만든 형태의 공산주의가 사회적 · 개인적 필요들을 제대로 만족시킬 수 없는 무능함을 보여주었다. 일단 그의 후계자들이 경제적 해방을 시도하기 위해 강력한 통제를 느슨하게 하자 그 결과 다른 형태의 자율 조직에 훨씬 커다란 기회가 주어진 것이다. 그런 환경에서 수많은 형태의 기독교 신앙이 출현했다. 그들은 혹독한 박해 기간 동안 때를 기다리고 있었던 것이다. 이렇게 다양한 형태는 오늘날까지 대단히 포괄적인 모습으로 계속 확장해 왔다. 하지만 공산주의가 승리하기 전과 반대로, 이제 그들은 의심의 여지없이 스스로의 길을 개척하는 중국 교회로 존재한다.

이런 식의 짧은 설명으로 중국의 특수한 근현대 역사를 공정하게 평가할 수는 없다. 하지만 이렇게 간략한 진술이나마 시도할 수 있도록 나를 만들어 준 대니얼 베이스와 그의 저서가 대표하는 연구에 감사한다.

●—

아직은 아니지만, 아시아는 거의 틀림없이 빠른 시일 내에 인구뿐 아니라 기술, 부의 창조, 군사력, 그리고 문화적 다양성 면에서 세계를 이끌 것이다. 만일 기독교적 과거가 기독교적 미래로 계속 성장한다면, 아시아에서 벌어지는 일은 가장 중요하다. 더욱이 아시아의 모든 국가 중에서도 중국은, 서구 기독교 세계의 역사가 없다면, 그리고 중세 이후 유럽 역사를 특징지었고 민주화된 형태로 북미에서 번성한 종교, 정치권력, 경제활동, 교육지도의 혼합이 없다면, 기독교가 무엇을 의미할 수 있는지를 분별하는 최고의 '실험실'을 제공한다. 중국 그리스도인들은 (최소한 부분적으로 아프리카, 라틴아메리카, 심지어 남태평양제도와는 반대로) 여전히 유교 문화와 공산주의 경험에 깊이 영향을 받은 사회에서 앞으로 나아가야 하는 도전에 직면하고 있다. 겉으로 보기에는 죽었다가 살아난 것 같은 중국 교회에 대해 배우고 있지만, 유럽과 아메리카의 역사적 동력과 너무 다른 역사적 동력을 이해하려는 노력은 내가 지금까지 만났던 가장 벅차면서도 가장 고무적인 작업 중 하나로 남아 있다.

● — 17장

글을 쓰며 행한 연구

일단 세계기독교의 바다로 출항하자, 이 바다가 대단히 넓다는 사실이 분명해졌다. 내 손을 잡고 이끌었던 개인 안내자들(던 처치, 조지 롤릭, 존 조첸, 대니얼 베이스)은 없어서는 안 될 동기부여자들로 남아 있었다. 앤드루 월스와 다른 학자들이 쓴 핵심 저서들은 밖으로 향하는 길을 알려 주었다. 하지만 나는 곧 세계 전역에서 기독교의 최근 움직임을 파악할 수 있는 광대한 자료들이 존재한다는 사실을 발견했다. 한 가지 관점에서, 그런 깨달음은 나를 겸손하게 하는 충격이 되었다. 이렇게 빠르게 확장되는 엄청난 양의 신뢰할 만한 저서들이 최근의 기독교 역사에 대해 알려 주는 것(지역, 언어, 문화, 교회, 단체, 개인, 비극, 승리, 갈등, 실험, 경이, 실망, 충격적 사건, 일상생활 등)을 어떻게 한 개인이 파악할 수 있었을까?

하지만 다른 관점에서, 전 세계를 바라보려는 노력이 창출하는 혼란이 클수록 그런 노력이 보여준 기본적인 단순함도 더 컸다. 하나님의 아들로서 예수는 항상 중심에 있었다. 성경은 영원히 현존하는 본보기를 제공했다. 기독교적 이상에 미치지 못한다는 보편 인식과 함께 변화된 삶이 모든 곳에서 나타났다. 동일한 유형의 갈등이 자기집착적 종교성과 자기포기적 이타주의 사이에, 용감한 충성과 비겁한 위선 사이에 널리 퍼져 있는 것처럼 보였다. 그것은 분명 피상적인 문화의 다양성 속에 감추어진 기독교 본질의 문제가 아니었다. 대신 그것은 믿을 수 없을 정도로 다양한 범주의 지역적인 표현 속에서 인지할 수 있도록 구체화된—내내 아래를 지향하고 어떤 문화적 잔재도 없는—기독교였다.

확실히 이렇게 복잡한 경험들의 잠재적인 위상을 이해하는 데는 어느 정도의 시간이 필요했다. 일반적으로 서구 그리스도인들, 그리고 특별히 내가 속한 전통의 복음주의자들은 마치 자신은 서구의 문화적 발전으로부터 (혹은 미국 근본주의/복음주의의 특이한 역사로부터) 자유로운 듯이 우리의 신앙 표현을 어느 정도 규범적이고 유동적인 것으로 간주하는 경향이 있었다. 결과적으로, 내 자신의 기독교를 단순하게 규범적인 기독교로 취급하는 본능에 저항할 필요가 있었다. 하지만 내가 품었던 기독교가 일개 지역의 문화적 표현이었다는 사실을 깨달은 것이, 최소한 개념적으로나마 내 자신의 것과 매우 다른 형태의 기독교 발전을 이해할 수 있게 만들었다. 성부, 성자, 성령으로 계시된 한분 하나님을 신뢰하는 것이 이런 식의 사고가 완전한 문화상대주의로 추락하는 것을 막아 주었다. 하지만 하늘과 땅의 창조자(신)가 육신(인간)이 되었다고 믿는 것도 시간이 흐르면서 그 믿음이 반복적으로 재번역되며 대단한 다양성을 기대하도록 길을 예비했다.

이와 같은 결론은 수업시간에도 큰 영향력을 발휘했을 뿐 아니라, 그런 영향 때문에 나는 서평을 쓰고 논문을 준비하며 내 자신의 책을 시도해 보라는 의뢰를 받았다. 서평은 20세기 중반부터 미국에서 멀리 떨어진 곳의 기독교에 대해 배울 수 있도록 도움을 준 어마어마한 범위의 훌륭한 저작들을 간략히 다루었다. 논문을 쓰는 것이 (흔히는 강의안을 수정해서 만든) 관계를 추적하고 서로 비교할 수 있는 기회를 제공해 주었다. 그리고 책을 집필하는 것은 몇 가지 사상들을 매우 상세하게 발전시킬 수 있는 기회를 확대해 주었다.

개인적인 본능과 직업적인 소명의식으로, 나는 손에 펜을 들고 그러한 탐색을 수행하는 데 익숙했다. 이제는 집필 과제들이 세계기독교의 팽창하는 현실에 대한 단순한 충격에서 그 모든 것이 의미했던 예비적 결론을 향해 이동하는 길을 제시했다. 나의 경우, 새로운 정기간행물인『책과 문화: 기독교적 서평』*Books & Culture: A Christian Review*이 그 문을 열어 주었다. 친구들인 캐롤린 나이스트롬,Carolyn Nystrom 조엘 스캔드렛,Joel Scandrett 앤디 리퓨Andy LePeau의 도움 속에서, IVP가 나의 등을 떠밀었다.

●—

『책과 문화』는 어떤 면에서 『개혁주의 저널』이 부활한 것이었다. 그것은 1995년 후반기에 첫 모습을 보인 후로, 이런 잡지가 대표하는 종류의 사려 깊은 저널리즘을 인터넷 블로그 포스트가 몰아내면서 점점 더 경쟁이 치열해진 공적 풍경 속에서 지성의 횃불로 남아 있었다. 전후 보수 개신교의 보완적 흐름 사이의 협력이 그것을 가능하게 했다.

한편에서 『개혁주의 저널』의 폐간을 슬퍼했던 많은 작가, 지지자, 독자들이 나타났다. 그랜드래피즈가 그들의 메카였고, 기독교개혁교회CRC가 교회적 발판이었다. 하지만 이미 더 넓은 현장으로 진출한 많은 이들이 이 새로운 모험의 확고한 후원자로 기꺼이 참여했다. 최초의 종잣돈은 『개혁주의 저널』 같은 잡지가 다시 나타나길 간절히 원했던 퓨 자선기금의 한 임원으로부터 도착했다. 타블로이드판 격월지 『책과 문화』는 『개혁주의 저널』의 흰색 바탕에 회색으로 된 겸손한 품위까지 답습하지는 않았다. 하지만 문학, 역사, 신학, 과학, 통신, 세계 문제, 정치, 심지어 음악과 미술에 대한 안목이 있고 잘 다듬어진, 때로는 풍자적인 관찰은 그대로 유지했다. 기사 중 일부는 명백한 종교적 언급 없이 논평을 제공하지만, 대부분은 '기독교적 서평'이란 부제를 이용해서 직접적으로 기독교적 평가를 시도했다. 그래서 그것은 창조의 모든 영역에 대한 하나님의 주권을 기록하려는 『개혁주의 저널』의 카이퍼적인 소망을 계속 붙들었다.

다른 면에서 크리스채너티 투데이 인터내셔널Christianity Today International의 실천적 후원과 저널리스트의 전문 지식, 지적인 격려와 광범위한 복음주의 네트워크가 도래했다. 출판사와 편집자들은 그들이 이미 『크리스채너티 투데이』, 『리더십』*Leadership* 그리고 다른 정기간행물들을 통해 하고 있던 일에 '책과 문화'에 대한 보다 사려 깊은 평가를 추가할 방법을 찾고 있었다. 크리스채너티 투데이가 제공한 제도적 안식처와 중요한 재정 후원으로, 『개혁주의 저널』보다 대중적이면서 더 넓은 층의 작가와 독자들을 거느리는 잡지가 탄생했다.

크리스채너티 투데이가 존 윌슨John Wilson을 설득해 캘리포니아의 한 출판사가 제공한 안전한 직업을 포기하고 편집자가 되도록 했을 때, 그는 이 모험의 성공에 가장 직접적으로 기여했다. 관대한 만큼 깊이 있는 기독교적 비전을 소유한 잡식성 독자인 존은 이상적인 선택이었다. 그는 기독교 진영과 흔히는 그 너머에서 이미 잘 알려진 많은 작가들에게 『책과 문화』의 페이지를 개방했고, 이제 출판계에 모습을 드러내기 시작한 젊은 남녀들도 모집했으며, 독자들과의 여행 및 편지를 통해 (사려 깊고 비이념적이며 포괄적이고 기독교적인) 잡지의 이상을 증진시켰다. 조급한 저자들이 자신의 글이 출판되는 것을 볼 수 있도록, 출판을 기다리는 엄청난 양의 글을 가능한 한 신중하게 처리했다. 나는 책, 주제, 그리고 잠재력 있는 저자에 대해 존에게 조언할 수 있는 특권을 누렸다. 그는 내게 기독교의 세계적 역사를 다루는 몇 편을 포함한 글들을 요청할 때면 더욱 관대했다.

그래서 『책과 문화』는 내가 중요한 책들에 대해 보고하고, 기독교 역사가 세계적인 맥락으로 확장된 것이라고 생각하며, 전혀 몰랐던 세계의 부분들을 탐구할 수 있는 일종의 포럼이 되었다. 중요한 책 가운데 앤드루 월스의 『기독교 역사에서 선교 운동』과 필립 젠킨스의 『신의 미래』에 의해 패러다임의 전환을 가져온 노력도 포함되었다. 그런 일반연구에 대한 서평은 얼마나 빠르게 이야기 속으로 세계 의식이 스며들었는지를 보여준다. 1990년대와 2000년대 초반부터 월스와 젠킨스가 쓴 책들은 새로운 기독교 세계가 출현했다고 선언했으며, 그것이 어떻게 연구되어야 하는지를 알려 주었다. 내가 그 잡지를 위해 가장 최근에 쓴 논문에서, 세계적인 상황에 대해 일반적으로 서술하라는 도전을 받아들였던 책들에 대해 보고할 수 있었다. 하나는 데일 어빈Dale Irvin과 스캇 선퀴스트Scott Sunquist의 『기독교 운동의 역사』*History of Christian Movement* 제2권이었다. 그 책은 이전 문헌들로부터 익숙한 많은 것을 비서구 세계에 대한 참신한 연구 결과와 결합시키는 훌륭한 모범이다. 두 번째는 데이비드 햄튼David Hempton의 『긴 18세기의 교회』*The Churches in the Long Eighteenth Century*였다. 이것은 서구 기독교 역사의 표준 주제들을 보이는 모든 세계를 배경으로, 그리고 그 반대로 해석하는 보기 드문 지혜의 책이다.

서구 역사를 세계로 확장한다는 것은 또 다른 종류의 책을 접한다는 뜻이었다. 앤드루 포터Andrew Porter의 『영국 개신교 선교의 제국적 지평, 1880-1914년』*The Imperial Horizons of the British Protestant Mission, 1880-1914*에 대해 글을 쓰기로 한 선택은 최근 역사서술의 탈식민주의적 혹은 반제국주의적 관점에 대해 충분히 인식하면서 대영제국을 연구하고 있던, 영국 공공생활 전문 역사학자를 따라갈 수 있는 기회를 주었다. 그것은 브루스 호프먼Bruce Hoffman의 『내부의 테러리즘』*Inside Terrorism*과 비슷했다. 이 책은 어떻게 9·11 이전에 군사적 이슬람의 부흥이 무슬림 세계의 일부를 서구의 세속적 평온이란 맥락 안에서 위험한 것으로 만들었는지를 보여주었다.

『책과 문화』의 등장이 『크리스채너티 투데이』 1995년 7월호의 삽입 광고를 통해 알려졌다. 그 광고를 위해 나는 남아공 근현대사, 곧 정녕 세계 역사의 두 거인을 다룬 기사를 하나 준비하는 특권을 누렸다. 그 기사는 최근에 나온 두 권의 책인 피터 알렉산더Peter F. Alexander가 쓴 앨런 페이턴Alan Paton의 전기와 넬슨 만델라Nelson Mandela의 자서전 『자유를 향한 머나먼 여정』*Long Walk to the Freedom*에 대한 서평이었다. 새로운 잡지의 소망은 간략한 요약이나 준비 없는 평가 이상을 위해 충분한 공간을 허락하는 것이었다. 나는 1,800자 범위 내에서 글을 쓸 수 있는 권한이 주어졌는데, 그것은 특별히 관대한 예우였다. 물론 나는 먼저 책을 읽어야 했다. 그 독서는 더 많은 과제를 위한 추가 독서와 함께, 더욱 커다란 세계와의 만남뿐 아니라, 왜 그런 탐구가 중요할 수 있는지를 설명해 주는 기회가 되었다. 나의 첫 번째 『책과 문화』 에세이는 이렇게 시작했다.

가치 있는 책들로부터 알게 된 두 개의 충격적인 사건은 근대 남아공에서 기독교 신앙의 깊이뿐 아니라 역설도 알려 준다. 앨런 페이턴은 1948년 『울어라, 사랑하는 조국이여』*Cry, the Beloved Country*를 출판하고 세계적인 명성을 얻었다. 이 책은 인종 간의 적대감, 살인, 절망, 그리고 (끝부분에서) 용서를 다룬 대단히 강력한 소설이다. 1950년대와 1960년대에 그가 비폭력적·다인종적 개혁의 목소리로서 남아공 자유당을 도왔을 때, 남아공 정부의 혹독한 학대를 받았다. 심지어 그가 나라 안팎에서 많은 개혁자들의 후원을 얻고 있었음에도 말이다. 자신의 저서와 정치 활동을 통해 널리 알려지기 전, 페이턴은 요하네스버그 남부의 데이프클루프에서 유색인들을 위한 소년원의 관리자로 일했다. 인정 많고 대체로 성공적인 행정가로서 페이턴은 자신의 책임하에 외적 순응뿐 아니라 내적인 지도를 증진시키려고 노력했다. 그런 목적을 위해 1935년(또는 1936년)에 그는 매일 30분씩 성경공부를 실시했다. 얼마 지나지 않아 그 소년들 중 한 명이 근처 가게에서 생선을 훔쳤다고 고발당했다. 페이턴이 흑인 교도관들에게 조언을 구했을 때, 그들은 진실을 밝히기 위해 소년에게 육체적 처벌을 가해야 한다고 주장했다. 하지만 회초리 몇 대를 맞은 후 그 소년은 벌떡 일어나 페이턴이 "나를 십자가에 못 박는다"고 비난했다. 그리고 자신을 고발하는 아프리카 교도관을 '유다'라고 불렀

을 쓰며 행한
연구

으며, 흑인 부원장을 '헤롯'으로, 페이턴을 '본디오 빌라도'로 불렀다. 페이턴은 깊은 감명을 받고는 소년에게 아낌없이 사과한 후 풀어 주었다. 같은 날 저녁, 페이턴은 다시 사과하기 위해 소년을 찾아갔다. 하지만 소년을 찾았을 때, 그는 자신이 훔친 생선을 먹고 있었다.

약 20년 후, 넬슨 만델라는 도상에 있었다. 몇 년 전에 그는 변호사 자격을 획득했고, 그의 동료인 올리버 탐보Oliver Tambo와 함께 요하네스버그에서 최초의 흑인 법률사무소를 개업했다. 하지만 만델라는 점점 아프리카민족회의African National Congress를 통해 정치적 행동주의로 이끌렸다. 이 단체는 이미 50년 가까이 존재해 온 다인종 조직이었다. 1955년 가을, 만델라는 나탈과 케이프를 여행하면서 ANC 지부들이 1948년에 정권을 장악한 국민정부Nationalist Government 경찰에 저항하도록 격려했다. 1948년은 페이턴의 소설 『울어라, 사랑하는 조국이여』가 출판되었고, 남아프리카의 유전적 인종주의 관습을 전면적이고 합법적인 인종격리 정책으로 변형시키기 시작했던 바로 그해였다. 만델라가 케이프타운에 도착했을 때, 그는 한 웨슬리안 교회의 목사였던 월터 테카Walter Teka의 집에서 환대를 받았다. 그의 집에 머무는 동안 만델라를 안내한 이들은 ANC 회원이자 공산주의자였던 존슨 응그웨벨라와 그린우드 응고티야나였다. 그곳을 방문한 첫 일요일에 만델라는 다른 시골 마을도 방문할 수 있으리라 기대하며 일어났지만, 모든 ANC 사업이 취소되었다는 사실을 알고 놀랐다. 왜? 공산주의자인 응그웨벨라와 응고티야나는 안식일을 엄격히 지키는 열정적인 웨슬리안들이었던 것이다. 만델라가 그 사건을 요약했듯이, "나는 저항했지만 소용이 없었다. 최소한 아프리카에서 공산주의와 기독교는 서로 배타적이지 않았다."

이 사건들은 두 책에서 발견한 보물들을 묘사해 준다. 그것은 페이튼과 만델라에 대해 들려줄 뿐 아니라, 대단히 기독교적이고 대단히 분열된 지역에서 종교와 사회의 불안한 혼합에 대해서도 들려준다.

몇 년 후, 존 월슨은 비슷한 분량으로 남아프리카공화국에서 열린 기억할 만한 대회에 대해 글을 쓸 기회를 주었다. 그 회합은 2001년 7월에 요하네스버그 북쪽 프리토리아 대학교University of Pretoria가 운영하는 하만스크랄 수양관에서 열렸다. 그것은 '세계 기독교 동향'Currents in World Christianity이라고 불린 한 프로젝트의 책임자들에 의해 조직되었다. 영국의 브라이언 스탠리,Brian Stanley 남아공의 J. W. 호프메이어,J. W. Hofmeyr 오스트레일리아의 마크 허친슨Mark Hutchinson이 책임자였다. 그 대회는 단지 남아공을 방문하기 때문만이 아니라, 그해 가을에 내 딸 메리와 결혼할 딘 베네블스Dean Venebles의 가족들을 만날 수 있었기 때문에 매기, 내 아들 로버트, 그리고 나에게도 개인적으로 대단히 만족스러웠다. 무엇보다 그 모임 자체로 거의 전 세계에서 진행되고 있는 연구의 범위를 충분히 보여주는 일종의 계시였다.

이 책에서 이미 언급된 정상급 학자들의 강의는 압권이었다. 하지만 중국, 한국, 브라질, 필리핀, 오스트레일리아, 뉴질랜드 출신의 (대부분은 젊은) 학자들뿐 아니라 아프리카인 학자들이 20개 이상의 논문을 발표했다. 예를 들어, 중국 학자들은(그들 모두는 대니얼 베이스의 후원과 환영을 받았다) 어떻게 1920년대와 1930년대에 서구 선교사들이 제공한 것 중에서 그들의 상황에 가장 도움이 된다고 판단된 것을 선택하면서 중국 그리스도인들이 자생적 형태의 신앙을 발전시키기 시작했는지에 대해 세심하게 연구된 논문을 발표했다. 그리고 그곳에서 학자들이 묘사하던 것의 한 현상이 우리 눈앞에 나타났다. 중국의 중요한 자생 그리스도인 그룹 중 하나는 워치만 니Watchman Nee와 관련된 '지방'Local 교회 혹은 '주의 회복'Lord's Recovery 교회였다. 하만스크랄에서는, 대체로 남아프리카 백인들로 구성된 프리토리아 출신의 지방 교회 회원들이 이번 학술대회에 참석했다.

가나, 나이지리아, 카메룬, 베냉, 동아프리카, 남아프리카, 짐바브웨, 말라위, 한국, 인도 나갈랜드와 미조람과 마니푸르에서 온 기독교 발전에 대한 다른 발표들이 '기독교 세계' 시대가 되었다는 것에 대해 즉각적인 평가를 제공해 주었다. 다른 어떤 자극이 할 수 있었던 것보다 더 훌륭하게 그런 문제들에 대해 『책과 문화』에 기고하는 기회 덕분에, 나는 이 놀라운 정보의 홍수에 대해 조금이나마 이해할 수 있었다.

내가 세계기독교 주제에 대해 쓴 글들의 목록과 함께 이 책의 부록에서 지적하듯이, 여러 간행물을 위해 그런 주제들을 탐구한 것은 하나의 특권이었다. 하지만 무엇보다도 『책과 문화』가 가장 먼저 왔다.

●—

이제 나도 세계기독교 주제에 대한 책을 써야 한다는 생각이 갑작스레 찾아왔다. 나에게 그런 관심이 지속될 것이라고 확신했지만, 또한 미국 역사의 문제들과 복음주의자들을 향한 지적 생활의 도전이라는 커다란 집필 프로젝트를 위해 훨씬 더 충분한 자료가 제공되었다는 것도 알았다. 2003년인가 2004년의 언제쯤엔가, 많은 요인들이 결합해 이미 정착된 과정에서 방향을 돌리도록 만들었다.

미국 IVP의 책임편집자인 앤디 리퓨는 교회의 오랜 친구(그리고 위원회 동료회원)였다. IVP가 내 책 『복음주의 발흥: 에드워즈, 윗필드, 웨슬리의 시대』*The Rise of Evangelicalism: The Age of Edwards, Whitefield, and the Wesleys*를 출판할 수 있도록 그가 도왔을 때, 그는 또한 영국 IVP와의 사이에서 유능한 중계자 역할을 했다. 2003년에 나온 이 책은 미국 복음주의 연구소 활동의 결과물로서, 친구이자 스코틀랜드 스털링 대학교University of Stirling의 동료 역사학자인 데이비드 베빙턴David Bebbington과 함께 편집한, 영어권 세계에서 복음주의 기독교에 대한 5권짜리 시리즈 중 첫 번째였다. 앤디로부터 전문가적인 도움을 받은 후, 다른 책들에 대한 그의 친절한 요구 때문에 내 마음이 흔들릴 수는 없었다. 오랫동안 무르익고 있던 몇 개의 다른 프로젝트가 줄을 서서 기다리고 있었기 때문에 이런 유혹에 저항하기 쉬워 보였으니 말이다.

하지만 앤디의 부하 직원 중 한 명인 조엘 스캔드렛이 멀리서 격려의 말을 전하던 것에서 휘튼의 학생회관에서 커피를 마시며 실제적인 대화를 나누는 것으로 전략을 바꿨을 때, 상황이 변했다. 정확한 날짜를 기억할 수 없고 대화도 정확하게 재구성할 수 없지만, 내 생각에 그날 대화는 대체로 이렇게 진행되었다.

> 조엘: 교수님은 세계기독교에 대한 과목을 가르치고, 그런 주제들에 대해 『책과 문화』에 글을 써 왔지요. 교수님이 우리를 위해 한두 권의 책을 쓸 수 있다고 생각하지 않으세요?
>
> 마크: 아니요, 그 분야에는 이미 너무 많은 대가들이 있어요.
>
> 조엘: 캐롤린이 도와주면 어떨까요?
>
> 마크: 흠.

함께 교회를 다닌 오랜 친구 캐롤린 나이스트롬은 당시 휘튼에서 나이 든 학생으로 시작했던 신학석사 학위과정을 거의 마쳤다. 작가로서 그녀의 수십 년 경력은 많은 성경공부 가이드와 어린이 책, 그리고 교회에서 사용할 교재들을 탄생시켰다. 또한 그녀는 다른 사람들과(가장 유명한 사람은 J. I. 패커였다) 공동저자로서도 성공적으로 작업을 했다. 조엘의 요구는 캐롤린과 내가 2005년에 『종교개혁은 끝났는가?: 현대 로마가톨릭 신앙에 대한 복음주의의 평가』*Is the Reformation Over?: An Evangelical Assessment of Contemporary Roman Catholicism*로 출간된 책을 함께 작업할 때 관계가 좋았다는 것을 잘 알았기 때문에 더욱 강력했다.

나의 취미 활동에서 기원한 책의 집필에 캐롤린이 전략적인 도움을 제공할 수 있다는 제안은 시의적절했다. 얼마 전에 나는 IVP에서 나온 책뿐 아니라 『미국의 하나님: 조나단 에드워즈부터 에이브러햄 링컨까지』도 출판했다. 어리석게도 나는 오래전에 어드먼스 출판사와 약속했던, 복음주의와 지적 생활에 대해 긍정적인 말을 해줄 책 한 권을 거의 끝냈다고 생각했다. 이 책은 『복음주의 지성의 스캔들』*The Scandal of the Evangelical Mind* 후속편으로, 2011년 『그리스도와 지성』*Jesus Christ and the Life of the Mind*으로 출판되었다. 휘튼에서 나의 교수 경력을 마칠 것이라고 예상하면서, 나는 은퇴할 때까지 방황하지 않으려고 고민했다. 하지만 가장 중요하게도 기독교와 현대 세계의 변화된 환경에 조금씩 노출되었기 때문에, 나는 새로운 기독교 현실이 가치 있고 연구되어야 하며 미국처럼 전통적으로 기독교적인 지역에서 훨씬 더 많이 주목받을 가치가 있다고 확신하게 되었다.

●—

이 이야기의 나머지 부분은 더 복잡하다. 다음 장에서 설명하겠지만 교수로서의 나의 경력은 휘튼에서 끝나지 않았다. 좋든 싫든, 나는 조용히 사라지지 않았다. 한 차례 이사를 포함한 소동, 새로 늘어난 의무, 그리고 아직도 상당히 남아 있는 이전의 프로젝트에도 불구하고 캐롤린과 나는 앞으로 나아갔다. 머지않아, 우리는 내 아내 매기로부터 엄청나게 많은 도움을 받게 되었다. 먼저는 휘튼에서 참고자료 사서로서, 다음에는 노트르담 대학교에서 시간제 연구조교로서 말이다. 하지만 이런 도움에도 불구하고, IVP와 채결한 계약서에 명시된 마감일보다 몇 년이 지나서야 원고가 완성되었다.

캐롤린의 조사는 내가 주장하고 싶고, 2009년 IVP에서 나온 『세계기독교의 새로운 형태: 미국적 경험이 세계 신앙을 반영하는 법』*The New Shape of World Christianity: How American Experience Reflects Global Faith* 에서 설명하고 싶었던 주장을 구체화하는 데 도움을 주었다. 그 책의 주장은 앤드루 윌스의 선구적 논문 중에서 두 개를 확대한 것이다. 하나는 왜 북미의 복음화가 19세기의 위대한 선교 이야기였는지를 보여주었다. 다른 것은 어떻게 미국적 경험에서 절정에 달했던 기독교적인 삶에 대한 자발적·복음주의적 접근이 같은 19세기부터 세계 전역으로 확산된 개신교의 선교적 노력을 추동했는지를 묘사했다.

미국에서의 기독교와 세계 나머지 지역의 기독교와의 관계에 대해 질문을 제기함으로써, 내 책은 월스의 통찰을 확대했다. 내 제안은 비록 미국 선교사들이 분명 상당한 영향력을 행사했지만, 훨씬 더 중요하게는 근대 세계의 많은 부분에서 기독교적 경험이 미국혁명 후 미국에서 발달했던 자유롭고 자발적이며 민주적인 형식의 기독교 신앙을 복제한 방식이었다는 것이다. 몇 가지 사례 연구를 통해 설명된 이런 주장은 내가 오래전 미국 역사에서 연구했던 것과 보다 최근에 세계의 나머지 지역에 대해 배운 것을 연결하도록 허락했다. 그 책은 앤드루 월스, 돈 처치, 존 조첸에게 헌정되었으며, 책이 나오기 직전 세상을 떠난 오그부 칼루Ogbu Kalu를 위한 기억할 만한 문단 하나를 담았다. 오그부는 나이지리아 역사학자로서, 그의 우정과 학문이 내게 깊은 감동을 주었다.

IVP에서 나온 두 번째 책은 훌륭한 공동작업의 결과였다. 캐롤린과 나는 아프리카, 인도, 한국, 중국의 기억할 만한 근현대 그리스도인 19명에 대한 전기적 서술의 초고를 완성했다. 매기는 많은 조사를 하고 삽화를 위해 사용 허가를 얻어 내는 힘든 일도 수행했으며, 책의 교정 작업과 색인 작업도 맡았다. 우리의 목적은 간단했다. 근현대 기독교 역사에서 중요했지만 유럽이나 북미에 거의 알려지지 않은 개인들에 대해 이해하기 쉬운 설명을 제공하는 것이었다. 지연, 경쟁하는 요구들, 이사로 발생한 약간의 혼란에도 불구하고, 그 노력은 생각보다 만족스러운 것으로 입증되었다. 나는 인도의 V. S. 아자리아와 판디타 라마바이, 아프리카의 윌리엄 웨이드 해리스와 존 칠렘브웨, 한국의 길선주, 중국의 도라 유와 왕 밍다오 같은 인물들에 대해 조금은 알고 있었다. 하지만 많이는 몰랐다. 중국 최초의 여성 의사 중 한 명인 메리 스톤 같은 인물을 우리는 연구를 계속하면서 발견했다. 추기경 이그나티우스 쿵을 포함한 것은 노트르담 대학교에서 수업을 위해 20세기 가톨릭 역사를 깊이 탐구하려고 노력하는 과정에서 이루어졌다. IVP가 2011년에 『허다한 증인들: 아프리카와 아시아의 기독교적 목소리』*Clouds of Witnesses: Christian Voices from Africa and Asia*를 출판했을 때, 우리 셋은 그 결과에 기뻐했다. 그 책이 쓰기 쉬웠기 때문도 아니요(결코 그렇지 않았다), 훨씬 더 광범위하게 보급될 가치가 있는 전기적 정보를 이용할 수 있도록 만들었기 때문도 아니었다. 대신, 유명 기독교 증인들의 주목할 만한 명부에 기록된 중요한 사건과 그렇지 않은 사건, 승리의 역사와 고통의 역사, 집단적 성취와 분열적 갈등을 추적하는 집필 과정은 특히 교육적인 경험이었다.

● —

내가 집필의 특권을 누린 『책과 문화』, IVP, 그리고 다른 출구들은 그것 자체로 전통적인 지혜와 현대 세계기독교를 이어 주는 중요한 중재자였다. 손에 펜을 들고 연구할 수 있는 기회가 없었다면, 지난 20년 동안의 내 삶은 훨씬 더 느슨해졌을 것이다. 그리고 지적으로나 영적으로 훨씬 더 빈곤했을 것이다.

● — 18장

노트르담

2006년 여름, 휘튼 칼리지에서 계속 일하다가 편하게 은퇴하는 대신 나는 노트르담 대학교로 옮겨 새로운 도전의 시간을 만났다. 우리 가족이 휘튼에서 보낸 거의 30년의 세월과 그곳에서 일했던 특권에 대해 나는 지금도 깊은 감사의 마음을 갖고 있다. 그리고 그 시절부터 함께했던 친구들과 동료들과의 강력한 연대는 계속 이어지고 있다. 하지만 연구대학에서 가르치고, 미국 역사의 종교적 차원에 대한 관심을 공유하는 대학원생들과 함께 일하며, 다시 한 번 조지 마스던을 따라가는 기회가 (이번에는 뚜렷하게 기독교적인 관점에서 대학원 수준의 학문을 추구하면서) 이렇게 생애 후반기에 방향을 전환하게 한 결정적인 이유로 내 마음속에 남아 있다. 존 맥그리비,John McGreevy 스캇 애플비,Scott Appleby 캐슬린 커밍스Kathleen Cummings 같은 일급학자들을 거느린 노트르담 대학교는 이전 세대(필립 글리슨, 제이

돌란, 마빈 오코넬 등)가 그토록 오랫동안 훌륭하게 감당했던, 미국 가톨릭교회의 이야기를 들려주는 핵심 역할을 계속 감당하고 있었다. 1994년에 조지 마스던이 우리 두 사람의 친구인 네이슨 해치가 있는 역사학과 교수로 합류했을 때, 노트르담 대학교도 미국사에서 개신교적 측면을 연구하는 또 하나의 훌륭한 중심지가 되었다. 조지의 은퇴가 가까워 오면서, 그의 관심을 계속 추진할 수 있는 경력 많은 역사학자를 노트르담이 찾기 시작했다고 알려준 조지의 '마케도니아인의 초청'(실은 그의 전화)이 나의 지원을 서두르게 했다.

어떻게 내가 미국사 전공 대학원생들을 가르치고 지도하는 데 기여할 수 있을지에 대한 고민이 노트르담을 위한 주요 고려사항이었지만, 세계기독교도 보충적인 역할을 담당했다. 학과와 미팅하는 동안, 나는 약간 떨면서 최근의 세계기독교 역사에 대한 과목을 즐겁게 만들었고, 가능하다면 그 주제에 대한 '부업적' avocational 관심을 이곳에서도 지속하길 바란다고 말했다. 떨린 이유는 연구대학으로서 노트르담은 교수들이 그들의 '직업적' 전공(나의 경우 미국사)에 집중하길 원한다는 사실을 알고 있었기 때문이다. 따라서 역사학과가 최근에 "교과과정을 국제화하려는" 노력을 시작했기 때문에 그런 과목을 매우 환영한다는 사실을 안 것은 즐거운 충격이었다. 결국, 이 새로운 학문 환경이 역사학자이자 그리스도인으로서 내게 중요한 측면이 된 부업을 지속하게 도와주었다.

하지만 어떻게 내가 거의 완벽하게 개신교적인 환경에서 발전시킨 관심을 그 수업을 택하는 학생 대부분이 가톨릭 신자인 상황에 적응시킬 수 있을까? 보다 일반적으로, 나는 노트르담의 가톨릭적 기풍ethos이 어떻게 그리고 왜 기독교 신앙의 세계적 차원이 그토록 절박하게 중요한지에 대한 나의 이해에 영향을 미칠지 궁금했다. 하지만 나는 걱정할 필요가 없었다. 최근 세계 기독교 역사의 가톨릭적 차원을 탐구하려는 노력은 내가 개신교적 현상에 대해 배우기 시작했던 것을 멋지게 보충할 뿐 아니라, 많은 학생 및 교수들과의 만남은 학문적인 관심의 대상이자 기독교 신앙의 한 형식으로서의 가톨릭교회가 실질적으로 세계기독교에 대한 개신교의 이해를 확장시킬 수 있음을 보여주었다.

● —

새로운 직장에 도착하기 전, 내 책장에 가톨릭 관련 내용이 전혀 없었던 것은 아니다. 비교문화적 관심을 다룬 몇 가지 주제는 오랫동안 내가 일반적인 교회사 수업에서 가르치던 것의 일부였다. 그것에는 8세기 영국제도로부터 유럽 심장부까지의 보니파티우스의 선교, 13세기 프란체스코회의 이슬람계 북아프리카를 향한 선구적인 모험, 16세기 가톨릭 종교개혁으로부터 발생한 예수회의 뛰어난 극동 선교 등 세계사적으로 중요한 사건이 포함되었다. 오래전에 읽었던 엔도 슈사쿠遠藤周作의 『침묵』沈默은 지방 신자들과 그들의 예수회 안내자들이 17세기 일본에서 기독교를 포기하라는 끔찍한 압력에 직면했을 때, 그들의 고결함에 대해 지울 수 없는 인상을 남겼다. 캐나다를 향한 관심은 장 드 브레뵈프Jean de Brébeuf와 그의 동료들에 대한 이해도 추가했다. 그들이 17세기 초반에 휴런족 인디언에게 선구적 선교를 그 시대에 상당한 수준의 문화적 감수성으로 수행했기 때문이다. 영화 「블랙 로브」*Black Robe*와 「미션」*The Mission* 그리고 이런 영화에 자극받은 더 많은 독서 덕분에 퀘벡과 남아메리카의 과라니족 인디언 사이에서 가톨릭의 노력에 지역적인 색채가 가미되었다. 최근 역사에 대한 다른 모든 몽롱한 관찰자들과 함께, 나도 제2차 바티칸 공의회가 현대 세계의 거의 모든 측면(개발도상국과 서구 모두)과 가톨릭과의 관계를 변경시켰다는 것을 알았다.

더 중요한 것은, 내가 미국 가톨릭의 대표적 선교 수도회인 메리놀 외방전교회Maryknoll Fathers의 오르비스 출판사에서 나온 도서목록의 정기독자가 된 것이다. 나는 오르비스가 저자들을 어떻게 선정하는지 잘 모르지만, 빠르게 변하는 세계적 상황을 그 누구보다 많이 연구한 것이 어드먼스와 함께 바로 이 출판사였다는 사실이 나에게 큰 충격을 주었다. 나는 오르비스 출판사가 해방신학, 리틴아메리카, 그리고 다른 예싱힐 만한 가톨릭 주제들에 내해 상당히 많은 책을 출판했다는 사실을 알고 있었다. 하지만 그곳이 감리교인인 앤드루 월스의 두 권의 선구적인 책을 출판하기 위해 특별한 노력을 기울였고, 아직 개신교인이었을 동안 라민 사네의 중요한 책들뿐 아니라, 다나 로버트, 새뮤얼 휴 모펫, 제후 핸슬스, 스캇 선퀴스트, 데일 어빈 같은 일급 개신교 학자의 중요한 책들도 출판했다는 사실에 깊은 인상을 받았다. 가톨릭으로 개종한 사네를 포함해 가톨릭 학자들의 비슷한 책들도 동일한 빛을 제공했다. 단지 지난 몇 년간의 오르비스 도서목록을 살펴보는 것만으로도, 서구 세계를 넘어선 지역에서 가톨릭-개신교 협력의 전망이 특별히 밝다는 내 생각을 강화시켜 주었다.

하지만 아직도 배워야 할 것이 많았다. 그리고 그러한 배움은 여러 방향에서 찾아왔다. 가장 직접적인 기회는 2013-2014년도에 다섯 차례나 학부에서 수업을 한 것이다. 휘튼에서 경험하지 못했던 노트르담 수업의 한 가지 특징은 조교들이 함께 수업에 참여하는 것이었다. 그들은 수업 구성을 돕고, 독서과제에 대한 학생들의 토론을 인도하며, 많은 시험들의 성적을 처리하고, 수업에서 자신들의 통찰을 제공할 때마다 내 인식을 크게 확장시킨 박사과정생들이었다. 그래서 나는 니콜라스 밀러로부터 제칠일안식교의 세계적 확산에 대해, 피터 최로부터 한국계 미국인들의 발전에 대해, 데이비드 컴라인으로부터 중국의 치열한 삶에 대해, 벤 웨츨로부터 최근 아프리카 역사의 중요한 세부사항에 대해, 필립 골너로부터 복잡한 이민 과정에 대해, 제프 베인 콘킨으로부터 필기시험을 보는 방법에 대해 배웠다. 대학원생에게는 교수의 지도를 받을 수 있는 권리가 있다. 하지만 이렇게 나도 대단히 유능한 젊은 학자이자 교사들이 내게 가르쳐 준 것 때문에 큰 기쁨을 누렸다.

노트르담 학부생들도 수많은 유용한 가르침의 원천이었다. 나는 그들로부터 교구장이나 보좌신부가 미국 밖에서 온 많은 교구들에 대해 알게 되었다. 나는 라틴아메리카와 중유럽 학생들을 노트르담에 데려오는 국제 가톨릭 네트워크에 대해 배우기도 했다. 하나님의 한국어 호칭 발음을 주저하면서도 정확하게 교정해 준 학생으로부터, 어떻게 멕시코에 있는 한 가톨릭교회가 한국에서 온 학생이 인디애나 북부에 있는 대학에 다니도록 도움을 주었는지에 대한 놀라운 이야기를 들었다.

학생들을 위한 참신한 독서과제도 나에게는 확장된 전망을 의미했다. 그것은 내가 전에는 오직 개신교적 예들만 제공했던 강의에 근대 아프리카 최초의 가톨릭 주교였던 조셉 키와누카Joseph Kiwanuka를 위한 자리도 마련해 주었다. 영구적인 영향을 끼친 또 다른 독서과제는 빈센트 도노반Vincent Donovan의 『기독교 재발견』*Christianity Rediscovered*이었다. 그것은 탄자니아의 마사이족 사이에서 한 성령파 사제의 사역에 대해 이야기해 준 오르비스의 책이었다. 도노반은 자신이 교육받은 표준 의례들에 좌절했을 때, 사도 바울이 1세기에 지중해 세계에서 했던 모습을 발견하고는 의례를 제쳐 두고 마사이족과 소통하려고 노력했다. 실천적인 성과는 이제 어떻게 새로운 문화 환경에서 신앙이 토착화될 수 있는지를 보여주는 첫 번째 지표로서 도노반의 '마사이 신경'Masai Creed을 내 강의 계획서에 포함시키는 것이다.

> 우리는 지고하신 한분 하나님을 믿습니다. 그분은 사랑으로 아름다운 세상과 그 안에 있는 모든 것을 창조하셨습니다.……우리는

> 하나님이 그의 아들 예수 그리스도를 보내심으로써 자신의 약속을 지키셨다고 믿습니다. 예수 그리스도는 육으로는 사람이요 민족으로는 유대인으로 작은 마을에서 가난하게 태어나셨고, 자기 집을 떠나 항상 사파리에서 선을 행하십니다.……그는 자기 백성에게 거절당하셨고, 고문을 받고 손과 발이 십자가에 못으로 박히셨으며, 죽으셨습니다. 그는 무덤에 묻히셨으나, 하이에나들이 그를 건드리지 않았으며, 제3일에 무덤에서 일어나셨습니다.

근래에는 존 알렌John Allen의 『미래 교회: 10가지 경향이 어떻게 가톨릭교회에 혁명을 일으키고 있는가』*The Future Church: How Ten Trends are Revolutionzing the Catholic Church*가 독서과제로 유용했다. 중앙의 바티칸과 세계의 먼 지역에서 날아온 가톨릭 관행, 곤경, 돌파, 계획에 대한 그 책의 직접적인 보고는, 학생들에게 훌륭한 정보를 갖춘 개관뿐 아니라 나를 위해서도 고마운 설명을 제공해 주었다.

가톨릭 주제들에 보다 온전히 주목하기 위해 강의를 확장시키려고 노력했기 때문에, 한 학기 분량 안에 모든 것을 다루는 것이 점점 더 어려워졌다. 하지만 그 덕분에 역사적 이해의 깊이를 더할 수 있었다. 예를 들어, 라틴아메리카에서 교회의 재활성화를 촉진시켰고, 공산주의 중국에서 갈등에 반응했으며, 계속 증가하는 가톨릭 은사주의자들의 수를 점검하기 위한 절차를 확립했던 다양한 그룹들의 노력을 설명하는 것은 보람이 있었다. 그러한 정보는 그 자체로 흥미로웠지만, 비슷한 쟁점을 다루려는 다양한 개신교인들의 노력과 비교할 때 더욱 그랬다. 복음화, 토착화, 유럽 제국주의, 탈식민화, 세계종교들과의 대화, 사회적 행동주의와 외적 구원에 대한 내부 논쟁, 초자연적 존재의 현현 등에 대한 가톨릭적 사례를 연구하는 것은 훨씬 더 흥미로웠다. 왜 이 같은 가톨릭 경험 일부가 개신교 복음주의자들이 현재 세계의 여러 지역에서 경험하는 것과 똑같아 보이는지를 (물론 다른 것들은 너무 많이 다르지만) 이해하려고 애쓴 것은 최고의 해석학적 도전이 되었다.

●—

내가 노트르담 역사학과에 온 지 얼마 되지 않아, 신학과에서는 '세계종교들과 세계교회'라는 대학원 수업을 계획했다. 이 과목에서는 가톨릭과 다른 종교들 간의 관계에 대해 주목하고, 가톨릭 및 다른 형태의 기독교의 세계적 확산에 대한 연구를 결합한다. 앞에서 설명한 관심들 때문에, 나는 이 과목에 겸임교수로 참여했다. 다른 의무들이 나의 참여를 제한했지만, 조금 떨어져서 참여하는 것도 반족스러웠다. 이 프로그램이 모양을 갖추어 가던 2009년 봄, 나는 폴 콜먼Paul Kollman 교수와 함께 대학원 세미나를 인도하는 특권을 누렸다. 그는 성십자회Holy Cross 사제이자 저명한 선교학자로서, 동아프리카의 가톨릭교회에 대해 뛰어난 저서를 출판했다. 그 세미나는 '세계기독교: 역사적·신학적 관점'이라고 불렸고, 역사학과 학생과 신학과 학생이 비슷한 수로 등록했다. 그 결과, 수업에서 내가 오랫동안 역사학자와 신학자의 논리상 차이점으로 감지했던 것이 두드러졌다. 관심이 중첩되지만, 신학자는 어떻게 역사적 맥락이 진리, 교회 질서, 윤리에 대한 규범적 질문을 설명하는지 알기 위해 그 맥락을 바라보는 경향이 있다. 역사학자는 어떻게 규범적 신앙과 관행이 특수한 혹은 대조적인 역사적 상황들에서 형태를 갖추는지에 관심을 갖는 경향이 있다.

이러한 협조의 훈련으로 얻은 보다 중요한 혜택은 독서과제와 수업시간의 활기찬 토론을 통한 교훈이었다. 독서와 토론으로 인해 몇 가지 기억이 지금도 신선하게 남아 있다. 첫째는 남아공 기독교의 역사를 매우 상세하게 다룬 인류학자 존과 장 코마로프John and Jean Comaroff와, 성공회 선교사들과 아프리카 회심자들에 대한 서아프리카 역사학자 J. D. Y. 필J. D. Y. Peel의 연구 사이의 매우 높은 수준의 토론이었다. 코마로프 부부는 식민주의자들의 제국주의적 목적에 따라 아프리카 그리스도인을 형성했던 방식에 가장 큰 인상을 받았던 반면, 필의 세심한 연구는 아프리카 기독교가 항상 우선적으로 아프리카 기관의 산물이었다고 주장함으로써 직접 대응한다. 필 쪽으로 기울어지는 편견 때문에, 나는 코마로프 부부가 제시한 것보다 필의 증거가 훨씬 더 강력하다고 생각했다. 하지만 양측 모두의 연구는 뛰어났고 주장은 정교했으며, 해석학적인 결론도 최고로 매력적이었다.

그 수업 덕분에 나는 캘리포니아 대학교 출판부에서 나온

'기독교 인류학'이란 시리즈의 책들을 알게 되었다. 이 탁월한 전집은 협회 회원들이 비서구인들을 위해 정기적으로 발휘했으나 최근에서야 자신들에게도 적용한 객관적인 공감 속에 기독교 공동체들을 묘사하는 민족지학적ethnographic 논문을 특징으로 한다. 시리즈에는 비서구 공동체뿐 아니라 서구 공동체에 대한 책도 포함된다. 그중에서 나는 매튜 엔겔케Matthew Engelke의 『현존의 문제: 아프리카 교회에서 성경을 넘어』*A Problem of Presence: Beyond Scripture in an African Church*를 읽었다. 이 책은 짐바브웨에서의 새로운 기독교 운동에 대한 설명으로서, 그 운동의 지도자들은 하나님께서 성령을 통해 그들에게 직접 말씀하시기 때문에 성경책이 필요 없다고 말한다. 그에 대한 우리의 토론은 공감적이었지만, 개념적 번역의 과정이 도처에서 진행되고 있을 때 역사학자와 신학자 양측으로부터 '그리스도인'이 무슨 의미인지에 대해 날카로운 질문이 제기되었다. 비록 나는 일차적으로 시간 속의 변화를 문서로 정리하는 데 관심을 가진 역사학자로 남아 있지만, 이런 세련된 인류학적 연구들은 현대 기독교 세계에서 발견되는 다양성을 이해하기 위해 더 많은 기회를 제공해 주었다.

학기 내내 주인공은 나의 동료 교수인 폴 콜먼이었다. 수업시간에 아프리카인의 노예화를 용납하고 기독교 신앙과 기독교 문명의 유익을 회심자들에게 전해 주기 위해 노력했던 19세기 말 탄자니아 가톨릭 선교에 대한 그의 글을 읽었다.[1] 우리 시대에(그리고 역사적 상상력으로 19세기 후반에), 이렇게 헌신적이었지만 인간

노예를 이용하는 데 아무런 양심의 가책도 느끼지 않았던 선교사들을 어떻게 이해해야 하는지에 대해서도 뛰어난 토론이 이어졌다. 그 수업을 들었던 모든 학생이 아프리카 역사에 대한 콜먼의 세밀한 지식과, 최근 서구 세계 밖에서 폭발하고 있는 선교학 및 기독교에 대한 책과 논문에 관한 그의 백과사전적 정보로 큰 유익을 얻었다. 그중에서도 단연 으뜸은 그의 관대한 정신이었다. 우리가 읽었던 책 일부와 그것을 직접 썼던 작가 일부에 대해 그는 내가 감당할 수 있는 것보다 더 많이 사랑을 확장했다. 최소한 이 수업에서 나는 그가 모범을 보여준 것과 동일하게 꾸준한 관심을 학생들에게 보여줄 수 있다고 생각했다. 학생들이 너무 훌륭했기 때문에 말이다.

●—

어느 수업시간에 진행된 토론을 통해서, 우리는 21세기 초에 가톨릭 신자와 복음주의 개신교인이 함께 세계기독교를 공부한다는 것이 무슨 뜻인지에 대해 더 깊이 생각해 볼 수 있었다. 노트르담에서 보낸 시간들은 캐롤린 나이스트롬과 내가 현대 가톨릭교회에 대한 복음주의적 평가에서 설명하려고 노력했던 결론을 확증해 주었다. 특히, 나는 가톨릭교회가 보존하고 있는 고전적인 기독교 교리(삼위일체, 그리스도, 성령, 죄, 창조된 세계의 본질, 기독교 윤리)의 명료성을 더 많이 존경하게 되었다. 많은 가톨릭적 상황에서 발견되는 성결한 삶에 대해서도 똑같은 말을 해야 한다. 하지만 같은 기간 동안, 종교개혁 전통의 개신교에 대한 나의 헌신도 더 강해졌다. 특히 죄, 은혜, 구원에 대한 설명, 그리스도의 구속이라는 성경 메시지의 명료함, 개신교적 가르침에 깊숙이 뿌리를 둔 평신도 참여의 요청이 그랬다(서글프게도 모든 개신교 관행에서 그런 것은 아니지만). 가톨릭-개신교 문제에 대한 더 깊은 성찰은, 복음주의와 가톨릭주의 모두가 가장 온전하게 작동할 때 양자의 탁월함을 보다 분명하게 이해할 수 있는 방향으로 움직였다.

앨빈 오스틴의 『중국 수백만의 사람들: 중국내지선교회와 청조 후기 사회, 1832-1905년』*China's Millions: The China Inland Mission and Late Qing Society, 1832-1905*에 대한 우리의 토론이 바로 그런 경우였다. 이 책은 대체로 중국내지선교회의 영국 선교사들, 그리고 가장 영향력 있는 중국인 회심자 중 한 사람에 대한 활발하고 훌륭하게 조사된 설명을 제공해 준다. 수업에 참여한 개신교 학생들은 허드슨 테일러가 그 선교회를 설립하도록 이끌었던 비전에 대해, 테일러가 충분한 준비도 없이 중국으로 파송했던 중산층과 중하층 사람들에 대해, 선교사들의 자율적(흔히 영웅적이고, 가끔은 이상하고, 때로는 매우 효과적인) 활동에 대해, 그리고 사역에서 상대적인 구조적 약점에 대해 읽었을 때 눈 하나 깜짝하지 않았다. 하지만 가톨릭 학생들은 크게 놀랐다. 어떻게 기독교적이라고 하는 것이 그렇게 조직적으로 느슨하고, 교육적으로 빈약하며, 교회론적으로 격식이 없을 수 있단 말인가?

같은 책에 대한 이렇게 상반된 반응으로부터, 가시적으로 조직된 교회가 기독교 신앙에 대한 가톨릭의 모든 개념을 위해 얼마나 본질적인 것으로 남아 있는지를 더 확실히 알 수 있었다. 반대로, 또한 그것은 교회 질서라는 문제가 지난 2세기 동안 대부분의 효과적인 개신교 선교회들과 세계 도처에서 생겨난 여러 유형의 개신교 운동에게 상대적으로 얼마나 덜 중요했는지도 강조했다. 수업 토론 시간에 성경의 권위와 어느 특정 본문에 대한 해석이 문제가 되었을 때, 일반적으로 생각이 일치했던 것은 언급할 가치가 있다. 하지만 가톨릭 성경해석의 경우, 세심하게 정리된 집합적인 과제가 있다는 사실도 분명했다. 비록 우리 개신교인들이 가톨릭교회의 집단적 지혜를 무시하지는 않지만, 우리는 그 지혜를 공식적이 아니라 비공식적으로 이해했다.

나의 경우, 그 학기의 광범위한 독서(내 일생 동안 기독교 주제에 대한 독서 중 최고 수준이었다)와 최소한 어느 정도의 개인적 체험이 다양한 기독교 전통의 최고 표현과 함께 각각 그리스도에게 더욱 가까워졌기 때문에, 서로에게도 매우 가까워졌다는 확신이 들었다. 일부 독자들은 이 공식이 C. S. 루이스의 『순전한 기독교』*Mere Christianity*에서 특별히 명료하게 진술되었다는 사실을 인지할 것이다. 그것과 동일한 독서 경험이 나의 확신을 강화했다. 만일 논쟁적인 목적을 위해 가톨릭과 개신교의 방어자들이 상대 진영에서 위선, 부정행위, 뒤틀린 생각, 이단적 가르침, 그리고 더 나쁜 것들의 예를 찾으려 한다면, 그것은 결코 어려운 일이 아니라는 확신 말이다.

이제 거의 10년 가까이 노트르담에서 가르치면서, 나의 가장 즐거운 소망은 이와 같은 경험이 나를 더 나은 그리스인뿐 아니라 더 나은 역사학자로 만들었기를 바라는 것이다. 만일 그렇지 않다면 그 책임은 내가 새로 사귄 친구들과 동료들에게 있는 것이 아니라 전적으로 나 자신에게 있다.

● — 19장

지금까지의 이야기

이제까지 나는 내가 세계기독교의 새로운 모습에 매료되면서 배운 것에 대해 충분히 밝혔다. 선교 정신을 가진 집안에서 자라고 개신교 종교개혁에 의해 주체적 신앙을 가진 성인으로 성장한 사람으로서, 내가 지난 세기 동안 기독교의 세계적 확장에 마음을 빼앗긴 것은 결코 놀라운 일이 아니다. 그런 매혹과 매료의 이유들이 충분히 명료하게 전달되었기를 바란다.

하지만 매혹과 매료가 경솔한 승리주의처럼 들릴 가능성도 있다. 즉, 1900년에 기독교는 대체로 유럽, 북미, 그리고 서구에 의해 식민화된 지역에 한정되었지만, 이제는 거의 모든 지역으로 확대되었다는 사실을 보라. 물론, 기독교 세계 옛 지역들에도 어려움이 많다. 하지만 이렇게나 많은 새로운 곳에서 활력의 징표를 바라보라. 기독교의 최근 역사가 하나님은 천국에 계시고 세상에서는 모든 것이 잘 돌아간다는 명백한 사실을 분명하게 설명하지 않는가?

꼭 그런 것은 아니다. 우리 시대가 모든 시대 중 최고의 시대가 되었다면, 또한 모든 시대 중 최악의 시대로 남아 있기도 하다. 성육신하신 하나님의 죽음에 닻을 내리고 있는 종교는 또한 신자들의 악한 경향을 전 세계의 구속을 위해 필요한 것으로 진지하게 다루는 종교다. 만일 십자가를 지고 예수를 따르는 것이 개인과 공동체를 위한 성결의 길이라면, 그것은 보편 교회를 위한 길이기도 하다. 우리가 도달한 역사의 지점을 생각해 보라. 개인, 교회, 공동체를 기독교 신앙의 방패 아래 연결해 왔던 오래된 관습은 서구에서 무용지물이 되고 있다. 남반구에서 그리스도에게로 돌아오는 사람들의 수가 지속적으로 늘어나는 것은 최근 역사의 거대한 충격이지만, 연속성, 규율, 지구력, 충격, 관계, 성숙의 문제도 야기한다. 기독교가 극적으로 확장되고 있는 바로 그 지역에서 이슬람이 동시에 확산되는 것은, 평화로운 협력에서의 전대미문의 발전뿐 아니라 너무나 익숙한 장면인 유혈충돌의 가능성도 창출한다. 게다가, 새로운 기독교 지역들이 서구 '기독교 문명'에서 발견되는 위선, 식민주의적 제국주의, 인종차별, 유물론 같은 것을 결여하고 있지만 동시에 법의 통치, 부족 폭력에 대한 성공적인 억제, 이런저런 형태의 평화로운 민주주의 정부에 대한 헌신, 그리고 그것이 개인과 재산을 위해 제공했던 엄청난 안전의 문명에 대한 존경심도 자주 결여하고 있다.

과거의 단순한 경탄에서 현재의 현실과 미래의 가능성에 대한 공감적 평가를 향해 이동하는 한 가지 유용한 길은 사례 연구를 수행하는 것이다. 비록 개별 사례들이 예언적 가치를 많이 가지고 있지는 않지만, 그것들은 모든 진지한 역사 해석을 위한 토대로 남아 있다. 또한 그것들은 기독교의 세계적 팽창의 여러 특징을 제시하고, 관찰자가 낭만적이거나 피상적이지 않고 근거가 확실한 평가를 수행하도록 압력을 행사한다. 그러므로 이 책을 끝내기 위해 나는 학생들이 수업시간에 행한 연구로 돌아갈 것이다. 나 혼자 연구할 수 있는 것보다 훨씬 더 광범위한 영역을 그들이 보여주었기 때문이다. 특정 에피소드, 요점, 문제, 발전에 대한 그들의 조사는 세계 전역에서 기독교 신앙의 극적인 확산에 수반되는 현실의 일부를 보여준다. 그들의 연구는 지리적으로 여러 방면으로 이동했을 뿐 아니라, 평가 면에서도 여러 방면으로 이동했다. 일부 연구는 기독교의 초자연적인 약속이 완전히 활기를 띠게 된 지역에서 거의 이상적인 결과를 보여준다. 복음의 확산이 절망을 극대화하거나, 복된 결과와 세속적인 결과가 뒤섞여 있는 연구도 있다. 공교롭게도 휘튼의 학사 일정이 노트르담에서 가능했던 것보다 훨씬 더 폭넓은 연구과제의 수행을 허락했기 때문에, 다음의 예 대부분은 휘튼 학생들의 작업에서 가져온 것이다.

이 마지막 장은 결론이 아니다. 고심 끝에, 나는 그 끝을 열어 두었다. 사례 연구들은 이 책 앞에서 논의했던 일반법칙 일부를 설명해 준다. 하지만 그것들은 역사 연구 자체의 왜곡된 특성

(항상 심오하지만 결코 결정적이지 않은)도 보여준다. 나의 가장 강력한 확신 가운데 하나는, 역사는 항상 너무 빠르기 때문에 결코 오만하게 떠들 수 없다는 것이다. 이렇게 특별한 사례들로 끝내는 것이 독자들에게 그런 유혹에서 벗어나는 도움이 되기를 바란다. 동시에 세상의 더 많은 상이한 지역과 특별한 상황에 대한 호기심을 촉발하면서 말이다.

●—

번역. 라민 사네가 개관한 일반적인 그림은 거의 모든 지역에서 확증된다. 즉, 성경을 새로운 지역어로 번역하는 것은 그들에게 자신들의 신앙 발전에 대한 실질적 통제권을 전달할 뿐 아니라, 목표한 그 언어를 말하는 사람들에게 특별한 존엄성을 부여한다. 그러한 권력 부여와 통제의 교과서적인 예가 한국이다.[1] 미국 선교사들과 초기 한국인 회심자들이 성경을 번역하기 위해 민중의 언어인 한글을 선택했을 때, 그 결과는 즉각적이고 충격적이었다. 한국인들이 중국과 일본의 제국주의적 침략으로 고통받는 상황(그리고 결과적으로 문화적 남용에 시달리는 상황)에서, 한글로 된 성경이 기적을 만들어 냈다. 기독교는 확산되었고 문맹률은 낮아졌으며, 지방의 힘은 커졌고 민족주의가 강화되었다. 특히 중요한 것은 성경 판매원들이었다. 그들의 이름은 대부분 남아 있지 않지만, 그들은 출판업자와 대중 사이를 연결해 주었다. 세계기독교에서 주된 세력의 하나로 한국이 번개 같은 속도로 출현하는 데 다른 많은 요인이 중요한 역할을 담당했다. 하지만 성경번역은 원인과 결과의 순위에서 1위를 차지하고 있다.

성경을 스와힐리어로 번역했던 동아프리카에서는 성경번역이 그렇게 극적인 영향을 끼치지 못했다.[2] 성공회선교회ACMS의 한 독일 선교사가 스와힐리어 성경책을 출판한 1846년부터, 최소한 몇 가지 통상적인 목적을 위해 이 언어를 사용하는 많은 사람들 사이에서 기독교로의 지속적인 개종이 일어났다. 하지만 20세기 초반, 아프리카인들의 자문을 거의 구하지 않은 채 번역자들 사이의 논쟁으로 두 개의 상이한 스와힐리어 성경 번역본이 탄생했다. 하나는 아랍어에 기초한 용어를 사용했고, 다른 것은 반투어에서 가져온 단어를 사용했다. 그래서 1970년대에 제3의 번역본이 등장했다. 그것은 동아프리카인들 자신의 작품이었다. 단지 단어가 아니라 사상을 번역하려고 시도했던 이 번역본은 '문자적 번역'의 관행을 따랐던 다른 두 번역본보다 즉각적으로 인기를 얻었다. 스와힐리어 성경번역의 역사는 간단하게 말한다면, 그 지역에서 번역이 교회 성장에 박차를 가했기 때문에 거둔 성공이었다. 하지만 토착기관 대 외국기관, 경쟁하는 번역 이론, 그리고 이따금씩 다른 성경 후원자들 사이의 적대감에 대한 복잡한 이야기이기도 하다. 넓은 관점에서, 번역은 세계종교로서 기독교의 근본적인 현실이자 상당한 혼란의 원천으로 모든 곳에서 나타난다.

선교사와 원주민. 최근에 기독교가 발전한 지역 중 선교사들이 주된 역할을 감당하지 않은 곳은 거의 없다. 세심한 관찰자가 볼 때, 악독한 제국주의나 영적 영웅주의에 대한 옛 고정관념들이 훨씬 더 미묘한 그림에게 서서히 밀려나는 중이다. 특히 선교사들의 헌신적 이타주의, 문화적 무감각과 원주민들의 희생적 헌신의 결합을 입증하는 근거가 확실한 저서들이 환영을 받는다. 다른 말로 하면, 세심한 연구가 상황을 더 복잡하게 만들고 있다.

타이완에서, 마오쩌둥의 공산주의 정권에 대한 서구의 반대는 추방된 중국 국민당에 대한 강력한 선교적 지원으로 바뀌었다.[3] 미국의 광범위한 홍보를 통해 강화된 지원은 장제스와 그의 아내의 종교인 기독교와 호응했고, 그 섬에서 국민당의 독재적 통치를 입증하는 증거를 (대량학살의 증거를 포함하여) 무시했다. 전후 같은 기간 동안 현장에 있던 몇몇 선교사들은 국민당 정부가 억압했던 타이완 원주민들의 가장 강력한 지원자가 되었다. 그러므로 타이완에서의 선교 기록은 어떤 선교사들이, 언제 그리고 어떤 상황이었는지를 고려할 때 상당한 차이가 난다는 사실을 보여준다.

인도는 훨씬 더 복잡한 그림을 제공한다. 그리고 19세기 동안 남인도의 티루넬벨리보다 복잡한 곳은 없었다.[4] 그 세기의 초창기에 독일 선교사들은 이전의 관행과 결별하고 카스트 제도를 정면으로 공격했다. 그들의 비판은 낮은 카스트의 인도인을 위해 대단히 요긴한 것일 뿐, 이미 그들 세대의 가장 뛰어난 인도 그리스도인으로 출현했던 타밀족 지도자들을 포함해 높은 카스트에 속한 인도인에게는 불필요한 공격이 되었다. 어떻게 성경이 번역되어야 하는지의 문제가 이 이야기에도 등장한다. 세부적인 것에 주목하는 사람들의 경우, 결과는 기독교 확장의 그림이었다. 그 그림에서 선교사들과 인도인들이 성경적 윤리의 충실한 추종자이자 가혹한 조종자로, 기독교를 지역 문화에 성공적으로 적용한 사람들과 신앙이 지역 문화에 도전하지 못하도록 막았던 사람들로 동시에 나타난다. 그것은 토착화하는 순례 신앙으로서 기독교에 대한 앤드루 월스의 그림뿐 아니라, 토착화 원리와 순례 원리 사이에 얼마나 많은 긴장이 존재하는지를 보여준다.

신학. 선교학자들은 19세기의 계몽된 선교 대변인들로부터 유래한 삼자Three Self 공식을 네 번째 '자'self의 필요성을 서술함으로써 확대했다. 자급, 자치, 자전은 교회선교회Church Missionary Society의 헨리 벤과 아메리칸보드American Board의 러퍼스 앤더슨Rufus Anderson이 선교 사역의 목적으로 발전시킨 표준이다. 최근에는 자신self-theologizing에도 관심을 집중해 왔다. 다른 말로는, 성숙의 중요한 표징은 새로운 기독교 공동체가 직면한 특정 문제에 대한 창조적인 신학적 응답일 것이다. 놀랄 것도 없이, 커다란 관심과 동시에 커다란 논쟁이 '자신'을 수행하려는 노력에 동반된다.

라틴아메리카에서 해방신학은 전후 시대의 주된 노력을 대표했다. 악의적인 논쟁이 특히 페루에서 극단적인 결핍으로 고통받는 절대다수로부터 그들을 위한 신학을 만들려는 노력을 향해 터져 나왔다.[5] 그 논쟁은 추상명사들의 충돌이 특징이었다. 좌파에서 종속, 빈곤, 민중, 편애적 선택preferential option을, 우파에서 마르크스주의(악으로서), 재산, 통제, 전통 같은 단어가 난무했다. 페루는 해방신학에 대한 갈등이 격렬했고, 그곳에서는 가톨릭 신자들이 주도권을 장악하고 있었지만 일부 오순절 운동이 이런 논쟁에 전혀 개입하지 않은 채 엄청난 약진을 거두었다. 이 같은 지역 갈등을 연구했던 우수한 학생의 논문을 통해, 나는 소중한 단어들이 실제로 값을 치른 (혹은 그렇지 않은) 골짜기를 탐구하기 위해, 공론화된 논쟁의 꼭대기 밑을 파헤쳐, 그 단어들이 기독교 진리(복음 이야기)와 지역 현실(인간 이야기)을 훌륭하게 중재하는지를 평가해야겠다는 부담을 갖게 되었다.

루터교회가 지난 십여 년 동안 빠르게 성장한 동아프리카에서, 또 하나의 상이한 신학적 도전이 출현했다.[6] '이신칭의'와 '만인사제설' 같은 전통적인 루터파 공식이 21세기 아프리카에서 16세기 독일에서만큼 강력한 목소리를 낼 수 있을까? 계속되는 이야기는 일정한 범위의 가능성을 증언한다. 즉, 이런 고전 공식을 반복하고 그것들이 처음 발언될 때 발생했던 동일하게 개인적인 변화들을 찾아보라. 하나님과 인간 사이의 깨어진 관계에 주목하는 대신, 일차적으로 오직 하나님에 의해서만 치유될 수 있는 인간 사이의 깨어진 관계(빈곤, 억압, 무지)에 적용하도록 그 공식을 다시 서술하라. 혹은 루터교도들이 전통적으로 이신칭의 안에서 발견해 온 개인적 구원을 그 지역에서 강력한 사명으로 남아 있는 사회적 불의로부터의 구출과 결합시키도록 노력하라. 이런 상황을 고찰한 뛰어난 학생의 논문으로부터, '자신'이 새로운 기독교 교회를 위해 필요하지만, 그것이 발전할수록 외부인이 평가하기는 훨씬 더 어려워질 수 있다는 사실이 나에게 분명해졌다. 신자들이 성경을 읽고 기독교 전통의 풍요로움을 내재화하며 일상생활에 반응하는 모든 곳에서, 하나님을 존경하는 신학이 분명히 출현할 것이다. 다른 이들이 현재 진행되는 상황을 인식하는 데 아무리 오랜 시간이 걸린다 해도 말이다.

토착화. 내가 학생들의 연구에서 받은 가장 깊은 인상은 기독교 신앙의 토착화와 관련된 특별한 다양성과 관련이 있다. 서구 역사에서 토착화의 기록은 다양하고 풍부하다. 하지만 그 기록이 천년 이상 동안 발전해 왔기 때문에 덜 극적으로 보인다. 새로운 기독교 지역의 범람 속에서 토착화의 예들이 믿을 수 없는 속도와 다양성으로 증가했다. 그와 같은 속도와 다양성을 설명했던 학생들의 논문은 육신이 된 말씀으로 정의된 이 종교의 뛰어난 적응성을 강조한다. 인간적인 관점에서의 도전은 단순한 혼란처럼 보일 수 있는 현상을 어떻게 이해하는가 하는 것이다.

학생들의 작업을 요약하려고 애쓰면서 나는, 예를 들어 인도의 YMCA가 복음주의적 특성을 미국보다 훨씬 더 오랫동안 유지했지만 그것이 인도 민족주의에 긍정적으로 기여했을 때 기독교적인 초점을 잃어버린 방식에 놀라서,[7] 그냥 뒤로 물러나 있고 싶은 유혹을 느꼈다.

혹은 카스트 제도에 대한 기독교의 공격이 힌두교에서 기독교로의 개종을 촉진했지만 동시에 기독교로부터 힌두교로의 개종도 촉진했던 방식에,[8] 혹은 어떻게 공산주의 붕괴 후 소련으로 들어간 기독교 선교사들이 그들끼리 충돌하고 대개는 러시아 문화를 계속해서 형성하는 정교회의 깊은 구조를 제대로 인식하지 못했는지에,[9] 혹은 최근에 중국의 한 주요 대학에서 가르치는 캐나다 침례교 목사가 신약성경을 가르칠 수 있는 자유 재량권을 얻었지만 공산당원인 그의 지도교수가 미등록된 가정교회 회원들에게 기독교 신학을 정교하게 표현하도록 요구한 과정에,[10] 혹은 어떻게 터키의 복음주의 교회들이 강력한 무슬림 문화 속에 살면서 여전히 활발한 공적 증인으로 남는 법을 배울 수 있었는지에,[11] 혹은 어떻게 전쟁으로 찢겨진 코소보에서 기독교 역사의 가장 이른 시기에 고대 로마제국이 가졌던 특징 일부를 유엔이 갖게 되었는지에,[12] 혹은 어떻게 오스트레일리아 원주민 사이에서 신자들이 기독교 신앙의 힘과 관습적인 서구 문화의 견인차로서 기독교의 오랜 지위 사이에서 갈등하는지에[13] 대해서 말이다.

광대한 범위의 사례 연구들은 현재 '세계기독교' 연구와 대면하고 있다. '기독교 문명'을 건설하려는 과거의 시도에서 성공과 실패에 대한 인식뿐 아니라, 잃어버린 자들을 찾아 구원하려고 오신 분에 대한 복음 이야기에 닻을 내리는 것이 관찰자에게 서 있을 자리를 제공한다. 하지만 빠르게 변하는 세상을 이제 겨우 인식하기 시작한 단계에서 가장 거대한 도전은 우리가 눈을 계속 뜨고 있는 것이다.

● —

세계기독교의 새로운 형태는 신자들이 그들의 높은 신앙 기준에 합당한 삶을 살도록 특별히 강력한 도전을 제공한다. 라민 사네는 이런 도전 하나를 적절하게 표현했다. "가난한 사람들과 그들의 문화가 새로운 회심의 물결에 고무된다는 사실이 권력과 특권의 변두리에서 세계적 범위의 연대를 창출해 왔다. 그런 재배열의 전형적인 본질은 기독교 변경의 각성에 대한 근본적인 실태조사와 그것과의 협력이라는 책무를 강요한다. 기회가 문을 두드리면, 소심한 사람들은 댐을 건설하지만, 현명한 사람들은 다리를 건설할 것이다. 이제 새로운 날이다."[14] 문을 열기 시작한 기독교 세계의 각 부분에서 경험이 있는 다른 관찰자가 신자들에게 그 신앙의 세계적 현존이 신실한 기독교적 삶에 대해 의미하는 바를 진지하게 취급하도록 도전할 때, 그들은 사네의 뒤를 따르고 있는 것이다.

이 책을 쓰도록 자극한 발전들에 주목하는 역사학자들은, 모든 인간적인 발전에 대한 하나님의 통제를 긍정하고 모든 연구자에게 개방되어 있는 가시적 원인과 결론을 열정적으로 연구하도록 도전받을 것이다.[15] 고故 오그부 칼루는 이 도전을 "성의를 입은 클레이오"Clio in a Sacred Garb를 찾으려는 것으로 묘사했다.[16] 그것은 서구에서 수 세기에 걸쳐 발전해 온 엄격한 역사학 방법을 준수하고(클레이오는 역사의 신이다), 동시에 시간과 공간 속에서 하나님의 분명한 역사를 인정하는 것도 필요하다는 뜻이다. 이와 같은 도전은 벅차지만, 이에 대응하려는 노력이 그 어느 때보다 절실하게 요청된다.

이 책의 끝이 결코 이 이야기의 끝은 아니다. 어떻게 현재가 과거로부터 성장해 왔는지에 대한 수많은 질문을 남기면서, 세계기독교의 역사는 아찔한 속도로 계속 진행 중이다. 한 개인의 회고록은 우정, 학업, 학생, 지역 사건, 개인적 안내자, 그리고 분명히 우연인 연관들에 집중해야 한다. 그것이 만들어 내는 영향 때문에, 전체 이야기는 무한하게 더 크다.

주

저자 서문

1. "Montry Python-Novel Writing", YouTube, http://www.youtube.com/watch?v=ogPZ5CY9KoM, 2013년 7월 2일 접속.
2. Samuel Eliot Morison, *History of the United States Naval Operations in World War II*, 15 vols(Boston: Little, Brown, 1947-1962); Paul Fussell, *Wartime: Understanding and Behavior in the Second World War*(New York: Oxford University Press, 1989); Semion Lyandres, *The Fall of Tsarism: Untold Stories of the February 1917 Revolution*(New York: Oxford University Press, 2013).
3. 다른 유용한 자료들과 함께, 그러한 책들에 대한 여러 서평이 정기적으로 *International Bulletin of Missionary Research*에 나온다.
4. *The Scandal of the Evangelical Mind*(Grand Rapids: Eerdmans, 1994)와 *Jesus Christ and the Life of the Mind*(Grand Rapids: Eerdmans, 2011)에서 탐구되었다. (『복음주의 지성의 스캔들』『그리스도와 지성』 IVP)
5. Christopher Idle, *Stories of Our Favorite Hymns*(Grand Rapids: Eerdmans, 1980), 24.
6. Issac Watts, *The Psalms of David Imitated in the Language of the New Testament, and Apply'd to the Christian State and Worship*(London, 1719), 186-187.

02장. 종교개혁으로 구조되다

1. George A. Rawlyk, *Wrapped Up in God: A Study of Several Canadian Revivals and Revivalists*(Burlington, ON: Welch, 1988), ix.

2. *Letters I*, vol. 48 of Luther's *Works*, ed. Gottfried G. Krodel(Philadelphia: Fortress, 1963), 282.
3. 나는 *Turning Points: Decisive Moments in the History of Christianity*, 3rd ed(Grand Rapids: Baker Academic, 2012), 154-162에서 가져온 문장을 축약하고 약간 변경했다. 이 책에서는 여기 인용된 루터의 말들에 대해 각주를 정확히 표기했다. (『터닝 포인트』 CUP)
4. Douglas A. Sweeney, "Why I am a Evangelical and a Lutheran", in *Why We Belong: Evangelical Unity and Denominational Diversity*, ed. A. L. Chute, C. W. Morgan, and R. A. Peterson(Wheaton: Crossway, 2013), 118.

03장. 나의 스승들

1. "Remembering Arthur F. Holmes(1924-2011)", *EerdWord*(blog), October 17, 2011, http://eerdword.wordpress.com/tag/arthur-holmes/; "Opening a Wardrobe: Clyde Kilby(1902-1986)", *Reformed Journal*, December 1986, 6-7; "David Wells: The Stability of Grace", *Christian Century*, February 7, 1990, 126-127; "Catching Up With 'The Evangelicals'"(on George Marsden), *Christianity Today*, December 5, 1975, 18-21.

04장. 정착

1. "Sphere Sovereignty", in *Abraham Kuyper: A Centennial Reader*, ed. and trans. James D. Bratt(Grand Rapids: Eerdmans, 1998), 488.
2. James D. Bratt and Ronald A. Wells, *The Best of* The Reformed Journal(Grand Rapids: Eerdmans, 2011).
3. John Pott, "Publisher's Note", in Ibid., xvi.

05장. 첫 번째 외출

1. 다음의 설명들은 처음 "Deep and Wide: How My Mind Has Changed", *Christian Century*, June 1, 2000, 30-34에, 그리고 후에는 *How My Mind Has Changed*, ed. David Heim(Eugene, OR: Cascade, 2012), 53-64에 실린 것을 많이 사용했다.
2. Brad S. Gregory, *Salvation at Stake: Christian Martyrdom in Early Modern Europe*(Cambridge, MA: Harvard University Press, 1999).
3. Peter J. Thuesen, *Predestination: The American Career of a Contentious Doctrine*(New York: Oxford University Press, 2009), 6-7.
4. 다음 문단은 "Praise the Lord: Song, Culture, Divine Bounty, and Issues of Harmonization", *Books & Culture*, November/December 2007, 14-15를 수정한 것이다.

06장. 북쪽 바라보기: 하나의 지침

1. 전기 정보의 상당 부분은 *Revivals, Baptists, and George Rawlyk*, ed. Daniel C. Goodwin, Baptist Heritage in Atlantic Canada 17(Wolfville, Nova Scotia: Acadia Divinity College, 2000), 29-51에서 찾아볼 수 있다.
2. G. K. 체스터튼(Chesterton)의 추리소설에 등장하는 가톨릭 사제이자 아마추어 탐정.—옮긴이

07장. 북쪽 바라보기: 통찰

1. "Canadian Counterpoint" in *Religion and American Politics: From the Colonial Period to the Present*, 2nd ed., ed. Mark A. Noll and Luke E. Harlow(New York: Oxford University Press, 2007), 423-440; "Canada" in *The Encyclopedia of Politics and Religion*, 2nd ed., ed. Robert Wuthnow(Washington, DC: Congressional Quarterly Books, 2007), 1:95-99;

"What Happended to Christian Canada?", *Church History* 75(June 2006): 245-273. 이 모든 것은 상당한 자료들을 담고 있다.

09장. 세 번째 외출

1. 많은 정보와 개인적 통찰은 *Understanding World Christianity: The Vision and Work of Anderw E. Walls*, ed. William R. Brurrow, Mark R. Gornik, and Janice A. McLean(Maryknoll, NY: Orbis, 2011)에서 발견할 수 있다. 이 책에는 월스의 저서들에 대한 훌륭한 참고목록이 수록되어 있다.
2. Andrew F. Walls, introduction to *The Missionary Movement in Christian History: Studies in the Transmission of Faith*(Maryknoll, NY: Orbis, 1996), xiii.
3. Walls, "Culture and Coherence in Christian History" in *Missionary Movement*, 24-25.
4. Walls, "The Gospel as Prisoner and Liberator of Culture" in *Missionary Movement*, 7-8.
5. Walls, "The Translation Principle in Christian History" in Missionary Movement, 28.
6. Lamin O. Sanneh, *Translating the Message: The Missionary Impact on Culture*(Maryknoll, NY: Orbis, 1989; expanded ed., 2009).
7. Walls, "Culture and Conversation in Christian History" in *Missionary Movement*, 54.

10장. 역사학을 돕는 선교학

1. 이전 글들은 "The Challenge of Contemporary Church History, the Dilemmas of Modern History, and Missiology to the Rescue", *Missiology* 24(January 1996): 47-64; "The Potential of Missiology for the Crises of History" in *History and the Christian Historian*, ed. Ronald A.

Wells(Grand Rapids: Eerdmans, 1998), 106-123에 실렸다.

2. Gerald H. Anderson, ed., Mission Legacies: Biographical Studies of Leaders of the Modern Missionary Movement(Maryknoll, NY: Orbis, 1994), xii.
3. 그러한 노력들이 "Christology: A Key to Understanding History" in Mark A. Noll, *Jesus Christ and the Life of the Mind*(Grand Rapids: Eerdmans, 2011), 75-98에서 연구되었다.
4. Herbert Butterfield, *The Whig Interpretation of History*(1931; repr., New York: Norton, 1965).
5. Grant Wacker, "Understanding the Past, Using the Past: Reflections on Two Approaches to History" in *Religious Advocacy and American History*, ed., Bruce Kuklick and D. G. Hart(Grand Rapids: Eerdmans, 1997), 169.
6. Mark A. Noll, "Scientific History in America: A Centennial Observation from a Christian Point of View", *Fides et Historia* 14(1981): 21-37.
7. Joyce Appleby, Lynn Hunt, and Margaret Jacob, *Telling the Truth about History*(New York: Norton, 1994), 3.

11장. 수업과 강의실

1. Gwynneth Neagle, "Christianity and Buddhism in the Thai Context"(paper, Wheaton College, 2000).
2. 유감스럽게도 나는 그 학생의 이름을 잊어버렸다.
3. 그 학생은 트렌트 쉐퍼드(Trent Sheppard)였다.
4. 그 학생은 조너선 블룸하퍼(Jonathan Blumhofer)였다.

12장. 전문가들

1. W. R. Ward, *The Protestant Evangelical Awakening*(New York:

Cambridge University Press, 1992); *Faith and Faction*(London: Epworth, 1993); *Kirchengeschichte Großbritanniens vom 17. bis zum 20. Jahrhundert*. trans. Sabine Westerman(Leipzig: Evangelische Verlangsanstalt, 2000); *Early Evangelicalism: A Global Intellectual History*(New York: Cambridge University Press, 2006).

2. Dana Robert, American Women in Mission: A Social History of Their Thought and Practice(Macon, GA: Mercer University Press, 1996). 이 책은 후에 훌륭한 논문 모음집인 Robert, ed., *Gospel Bearers, Gender Barriers: Missionary Women in the 20th Century*(Maryknoll, NY: Orbis, 2002)로 보충되었다.
3. Dana Robert, "Shifting Southward: Global Christianity Since 1945", *Intellectual Bulletin of Missionary Research* 24, no. 2(April 2000), 50-58.
4. Mark A. Noll, "The Bible, American Minority Faiths, and the American Protestant Mainstream" in *Minority Faiths and the American Protestant Mainstream*, ed. Jonathan Sarna(Campaign: University of Illinois Press, 1997), 191-231.
5. Lamin O. Sanneh, *Translating the Message: The Missionary Impact on Culture*(Maryknoll, NY: Orbis, 1989), 2.
6. 같은 책, 208.
7. 같은 책, 123.
8. Lamin Sanneh, *Disciples of All Nations: Pillars of World Christianity*(New York: Oxford University Press, 2008), 7.
9. 같은 책, 144.
10. Philip Jenkins, *The Next Christendom: The Coming of Global Christianity*(New York: Oxford University Press, 2002), 163. (『신의 미래』 도마의 길)
11. 같은 책, 44, 77.
12. Jehu Hanciles, Euthanasia of a Mission: African Church Autonomy in a Colonial Context(Westport, CT: Praeger, 2002); *In the Shadow of the Elephant: Bishop Crowther and the African Missionary Movement*(Oxford: Church Missionary Society, 2008).

13. Samuel H. Moffett, *A History of Christianity in Asia*, vol. I, *Beginning to 1500*; vol. 2, *1500 to 1900*(Maryknoll, NY: Orbis, 1998, 2005 [first vol., orig. 1992]).
14. David N. Livingstone, "Text, Talk and Testimony: Geographical Reflections on Scientific Habits. An Afterword", *British Journal for the History of Science* 38(2005): 93-100; *Putting Science in Its Place: Geographies of Scientific Knowledge*(Chicago: University of Chicago Press, 2003).

13장. 숫자로 보기

1. Jason Mandryk, ed., *Operation World*, 7th ed(Downers Grove, IL: InterVarsity, 2010). (『세계기도정보』 죠이선교회출판부)
2. Todd M. Johnson and Kenneth R. Ross, *Atlas of Global Christianity*(Edinburgh: Edinburgh University Press, 2009).
3. 그 인용문은 이 책의 부록에 나온다.
4. Leigh E. Schmidt, "Mixed Blessings: Christianization and Secularization", *Reviews in American History* 26(1998): 640.
5. Todd M. Johnson and Peter F. Crossing, "Status of Global Mission, 2013, in Context of AD 1800–2025", *International Bulletin of Missionary Research* 37(January 2013): 32–33.

15장. 남쪽 바라보기: 학문적 통찰

1. David Martin, *A General Theory of Secularization*(New York: Harper & Row, 1978).
2. David Martin, *Tongues of Fire: The Exposition of Pentecostalism in Latin America*(Cambridge, MA: Blackwell, 1990); *Pentecostalism: The World Their Parish*(Malden, MA: Blackwell, 2002).

3. Martin, *Pentecostalism*, 17.
4. 같은 책, 170.
5. 같은 책, 168.
6. John G. Stackhouse Jr., "David Martin: Sociologist as Servant of the Church", *Books & Culture*, May/June 2004, 39.
7. Martin, *Pentecostalism*, 170.
8. 같은 책, 176.
9. Osvaldo F. Pardo, *The Origins of Mexican Catholicism: Nahua Rituals and Christian Sacraments in Sixteenth-Century Mexico*(Ann Arbor: University of Michigan Press, 2004); José de Acosta, *Natural and Moral History of the Indies*, ed. Jane E. Mangan, trans. Frances López-Morillas, intro. Walter D. Mignolo(Durham, NC: Duke University Press, 2002); Matthew Butler, *Popular Piety and Political Identity in Mexico's Cristero Rebellion: Michoacán, 1927-1929*(New York: Oxford University Press, 2004); Rebecca J. Lester, *Jesus in Our Wombs: Embodying Modernity in a Mexican Convent*(Berkeley: University of California Press, 2005).

16장. 중국 관찰하기

1. 예를 들면, Robert Eric Frykenberg, *Christianity in India from Beginnings to the Present*(New York: Oxford University, 2008); editor with Judith M. Brown, *Christians, Cultural Interaction, and India's Religious Traditions*(Grand Rapids: Eerdmans, 2002).
2. Lamin Sanneh, *Disciples of All Nations: Pillars of World Christianity*(New York: Oxford University Press, 2008), 255.
3. Daniel Bays and Grant Wacker, eds., *The Foreign Missionary Enterprise at Home: Explorations in North American Cultural History*(Tuscaloosa: University of Alabama Press, 2003).

18장. 노트르담

1. Paul Kollman, CSC, *The Evangelization of Slaves and Catholic Origins in East Africa*(Maryknoll, NY: Orbis, 2005).

19장. 지금까지의 이야기

1. Blake Killingsworth, "The Christian Bible as a Unifying Tool for Korean Nationalism from 1884-1919"(paper, Wheaton College, 2000).
2. Carl Tullson, "Translation: God's Word, the World, and Human Agency"(paper, Wheaton College, 2004).
3. Trevor Powell, "Indigenization and the History of Christianity in Taiwan"(paper, Wheaton College, 2003).
4. Todd Melvin Thompson, "A Case Study on Christianity and Case in Tirunelveli District, 1820-1830"(paper, Wheaton College, 2004).
5. J. Peter Swarr, "Liberation Theology in the Modern Peruvian Church"(paper, Wheaton College, 2000),
6. Ann Cashner, "Lutheranism in Africa: Contextualizing the Faith"(paper, University of Notre Dame, 2008).
7. Brandon Cole, "The Emergent Political Interests of the YMCA in India from 1875-1940"(paper, Wheaton College, 2006).
8. Daniel Hutchison, "A History of Caste among the Christian Communities in India"(paper, Wheaton College, 2006).
9. Todd Okesson, "The Defensive Posture of the Russian Orthodox Church's Relationship with the State in Post-comunist Russia"(paper, Wheaton College, 2000).
10. Grace Zhang, "A Sheer Wonder"(paper, Regent College, 2005).
11. Robert J. Wagner, "Christianity in Turkey: A Contemporary Portrait"(paper, Wheaton College, 2004).
12. Martha McComb, "The Role of the United Nations in World Evangelism:

A Modern Day Road"(paper, Wheaton College, 2002).

13. Kerry Schubert, "The Indigenization Process in the Development of Christianity amongst Traditional Custodians of Australia, Including a Case Study with a Wiradjuri Elder"(paper, Wheaton College, 2004).

14. Lamin Sanneh, *Disciples of All Nations: Pillars of World Christianity*(New York: Oxford University Press, 2008), 287.

15. Derek R. Keefe, "Some Challenges to Christian Historians in the West Posed by the Global Expansion of Christianity in the Twentieth Century"(paper, Wheaton College, 2006).

16. Ogbu U. Kalu, *Clio in a Sacred Garb: Essays on Christian Presence and African Responses, 1900-2000*(Trenton, NJ: African Research, 2008).

세계기독교 관련 출판물 목록

회고록을 쓰기 위한 도움으로 나는 하나의 서사로써 모양을 갖추도록 분말이 되어 준 내 출판물 목록을 정리했다. 여러 주제, 책, 저자를 다룬 다음과 같은 출판물을 1995년부터 연대순으로 나열하였다.

- "Midwives of the New South Africa"(on Alan Paton and Nelson Mandela). *Book & Culture*, preview edition in *Christianity Today*, July 17, 1995, 33-34.

- "Belfast: Tense with Peace." *Book & Culture*, November/December 1995, 12-14.

- "In the Name of the Fathers: The Long Reach of Northern Ireland's History." *Book & Culture*, January/February 1996, 11-13.

- "The Challenge of Contemporary Church History, the Dilemma of Modern History, and Missiology to the Rescue." *Missiology* 24(January 1996): 47-64. Revised as "The Potential of Missiology for the Crises of History." In *History and the Christian Historian*, edited by Ronald A. Wells, 106-123. Grand Rapids: Eerdmans, 1998.

- "Translating Christianity"(on Andrew Walls, The Missionary Movement in Christian History). *Books & Culture*, November/December 1996, 6–7, 35–37.

- Review of Bruce Hoffman, *Inside Terrorism*. *Books & Culture*, November/December 1998, 15.

- Review of Adrian Hastings, ed., *A World History of Christianity*.

International Bulletin of Missionary Research 24, no. 1(January 2000): 34–35.

- "A Century in Books: Andrew F. Walls, *The Missionary Movement in Christian History*." *First Things*, March 2000, 55–56.

- Review of F. W. Boal, et al., *Them and Us: Attitudinal Variations among Churchgoers in Belfast. Christianity Online*, June 25, 2000.

- "Who Would Have Thought?"(concerning a South African conference on the recent spread of evangelical Christianity). *Books & Culture*, November/ December 2001, 21–22.

- "Turning the World Upside Down"(review of Philip Jenkins, The Next Christendom). *Books & Culture*, March/April 2002, 32–33.

- Review of *World Christian Encyclopedia*, 2nd ed., by David Barrett, et al. *Church History* 71, no. 2(June 2002): 448–54

- Review of Andrew Walls, *The Cross-Cultural Process in Christian History. Evangelical Missions Quarterly* 38(October 2002): 516.

- "Evangelical Identity, Power, and Culture in the 'Great' Nineteenth Century." In *Christianity Reborn: The Global Expansion of Evangelicalism in the Twentieth Century*, edited by Donald M. Lewis, 31–51. Grand Rapids: Eerdmans, 2004.

- "The View of World-Wide Christianity from American Evangelical Magazines, 1900–2000." In *Making History for God: Essays on Evangelicalism, Revival and Mission In Honour of Stuart Piggin*, edited by Robert Dean Linder, 367–86. Sydney, Australia: Robert Menzies College, 2004.

- Review of Andrew Porter, ed., *The Imperial Horizon of British Protestant Missions*, and two other books. *Books & Culture*, March/April 2004, 30.

- "L'influence americaine sur le christianisme evangelique mondial au XXe siecle." In *Le Protestantisme Evangelique: Un Christianisme de Conversion*, edited by Sebastien Fath, 59–80. Turnhout, Belgium: Brepols, 2004.

- Short review of J. D. Y. Peel, *Religious Encounters in the Making of the Yoruba. Christian Century*, October 19, 2004, 33.

- Short review of Brian Stanley, ed., *Missions, Nationalism, and the End of Empire. Christian Century*, October 19, 2004, 33.

- Short review of Hugh McLeod and Werner Urstorf, eds., *The Decline of Christendom in Western Europe. Christian Century*, October 19, 2004, 34.

- Review of Chung-Shin Park, *Protestants and Politics in Korea. Journal of Religion* 85(April 2005): 323–25.

- Short review of Andrew Porter, *Religion versus Empire? British Protestant Missionaries and Overseas Expansion. Christian Century*, October 18, 2005, 23.

- Short review of David Hempton, *Methodism: Empire of the Spirit. Christian Century*, October 18, 2005, 23.

- Short review of Samuel Hugh Moffett, *A History of Christianity in Asia*, vol. 2, *1500–1900. Christian Century*, October 18, 2005, 24.

- "What Has Been Distinctly American About American Presbyterians?" *Journal of Presbyterian History* 84(Spring/Summer 2006): 6–11.

- Short review of Ogbu Kalu, ed., *African Christianity: An African Story. Christian Century*, October 17, 2006, 23.

- Short review of Jon Sensbach, *Rebecca's Revival: Creating Black Christianity in the Atlantic World. Christian Century*, October 17, 2006, 24.

- "Looking South"(essay-review of four books on Latin American history). *Journal of Religious History* 31, no. 2(June 2007): 185–94.

- "Nineteenth-Century Religion in World Context." *OAH Magazine of History*, July 2007, 51–56. Reprinted as "Nineteenth-Century Religion in World Context." In *America on the World Stage: A Global Approach to U.S. History*, edited by Gary W. Reichard and Ted Dickson, 55–71. Champaign: University of Illinois Press, 2008.

- Short review of Liam Matthew Brockey, *Journey to the East: A Jesuit Mission to China, 1579–1724. Christian Century*, October 16, 2007, 35.

- Short review of Alvyn Austin, *China's Millions: The China Inland Mission and Late Qing Society, 1832–1905. Christian Century*, October 16, 2007, 35.

- Short review of Philip Jenkins, *God's Continent: Christianity, Islam, and Europe's Religious Crisis. Christian Century*, October 16, 2007, 35.

- Short review of David Brion Davis, *Inhuman Bondage: The Rise and Fall of Slavery in the New World. Christian Century*, October 16, 2007, 35.

- Review of Lamin Sanneh, *Disciples of All Nations: Pillars of World Christianity. Christian Century*, May 6, 2008, 38–40.

- Review of Paul Freston, ed., *Evangelicals and Democracy in Latin America*; T.

O. Ranger, ed., *Evangelicals and Democracy in Africa. Christianity Today*, June 2008, 53–54.

- Short review of Philip L. Wickeri, *Reconstructing Christianity in China: K. H. Ting and the Chinese Church. Christian Century*, October 21, 2008, 28.

- Short review of Paul Freston, ed., *Evangelical Christianity and Democracy in Latin America. Christian Century*, October 21, 2008, 28.

- Short review of Ogbu Kalu, *African Pentecostalism: An Introduction. Christian Century*, October 21, 2008, 28.

- Short review of Robert Bruce Mullin, *A Short World History of Christianity. Christian Century*, October 21, 2008, 28.

- Review of Philip Jenkins, *The Lost History of Christianity: The Thousand-Year Golden Age of the Church in the Middle East, Africa, and Asia, and How It Died. Books & Culture*, November/December 2008, 10.

- *The New Shape of World Christianity: How American Experience Reflects Global Faith*. Downers Grove, IL: IVP Academic, 2009. (『복음주의와 세계기독교의 형성』 IVP)

- Review of W. R. Ward, *Early Evangelicalism: A Global Intellectual History, 1670–1789. Theologische Literaturzeitung* 134(May 2009): 579–80.

- "Does Global Christianity Equal American Christianity?"(Interview on The New Shape of World Christianity). *Christianity Today*, July 2009, 38–40.

- "Deep and Wide: How My Mind Has Changed." *Christian Century*, June 1, 2010, 30–34. Reprinted in *How My Mind Has Changed*, edited by David

Heim, 53–64. Eugene, OR: Cascade, 2012.

- *Protestantism: A Very Short Introduction*. Oxford: Oxford University Press, 2011(Written as an attempt at a world history).

- Coauthor with Carolyn Nystrom. *Clouds of Witnesses: Christian Voices from Africa and Asia*. Downers Grove, IL: InterVarsity, 2011.

- "Andrew F. Walls for Americans?" In *Understanding World Christianity: The Vision and Work of Andrew F. Walls*, edited by W. R. Burrows, M. R. Gornik, and J. A. McLean, 155–68. Maryknoll, NY: Orbis, 2011.

- "What is 'American' about Christianity in the United States?" In *American Christianities: A History of Dominance and Diversity*, edited by Catherine A. Brekus and W. Clark Gilpin, 382–95. Chapel Hill: University of North Carolina Press, 2011.

- Review of Collum Brown and Michael Snape, eds., *Secularisation in the Christian World: Essays in Honor of Hugh McLeod. Church History* 80(June 2011): 435–37.

- *Turning Points: Decisive Moments in the History of Christianity*. 3rd ed. Grand Rapids: Baker Academic, 2012(새로 추가된 마지막 장에서 로잔 세계복음화 국제대회와 제2차 바티칸 공의회의 세계적 영향을 다루었다). (『터닝 포인트』 CUP)

- Review of David Hempton, *The Church in the Long Eighteenth Century*; Dale Irvin and Scott Sunquist, *History of the World Christian Movement*, Vol. 2: *Modern Christianity from 1454–1800. Books & Culture*, November/December 2013, 9–11.

찾아보기

ㅍ

ㅎ